商务交际

BUSINESS COMMUNICATION

主审　李海光
主编　黄秀娟　李雪丹

暨南大学出版社
JINAN UNIVERSITY PRESS
中国·广州

图书在版编目（CIP）数据

商务交际／黄秀娟，李雪丹主编 . —广州：暨南大学出版社，2010. 10
ISBN 978 - 7 - 81135 - 662 - 5

Ⅰ.①商⋯　Ⅱ.①黄⋯②李⋯　Ⅲ.①商务—人际交往—高等学校—教材
Ⅳ.①F715

中国版本图书馆 CIP 数据核字（2010）第 194184 号

出版发行：暨南大学出版社

地　　址：中国广州暨南大学
电　　话：总编室（8620）85221601
　　　　　营销部（8620）85225284　85228291　85228292（邮购）
传　　真：（8620）85221583（办公室）　85223774（营销部）
邮　　编：510630
网　　址：http：//www. jnupress. com　http：//press. jnu. edu. cn

排　　版：暨南大学出版社照排中心
印　　刷：湛江日报社印刷厂

开　　本：787mm×1092mm　1/16
印　　张：17. 5
字　　数：320 千
版　　次：2010 年 10 月第 1 版
印　　次：2010 年 10 月第 1 次
印　　数：1—3000 册

定　　价：33. 00 元

前 言 Qianyan

　　商务交际对于中职学生来说，是一门全新的课程，但并不陌生，因为我们每天都生活在商务交际活动之中。随着年龄的增长，中职学生有自己的想法，喜欢自己购买一些生活或学习用品，他们越来越多地单独参与商务活动。在这些小型的商务活动中，他们通过语言与商家沟通，从而完成整个商务活动过程。但在这些商务交际活动中，中职学生是以商务交际客体的身份参与商务交际，但毕业后他们将是以商务交际主体的身份参与商务交际活动。因此，他们需要在中职学习阶段进行角色转换。商务交际这一门课程正是为此而设的。

　　商务交际是一门口语实践训练课程。通过学习和训练，学生能掌握商务交际的基本礼仪、基本规范，能在日常商务活动中运用正确的口语表述完成商务活动。在编写这本书的过程中，我们应用了情景教学法和任务教学法，把日常生活中的商务活动情景典型化后编入书中。通过一个个典型的情景案例教会学生日常商务活动的应对方法。通过训练让学生把学到的知识进行迁移，谋求授之以渔，从而提高学生的实际工作能力。

　　本书淡化了知识体系，强化了实用性技能，细化了基本训练环节，从而有效地提高了商务交际技能训练的效果。本书共分四章，每章主要由导语、情景回放、点评分析、指点迷津、请你点评和实战训练等部分构成。导语主要起引起学生对本节学习的兴趣。情景回放以人们在日常生活中经常见到的商务交际情景为例，引起学生的思考。点评分析是对情景回放中的例子进行详细的分析，引出人们在日常商务交际中要注意的问题。指点迷津旨在教会学生解决日常商务交际中遇到的基本问题，提出解决的方法，教会学生基本的商务交际口语句式。请你点评是一个帮助学生复习巩固的环节，让学生自己点评一些典型案例，提高解决商务交际问题的能力。实战训练是让学生学会把指点迷津中的方法迁移到实际工作中，让学生具备解决实际问题的能力。实战训练的案例都是前几届学生在实习过程中碰到的。每章最后一节有十个典型案例供有能力的学生在课余时间自学提高。每节约一至两个课时，整个课程约需 24～48 个课时，可以根据学生的实际情况进行调整。

本书由黄秀娟和李雪丹策划、主编，广州市荔湾区外语职业高级中学的黄秀娟、李雪丹和梁穗兰，广州市贸易职业高级中学的麦雪莹和邓亦媚五位老师共同编写。第一章由李雪丹编写，第二章由黄秀娟编写，第三章由梁穗兰和李雪丹编写，第四章由麦雪莹和邓亦媚编写。在编写过程中还得到了广州市荔湾区外语职业高级中学李海光校长的大力支持，李校长还对全书进行了主审。

编　者
2010 年 8 月

目 录 Mulu →

第一章 打破坚冰
——与陌生人的沟通技巧

以前的很多营销理念都认为销售人员应该把客户当作上帝。但现在的营销理论中,客户往往被当作我们的亲友。那好,大家想一想,亲友来我们家做客时,我们是怎样对待他们的呢?我们打开房门,发现是我们的好朋友,就会热情地寒暄几句,然后端茶倒水招待朋友。于是,屋子里洋溢着久别重逢的温馨。销售也一样,需要一种良好的气氛,这种良好的气氛从一开始就需要营造。

销售人员在刚开始接触客户时就要主动相迎,尽快和客户建立起良好的关系,这样才能使接下来的销售过程顺利开展。为了达到这一目的,销售人员要懂得准确称呼客户,通过有技巧的询问,挖掘出顾客的需求,并想方设法吸引顾客的注意力,激发顾客的购买欲,因势利导地有效报价。

俗话说,"好的开始是成功的一半",如果销售人员能通过最初的几句谈话便深深地吸引住自己的客户,那么,接下来的交谈就会变得非常轻松和愉快。

那我们现在就开始跟随本章的学习内容去操练,打破和顾客之间的坚冰吧。

第一节 准确称呼客户

作为推销员,每天要接触许多不同身份地位、不同年龄层次的客户,怎样称呼客户才能让顾客感到愉悦,这可是一门学问。可别小看这一个简单的称呼,稍有不慎可能会让你错失大好的商机。

情景回放

某装饰公司业务员小刘的一个亲戚说他的同事新买了房子,叫小刘有时间过去商量装修的事。客户递给小刘一张名片。过了几天，小刘便到了客户的家。敲门时，一个女人隔着防盗门上下打量小刘，问："你找谁?"小刘一听，糟了。小刘虽然看了名片，但只记住了门牌号，并没记住客户的名字。小刘支支吾吾地说："我不知道他叫什么名字，我是来商量装修的事。"过了一会儿，客户出来了。他看到小刘，微微皱了皱眉，说："是你呀，进来吧。"进去后，小刘便与他谈起来。他犹豫了一会儿，说："因为资金问题，不得不取消新房的装修。"

点评分析

　　这位业务员之所以被拒绝就是因为没有记住客户的姓名。去联系业务，竟然连客户的名字都不记住，谁放心将事交给你做？通常能叫出对方的名字称谓，会使对方感到亲切、融洽；反之，对方则会产生疏远感、陌生感，进而增加双方的隔阂。准确地记住客户的名字在推销中具有至关重要的作用。在今天这个强调"客户服务"的时代，你能准确记住客户的名字称谓，就能赢得客户良好的第一印象，从而抓住更多赚钱的机会。

指点迷津

　　第一次见客户或电话联系客户，我们该注意什么？

一、说话谦虚，态度诚恳

　　正所谓"若要人敬己，先要己敬人"，销售人员第一次接触客户，说话一定要谦虚，给客户留下美好的"第一印象"；在讲话时，必须注意自己的语气亲切，语调平稳，让客户感受到诚意和平和，并产生一定的信任感。如果讲话粗声粗气，或者给客户留下狂妄自大的感觉，那么后期的合作将很难实现。

　　与客户的第一次"正式打交道"，也是客户对销售人员产生"第一印象"的唯一凭据，所以必须做好！

二、先做公司和个人的自我介绍

初次与客户打交道，销售人员要利用最简短的时间，做一个最简明扼要的公司和个人的自我介绍。比如，"张总，您好！我是金穗公司的刘达，我们公司是专业的绿化公司。今天给您打电话，主要是想了解一下……"

自我介绍永远是双方认识的第一步。有些销售人员很心急，或者是粗心忘记了，一开口就急急忙忙地介绍公司产品，却忘记了对"自己"进行介绍，这会让客户内心产生不受尊重的感觉。这种感觉对双方的后续谈话有一定影响。

三、准确地尊称客户

销售人员在推销过程中首先要与客户打招呼，引起客户的注意，因此，准确称呼客户是销售人员一门很重要的必修课。无论是电话沟通还是当面交流，彼此之间都需要称呼，如果能准确称呼客户，让客户心情愉悦，就能促进接下来的沟通。反之，接下来的沟通就很难产生积极的互动。

1. 熟记客户姓名

要准确称呼客户须记住客户的名字，这是非常重要的事。销售人员忘记客户的名字，是让客户不能容忍的无礼。因为能够热情地叫出对方的名字，从某种程度上来讲是对他的重视和尊重，好感由此产生。因此，姓名往往扮演着神奇的角色。"记住人家的名字，而且很轻易地叫出来，等于给别人一个巧妙而有效的赞美。"这是卡耐基的《人性的弱点》中的一句话。记住别人的名字，是对人的一种礼貌，一种尊重。这就是为什么当你询问一位擅长销售的人"世界上最美妙的声音是什么"时，你所得到的答案是"听到自己的名字从别人的口中说出来"。所以，忙碌之余，请你试着去记住每一个客户的名字，也许在你最需要帮助的时候，他们能给予你一些你最需要的东西。

如果你还没有学会这一点，那么从现在开始，留心记住别人的名字和面孔，用眼睛认真看，用心去记，不要胡思乱想。

要牢记客户的名字，准确称呼客户，可参考下面四个方法。

（1）用心听记。

把准确记住客户的姓名和职务当成一件非常重要的事，每当认识新客户时，要用心注意听，并牢牢记住。若听不清对方的名字，可以再问一次："您能再重复一遍吗？"如果还不确定，那就再问一遍："不好意思，您能告诉我如何写吗？"如果碰上一个较难发音的名字，可以问："您的名字我念得对吗？"人是很愿意帮助别人把他的名字念对的。如果一个人的名字实在太难记了，不妨问问其来历。很多人的名字背后都有一个浪漫的故事，他们谈起自己的名字比谈论天气更有兴趣。

切记！每一个人对自己名字的重视程度绝对超出你的想象，客户更是如此！记错了客户名字和职务的销售人员，很少能获得客户的好感。

（2）不断重复，加强记忆。

在很多情况下，客户告诉你他的名字后，一般不超过10分钟就会被忘掉。这个时候，如果能多重复几遍，就会记得更牢。因此，在与客户初次谈话时，应多称呼对方几次。如果对方的姓名或职务少见或奇特，不妨请教其写法与取名的原委，这样能加深印象。对于客户的情况，如特征、爱好、专长、生日等，用笔记在名片的背面，时常翻看，加强记忆，可以避免在沟通时张冠李戴。

（3）用笔辅助记忆。

在取得客户的名片之后，必须把他的特征、爱好、专长、生日等写在名片背后，以帮助记忆，若能配合照片另制资料卡则更好。不要一味依赖自己的记忆力，万一出错就得不偿失了。

（4）运用有趣的联想。

对于客户的称呼，如果能利用其特征、个性以及名字的谐音产生联想，也是一个帮助记忆的好方法。

销售人员在与客户初次沟通前务必弄清楚客户姓名的正确读法和写法。读错客户的姓名，这看起来可能是一件小事，却将使沟通的氛围变得很尴尬。如果在沟通之前对客户的姓名读音有所怀疑，最好先查一下字典，确定准确无误后再与客户联系。如果对客户名片上的姓名不能确定，不妨有礼貌地直接向客户本人或其秘书询问，而不是想当然地瞎猜。

2. 弄清客户的职务、身份

从社会经济学的角度来分析，称呼映射出一个人的地位与尊重；从心理学的角度来分析，称呼凝聚了彼此的距离与亲昵；从公共关系学的角度来分析，称呼折射了彼此的关系与隶属。

因时代不同，称呼特色也有所不同，准确称呼客户要讲究一点艺术性。比如，有头衔的客户，就要用尊重的声调说出客户的姓及头衔，如"李主任"、"王经理"等。对于上了年纪的客户，则应热情乖巧地称呼"大伯"或"阿姨"等。对于上班一族的职业男女或新潮青年则以"先生"、"小姐"称呼为佳，并且在称呼时要注意仪态大方，不卑不亢。称呼因人而异、因各地区的风俗习惯而定，准确的称呼能拉近销售人员和客户之间的距离，有利于销售成交。在确定了客户的称呼之后，在推销过程中还要不断地提及，切忌在交谈过程中随意变更对方的称呼，而应前后保持称呼一致，在语调上注意增强感染力。

任何时候，如果不能确定客户的职务或身份，销售人员可以通过他人介绍或主动询问的方法去了解。当销售人员把客户介绍给他人，或与客户沟通时还需要在弄清客户职务、职称的基础上注意以下问题：

（1）称呼客户的职务就高不就低。有时客户可能身兼多职，这时最明智的做法是使用让对方感到最被尊敬的称呼，即使用职务最高的称呼。

（2）称呼副职客户时要巧妙变通。如果客户身处副职，大多数时候可以将"副"字去掉，同时将"长"字也去掉，除非客户特别强调。

对于一些新开发的客户，销售人员要想办法得到客户的名字，这时可以从老顾客那里打听，也可以在拜访客户前致电客户的秘书了解。但是，现在经济发达地区，如北京、上海、珠江三角洲、江浙等地区的企业，秘书接到类似电话较多，相对都会有些戒备心理，不会轻易透露上司的姓氏，我们可以借鉴以下方法：

（1）告诉秘书要寄送邀请客户参加活动的请柬，询问经理名字的正确写法。

（2）花点时间与秘书沟通，细心地观察她们的优点，然后真诚地赞美她们，之后再提出要她们帮忙的要求，基本上都能如愿以偿。例如：

销售人员："您好，是金星公司吗？"

秘书："是，请问你是哪位？"

销售人员："我叫娟子，请问怎么称呼您？"

秘书："大家都叫我阿梅。"

销售人员："阿梅，您好，听您的口音应该是江浙人吧？"

秘书："我是宁波的。"

销售人员："宁波话很好听哦，怪不得您的声音这么甜。"

秘书："哪里哪里。"

销售人员："我认识好几个宁波的女性朋友，她们人长得很漂亮，而且会化妆。"

秘书："是吗？什么时候介绍给我认识认识。"

销售人员："没问题，不过，今天我想先请您帮个忙。"

秘书："请说吧，什么事？"

销售人员："我想向您了解一些情况，就是你们公司负责销售的是谁？"

秘书："是王经理……"

（3）用"我很理解您"，"如果我是您，我也一定会这么想的"，"我曾经也有过和您一样的遭遇"等句子表达对对方工作的理解，拉近彼此的心理距离。例如：

秘书："请问你是哪位？"

销售人员："您好，我是常青公司的张萍，请问您贵姓？"

秘书："我姓刘，请问有什么事吗？"

销售人员："刘小姐您好，我想找一下贵公司采购部门的负责人。"

秘书："你能先告诉我有什么事情吗？"

销售人员："您是一个非常负责任的行政人员，我知道您很为难。每天接到很多电话，而且很难辨别哪些电话该转，哪些电话不该转，我也有过这样的经历，我非常理解您。听您说话，应该不是本地人吧！"

秘书："你怎么知道的？"

销售人员："您的声音很好听，年龄很小，应该是湖南人吧。"

秘书："你猜得很对嘛！你是哪里的呢？"

销售人员："我也是湖南的，我们是老乡。"

秘书："挺巧的嘛！"

销售人员："您方便告诉我您的全名吗？"

秘书："刘洁。"

销售人员："您的名字也很好听哟！我要请您帮个忙！"

秘书："请讲。"

销售人员："你们采购部门负责人的全名您方便告诉我吗?"

秘书："他叫高俊伟……"

请你点评

一

一个推销员去一家公司的经理办公室推销他们的产品，经理刚好姓史，于是推销员进去先向经理问好："史（死）经理，您好！我是（四）……"经理刚开始自己一天的计划，准备出门见一位重要的客户，一句"死经理"让他惊异地抬起头。史经理只得告诉他："别再喊经理了，你有什么话就说吧！"

推销员连忙说："哦，应该叫您先生，好的，'史（死）'先生……"史经理听到这句话更加不舒服，于是他对推销员说："您有什么事情，就照直说吧，大清早的，不要乱喊……"

推销员告诉史经理，他是一家保险公司的推销员，来向史先生推销人寿保险。不说是人寿保险的推销员史经理还不生气，一听说是人寿保险的推销员，史经理来气了，于是怒气冲冲地对推销员说："对不起，请你出去，我还有事情要做。"

史经理为什么那么生气?

二

李靖和黄浩是企业培训师，有一天一同去杭州出差做一个项目。在企业做了一天的内部访谈后，第二天安排到市场一线做实地调研，所到之处，各地区域经理负责接洽。在省内市场调研到了嘉兴以后，当地的区域经理彭爽白天陪同他们一行走访市场，晚上又很热情地在一起吃饭聊天。本来可以很满意地结束当天的安排，但是彭爽几杯啤酒下肚后，就开始称兄道弟起来。当他得知自己比李靖大几岁后，敬酒的时候先对黄浩喊着："黄经理，我敬你一杯。"然后又倒了一杯，对李靖说："小李，来，咱们喝一杯。"李靖一听，感觉有点不对味，就故意推辞，说："不好意思，因为这两天太辛苦，吃完饭回去还得整理一下调研材料，我又不胜酒力，就免了吧。"谁知彭爽却不知本意，又冲着黄浩说："黄经理，你看你同事小李真不够意思，咱们刚才干了两杯，小李却不喝。"这时李靖很镇定地端起酒杯，很绅士地对彭爽说："请问你贵姓?"彭爽很纳闷："我姓彭。""哦，小彭同志，咱们第一次见面，也不是很熟悉，但是我有一句话不得不很负责任地跟你说，你听好了——即使是你们老板跟我一起吃饭敬我酒的时候也得尊敬地称呼我一声'李老师'或者是'李经理',好了,这杯酒我敬你,先告辞了。"紧接着,李靖一饮而尽。留下屁股刚抬起一半准备喝酒的彭爽,弄得他站也不是、坐也不是、喝也不是、不喝也不是。彭爽就那么半站半蹲地举着满杯的啤酒,脸刷地红了,呆立在那里。接着,李靖喊了一声:"服务员买单。"这下彭爽酒醒了,反应过来了,慌忙冲到吧台把单结了,一个劲地向李靖赔礼道歉。

实战训练

一

你是广州某四星级酒店的前台接待,一个很久以前光顾过你们酒店的五十多岁的男顾客走进酒店并来到前台,你曾经为他办理过入住手续,记得他是某贸易公司的业务经理张××。

你:"＿＿＿＿＿＿＿＿,您好!"

张××:"你还记得我?"

你:"＿＿＿＿＿＿＿＿＿＿＿＿＿＿＿"

张××:"我已经好久没有住你们酒店了,但是从现在起,只要我来广州,除了你们酒店,我不再住其他酒店,因为你让我觉得,你们的酒店非常重视顾客。"

二

一位业务员匆匆地走进一家公司,找到经理室敲门后进去。"您好,王先生,我叫陈三,是春天公司的推销员。"

"陈先生找错人了吧。我姓李,不姓王!"

"噢,真对不起,可能我记错了。姓什么不要紧。让我向您介绍一下我们公司最新推出的传真机。"

"对不起,我们不需要。我现在要去开会了。"李经理边说边站了进来。

请你分析一下李经理不给机会让陈三介绍产品的原因。

三

销售代表崔俊走进一家老客户的公司时,看到客户的办公室有一位他不认识的年约五十岁的中年人,当时办公室的人都称呼该中年人为"老杨",其他客户以为崔俊见过此人就没有进行介绍,因此在向"老杨"敬烟时,崔俊半亲密半开玩笑地说:"老杨同志其实不老嘛,是列位太过年青有为了。"说完这句话,一位与崔俊比较熟的客户向他使了个眼色。

原来"老杨"是客户公司从外地挖来的部门经理，因为与其他部门经理年龄相差悬殊，所以大家都叫他"老杨"。请分析一下崔俊对"老杨"的称呼是否得体。

四

小王第一次去拜访一个新客户陈经理，推门而进，发现陈经理原来是自己中学的同班同学，外号"小矮人"。为了拉近彼此间的距离，小王热情地对着陈经理打招呼："小矮人，没想到今天都当经理了。"陈经理顿时尴尬万分，旁边的秘书也扭过头捂着嘴在笑。

请问小王应该怎样说才恰当？

第二节　开场白的技巧

销售人员与准客户交谈之前，需要适当的开场白。开场白的好坏，几乎可以决定一次访问的成败，换言之，好的开场，就是销售人员成功的一半。因此，打动人心的开场白是销售成功的关键。

情景回放

衣着考究的 L 先生走进了一家名牌手表店，销售员小吴热情地走上前。

小吴："您好，欢迎光临！请问需要我给您介绍一下我们的产品吗？"

L 先生："不需要了，我只是进来随便看看的。"

小吴："没关系，那您随便看看吧。"

L 先生在店里东看看，西瞧瞧，小吴几次想走过去，但又觉得不好意思。二十多分钟后，L 先生没有购买任何商品离开了。

点评分析

　　顾客进店，小吴能主动热情地上前迎客，这是正确的。但"请问需要我给您介绍一下我们的产品吗"这个问题却问得太没技巧了。结果对方回答"不需要"，让小吴接下来陷入了尴尬的局面，无法再引导顾客进入下面的话题，不利于促成销售。"没关系，那您随便看看吧"则属于消极性语言，暗示顾客随便看看，看看就走。而且，一旦销售人员这样去应对顾客，要想再次主动地接近顾客并进行深度沟通就变得非常困难了。

指点迷津

　　开场白就像一本书的书名，或报纸的大标题一样，如果使用得当的话，可以立刻使人产生好奇心并想一探究竟。反之，则会使人觉得索然无味，不再想继续听下去。

一、开场白的要求

　　（1）要引起客户的兴趣。

　　（2）敢于介绍自己的公司，表明自己的身份。

　　（3）不要总是问客户是否有兴趣，要帮助客户作决定，引导客户的思维。

　　（4）面对客户的拒绝不要立刻退缩、放弃。

　　（5）简单明了，不要引起客户的反感。

二、开场白的内容

　　一般来说，一个好的开场白至少应包括以下几方面的内容。

　　（1）问候，自我介绍（我是谁，我代表哪家公司）。

　　（2）我和你沟通的目的是什么。

　　（3）我公司的产品或服务对对方有哪些好处。

销售人员跟客户见面，开场白的设计应该直接，引导客户进入销售的正题，不需要多余的礼貌。如上例中"请问需要我给您介绍一下我们的产品吗"就是多余的礼貌，如果客人说"不需要"，销售人员就容易陷入尴尬的处境。最好的方法就是直接领着客人引入"让我来帮你介绍一下"。

除了直接引入正题外，销售人员需要注意在与客户沟通的过程中，尽量不用中立性的语言。因为有信心的信息不一定传递得很快，但没有信心的信息传递却最快。在销售过程中，"可能"、"或许"、"应该"这样的字眼，会引起顾客的怀疑，动摇顾客的信心。而当顾客产生怀疑后，销售人员就很难再引导顾客。

三、开场白的技巧

1. 以新品、新货、新款为话题

现在的产品更新速度非常快，几乎每个阶段都有新产品或新款式，不少人都有求新的消费心理，所以，销售人员可以用新产品作为开场的话题。当顾客走进店铺大门时，销售人员就可以迅速迎上去，热情地对顾客说："小姐，这是我们刚到的春装最新款，我来给您介绍……"开门见山，引导顾客进入销售的正题。

销售人员还可以用突出新款的特点来开场："小姐，您好，这款是今年夏天最流行的军装风格，呢红色裤子，海军条纹上衣，穿上后显得您非常帅气，我帮你试穿，看是否合身？这边请！"用表达新款的畅销说法开场："小姐，您好，这是我们最新款的吊染连衣裙，是今年夏天的流行款，吊染风格非常受欢迎，请来这边试穿一下！"用突出新款式的利益点开场："小姐，这款长裙是今年夏天的流行时尚，采用垂坠质感的面料，非常贴合皮肤，穿在身上能充分展现出您的好身材，多层飘逸的设计，显得您很有风情，我帮你搭配试穿下，这边请！"用突出新款的卖点来开场："小姐，这款包是今年春夏最流行的休闲款式，油牛皮手拎包和正装休闲装很好搭配。"

2. 强调促销

现在很多公司都会不定期地开展促销活动，销售人员应该意识到，公司推出的这些促销活动是帮助销售人员降低销售难度，增加业绩、创造收入的机会，因此，销售人员要好好把握这样的机会。在促销期间，销售人员可以这样设计开场白："先生，我们公司正在做活动，现在买是最划算的时候！"

但是说这句话的时候，销售人员的语气要特别注意，不能太理智，否则说出的话平淡无味，这样就无法感染客户。那么顾客就不会感觉促销的优势所在，这样，促销就没有落到实处。正确的做法是销售人员应该运用肢体语言配合适当的语气，突出重音将兴奋度完全表达出来，感染顾客。如上面的那句话重音就应该落在"做活动"、"最划算"上面。

3. 巧用赞美

卡耐基说："人性的弱点之一就是喜欢别人赞美。"每个人都会觉得自己有可夸耀的地方，销售人员如果能够抓住客户的这种心理并很好地利用，那么成功推销的机会也就大得多了。所以，赞美是与客户沟通的润滑剂，如果销售人员不知道与陌生客户说什么好的时候，礼节性地赞美一下，就是非常好的开场白，它会让你和客户后面的沟通更加流畅。

那么，销售人员应该如何去用赞美客户来开场呢？

（1）怀着真诚的态度。

客户虽然喜欢被赞美，但一味泛泛而谈、刻意地拍马屁却并不能获得好的效果。赞美客户时态度要真诚，如果能找准客户可能被别人忽略的特点，从这些方面去赞美客户，就会让客户觉得你的话语是真诚的。

"张总，您的办公室可真漂亮"这句话听起来就像是拍马屁。而"张总，您的办公室装修得这么简洁却很有品位，可以想象，您应该是一个做事干练的人"这句话就是赞美了。

以下的说法是销售人员可以学习的赞美开场白："小姐，您真有眼光，您手里拿的是我们秋冬的最新款……"、"大家都说应该找您，您在这方面是专家"、"我相信贵公司能够发展得这么快，与您的人格魅力是分不开的"。

（2）拿具体、明确的事情来赞扬。

销售人员在赞美顾客时，要实事求是和有根据。有根据是指销售人员有意识地说出一些具体而明确的事情来赞扬，如客户的经历、客户办公室的摆设等。具体的赞扬比含混的、空泛的赞美更容易获得客户的认可和接受。

因此根据不同的客户，销售人员要学会寻找不同的赞美点。赞美一位男性，销售人员可从以下几个方面着手：发型、额头、鼻子、西装、马甲、衬衫、领带、领带夹、气质、工作、事业、妻子、孩子、车子、房子、爱心、孝心……赞美一位女性，则可从以下几个方面着手：发型、脸型、肤质、眼睛、眉型、身材、鼻子、嘴唇、脖子、项链、项链坠子、皮包、衣服、鞋子、气质、先生、孩子、工作……

（3）从客户的亮点赞美客户。

赞美是说给客户听的，一定要和具体的人挂上钩。如果销售人员对一个长相一般的女士说："你长得太美了，简直和香港明星李嘉欣一模一样。"只会引起客户的反感。所以应该针对客户本身的亮点进行赞美。比如，销售人员和客户站在他新买的汽车前，销售人员用手轻抚着车子说："真是辆好车，不错，太漂亮了！"这样的赞美只会让客户心情愉悦，但并没有真正起到赞美客户的作用，因为汽车的漂亮是生产厂商的功劳，和客户无关。如果销售人员对客户说："这车保养得真好！"或"你挑车时真有眼光！"这就真的是赞美客户了。

适当的赞美会让客人感觉到这个世界上只有你懂得欣赏他和赞美他，他把钱送给谁都一样，何不快快乐乐送给你呢？

4. 请求帮忙

一般情况下，在刚开始就请求对方帮忙，对方是不好意思断然拒绝的。电话销售人员会有百分之百的机会与通话人继续交谈。销售人员可以这样说："您好，李经理，我是××公司的××，有件事情想麻烦您一下！（或有件事想请您帮忙！）"

5. 第三者介绍法

为了与客户在第一通电话中就建立良好的关系，通常在开场白中使用第三者介绍法。这时，销售人员可以这样说："您好，是李经理吗？我是××的朋友，我叫××，是他介绍我认识您的……"通过"第三者"这个"桥梁"过渡后，更容易打开话题。因为有"朋友介绍"这种关系，就会在无形中解除客户的不安全感和警惕心，很容易与客户建立信任关系。

但让人非常头痛的问题是，由于销售人员的人脉有限，不可能在每一个企业都有认识的人，因此，此时完全可以虚构一个朋友，可以如此说："你的一位好朋友推荐我给你打电话的。"如果客户继续追问下去，这个时候电话销售人员可以幽默地处理。例如：

电话销售人员："您好，请问是李经理吗？"

客户："是的，你是哪一位？"

电话销售人员："我叫陈念秋，是您的一位好朋友介绍我打电话给您的。"

客户："哪位朋友呀？"

电话销售人员："呵呵。一位姓佛的朋友。"

客户："哪一位姓佛的朋友呀？"

电话销售人员："哈哈。佛陀您认识吗？佛陀说，如果今生能够与您通上电话，一定是几辈子修来的福分，叫我要好好珍惜。因此，我今天特意打电话过来祝福您。另外有几个问题想请教一下您，请问您现在方便说话吗？（引导到销售的产品中来）"

6. "牛群效应"法

在大草原上，成群的牛一起向前奔跑时，它们一定是很有规律地向同一个方向跑，而不是向不同方向跑，以致乱成一片。把自然界的这种现象运用到人类的市场行为中，就产生了所谓的"牛群效应"。它是指通过提出与对方公司属于同一行业的几家大公司已经采取了某种行动，从而引导对方采取同样行动的方法。

销售人员在介绍自己产品的时候，告诉客户同行业的几家大企业都在使用自己的产品，这时"牛群效应"就开始发挥作用了。同行业几家大企业已经使用自己产品的事实，便可以刺激客户的购买欲望。

用这种方法时，销售人员可以这样说："您好，钟先生，我是星光公司的小何，我们是从事……我打电话给您是因为目前国内的很多大型公司，如×××等，都是采用……我想请教一下贵公司在……的时候有没有用到……"

7. 激起兴趣法

这种方法在开场白中运用得最多、最普遍，使用起来也比较方便、自然。激起对方兴趣的方法有很多，只要销售人员用心去观察和发掘，话题的切入点是很容易找到的。

引发客户的兴趣是销售成功的关键因素，因为每个人都喜欢谈自己感兴趣的话题，如果销售人员所说的话能引起客户的兴趣，客户就会继续谈下去，销售人员才有机会做生意。那么如何使客户对电话销售人员说的话感兴趣呢？这就需要销售人员具备以下能力：

（1）洞察力强，能观察出客户对什么感兴趣（产品、公司、价格等）。

（2）通过各种途径收集客户的一些重要信息，找出客户的与众不同之处，再赞美他。

（3）通过客户公司的其他同事了解客户的情况（兴趣，爱好等）。

（4）经常看书、充电，不断吸收新的知识，与客户分享一些有哲理性的观点。

"激起兴趣"是应用较多的一种方法，销售人员可以从以下几个方面激起兴趣：

（1）提及对方现在最关心的事情。比如，"李总，您好，听您同事提到，您目前最头疼的事情是……是吗？"

（2）提及他的竞争对手。比如，"我们刚与××公司（目标客户的竞争对手）合作过，他们认为我们的服务非常好，所以我今天决定给您一个电话。"

（3）引起他的担心和忧虑。比如，"不断有客户提到，公司的销售人员很容易流失这一现象，这实在是一件令人担心的事情"、"不少客户提到他们的客户服务人员经常接到一些骚扰电话，很不好应对，不知王经理是如何处理这种事情的？"

（4）畅销品。比如，"我公司产品刚推出一个月，就有 1 万个客户注册了……""有很多客户主动打电话过来办理手续……"

（5）用具体的数字。比如，"如果我们的服务能让您的销售业绩提高 30%，您一定有兴趣听，是吗？""如果我们的服务可以为贵公司每年节约 20 万元开支，我相信您一定会感兴趣，是吗？"

请你点评

一

李明："您好，是刘经理吗？"

刘经理："是的，什么事情？"

李明："您好，刘经理，我是中国研磨网市场客户部的李明，是您的朋友王新介绍我打电话给您的，我们是一家专业的宣传推广公司，所以他让我打电话给您问您是否有这方面的需求？"

刘经理："对不起，我们暂时还没有这方面的计划。"（挂断）

二

销售人员小刘要拜访一个河南国税的客户谈一个重要的项目，这位客户是重要的决策者，小刘先收集了许多资料，发现客户是退伍军人，非常严肃、敬业，一般厂家找他，十分钟就被打发了。

小刘从北京飞往河南的飞机上还在想如何说第一句话，却一直没有想出来，结果一进到客户公司的大厅，突然想到一个方法。

小刘一见到客户就说："我一进入河南国税的大厅，就觉得非常骄傲和光荣。"

客户："我每天都会路过这个大厅，却从来没有感到过骄傲，你为什么会有这种感觉呢？"

小刘："我每个月交六七千块钱的个人所得税，可从未来过国税局，这是第一次来国税局，一想到自己是纳税人，当然感到光荣和骄傲。"

客户："你怎么一个月交六七千元的税呢？"

小刘："我们公司的奖金和收入办法是……"

客户："哦？我在国税局工作多年，还没有每月交六七千元的个人所得税，看来你是一个纳税的好公民。不过，你交的钱没有到我这里来，个人所得税归地税。国税不管个人所得税。"

小刘："国税不管个人所得税，那你们管什么呢？"

客户："我们管企业的增值税、流转税等项目。"

小刘："河南的企业成千上万，你们是怎样收税的呢？"

客户："……我们就是这样做税收征管的，会通过网络等形式。"

小刘："IT 系统在您的介绍中应该非常重要，因为税收都是通过网络来进行的，今天可不可以了解一下您的计算机系统是怎么做的？"

客户："我们的计算机系统的建设……"

实战训练

一

运用重音、兴奋的促销语言才能激起客人的兴奋，请读准以下开场白的重音：

（1）"哇！小姐，我们店里正好在做促销，现在买是最划算的时候！"

（2）"您好，欢迎光临某某品牌，现在全场货品 88 折，凡购满 1 000 元即可赠送……"

（3）"您好，小姐，您真是太幸运了，现在优惠大酬宾，全场 5 折。"

（4）"小姐，您来得正好，我们店正在搞活动，现在买是最划算的时候！"

（5）"您好，小姐，您运气真好，现在优惠大酬宾，全场 88 折。"

二

一位西装革履，气度不凡的男士走入某建材商城，眼光一下子就被新推出的仿古瓷砖吸引住了。如果你是商城的销售人员，你将怎样设计开场白接近这位男士？

三

如果你是上面"请你点评一"的销售人员，你将怎样设计开场白使谈话可以继续下去？

四

阿珠是一家软件公司电话销售人员，她了解到国内知名集团的老总王振兴是一个高尔夫球爱好者，经常是下午两点后会在大自然高尔夫球场打球，她想约见王总，应该怎样设计开场白？

第三节　吸引顾客的注意力

虽然满大街都是人，都可以成为潜在顾客，但市场上和你推销的相似产品多得很，销售人员要将产品推销给顾客，首先要吸引顾客的注意力。只有当顾客的注意力被吸引了，销售人员才会有机会推销产品。那么怎样才能吸引顾客的注意力呢？

情景回放

美女不见了

日本新宿百货商店开张时，为了吸引顾客，特地挑选了20名美女，让她们身穿美丽庄重、大方得体的古代和服，头发也梳成古代妇女的传统样式，脸上敷着厚厚的胭脂，一个个打扮得如花似玉，成群结队地走在街上，吸引了很多围观的人。紧接着，这20名美女走进了新宿百货店，然后就神秘地消失了。围观的人们疑惑不解，纷纷涌进店里想看个明白。没想到走进店里，各种琳琅满目、形形色色的商品立刻像吸铁石一样吸引住了他们的目光，于是他们纷纷停下来购物。所以开张的第一天，新宿百货商店的不少商品就被抢购一空，老板也因此赚了一大笔钱。从此，新宿百货商店的生意越做越兴隆，所开的连锁店也遍布日本各地。

点评分析

在日常生活中，引起顾客对商品的注意是顾客购买的先决条件。很多商家都想方设法用别具一格的宣传、语言、招牌等强化对顾客的刺激，吸引顾客的注意力，使顾客愿意把时间、精力、开支转移到自己的商品中，这在竞争激烈的市场环境中显得尤为重要。好奇是人类的天性，巧妙地利用消费者的好奇心，用新颖独到的方法吸引消费者的目光，也会给商业经营者带来滚滚财源。

指点迷津

一、吸引顾客注意力的关键

1. 卖好处而不要卖产品

每个人最关心的是自己，自己的生活、自己的工作、自己利益。因此，销售人员面对的客户不关心你是谁，也不关心你的产品，更不会关心你的公司怎么样，因为这些都和他没有关系。销售人员所说的一切对他有什么好处，产品或服务能够给他带来哪些利益，这才是顾客最感兴趣和最关心的。

客户买的永远不是产品，他们买的是这个产品所能够带来的利润和好处。如果销售人员不能够让客户相信或了解购买的产品能够给他们带来什么利益或好处，或者能解决他们的问题，那么这个产品就会永远没有吸引力。

在销售过程中，一定要经常告诉顾客，产品会给他带来哪些好处和利益，对他的工作、对他个人以及对他的生活，都有哪些利益。

不论销售人员卖什么，都要清晰传达给你的潜在客户知道，买下它比不买它要好。正如著名的推销员金克拉所说："三流的销售人员卖产品（成分），一流的销售人员卖结果（好处）。"

假如一个保健品推销员说："我们的鸡精是精选上等的白凤乌鸡，配上西藏的天然冬虫草……这样的名贵药材制成的。"这只是介绍保健品含有哪些成分，客户一定不感兴趣。如果推销员这样说："我们的鸡精能让你每天容光焕发，精力充沛……"这里传递了产品可以给客户带来哪些好处、对身体有哪些帮助的信息，客户就会被吸引了。

销售人员的职责在于把产品的特征通过介绍转化成客户的利益。产品或服务将如何使客户的生活和工作变得更简便快捷，如何为客户省时省钱、缓解痛苦、减轻压力，能帮助客户解决哪些具体问题。

无论销售什么产品，销售人员都要知道产品将带给客户最大的好处是什么。对顾客来讲，顾客只有明白产品会给自己带来什么好处，避免什么麻烦才会购买。销售时不要只是说产品质量好、服务好、信誉好，这些都是一些空洞的东西，不会引起顾客的兴趣。产品的好处要有一些特点和独到之处，能直接让客户感受到是他所需要或喜欢的。

2. 找出产品的独特卖点

产品的独特卖点就是该产品首先提出或独有的，或者是很容易打动目标消费群，并能带给消费者某种利益的特点。产品的独特卖点能给客户留下深刻的印象。

如果一个超市推销员说某种洗发水既能去头屑，又能黑发，还能让头发更有弹性，介绍的产品什么优点都有，也就是什么都没有，因为没有独特的卖点。而海飞丝就是凭借"去除头屑烦恼"这一独特卖点已经畅销了二十多年。因此，销售人员在推销时可以说："请看看我们这款有防晒功能的洗发水……"

二、吸引顾客注意力的方法

1. 制造悬念

悬念可以唤起客户的兴趣和好奇心，给客户制造一些合适的悬念是一种巧妙的宣传和推销方法。制造悬念主要是为了引起顾客的好奇心，吸引其注意力，并让客户有寻找问题答案的强烈愿望，当销售人员再从客户的好奇心转向产品的性能时，就达到了宣传和推销的目的。

比如，"你希不希望自己更加健康，并充满活力?"用问句的形式制造悬念能激发客户的兴趣。当客户被提问时，对方的注意力一般都比较集中。但要注意，在任何情况下，只要销售人员以问句的形式制造悬念，就要在 30 秒内回答，然后导出产品。

制造悬念不仅仅局限于口头的描述，配合视觉的强烈效果往往会更好。比如，有一个销售安全玻璃的业务员，在和客户第一次见面的时候，总是带着一块自己公司生产的玻璃，并在客户面前拿出一个锤子，然后把玻璃砸碎，并对客户说："这

就是我们的产品，即使破碎但还是连在一起不会分散。"这样的介绍很好地吸引了客户的注意力。

制造悬念没有固定的套路，没有现成的模式可以套用，可以使用成语、典故、诗词歌赋等，甚至一句广告词、一个动作、一个字，都可以用来制造不同形式、不同内容的悬念。但是，利用悬念不是说什么都可以用，不是只要能引起客户的注意就好，其实还是要注意很多问题的，避免用错悬念，引起客户的反感。在制造悬念时要注意以下几点：

（1）悬念要与销售的产品有关，这种有关可能是直接的，也可以是内在意义上的。但如果销售人员设置的悬念和产品无关，等客户了解了具体情况时就会明白，销售人员的努力只能算白费。

（2）采取的方法不能让人感觉很奇怪。销售人员可以运用各种类型的悬念方法，但这种方法必须是有道理可循或有事实依据的，不能凭空制造一些奇谈怪论来吸引客户。

（3）要让客户真正感到好奇。悬念是针对目标客户，销售人员的方法不能只是让自己觉得好奇，而忽略了客户的心理感受。

对自己不熟悉、不了解、不知道或与众不同的东西，人们往往会格外注意，销售人员在销售过程中要学会利用这一点。制造悬念是为了激发客户的好奇心，从而让客户关注你的解说，而不是故弄玄虚。制造的悬念要与推销的产品有关，不然客户会感觉受到了欺骗。

2. 让客户自豪

在推销过程中没有什么比让客户自豪更能激起其谈话欲望和让其"秀"出自己更令客户开心的事情了，客户的自豪从何而来？客户的自豪不外乎其社会贡献、成功、特长、能力、家庭、社会地位、名声，甚至衣着、身材、发型、化妆、孩子、外貌，等等。销售人员可以用赞美的方式（方法参见第二节开场白的技巧的相关内容）引导客户来"秀"自己。

为了能引导客户"秀"自己，销售人员要提前收集客户资料。这样的准备工作做好以后，销售人员可以随时动用自己脑袋里的客户信息库里的信息，与客户进行沟通。让客户自豪，显示了销售人员对客户的关注，也显示了销售人员对客户的尊敬，因为在客户眼中，一个销售人员为了推销产品，居然能做出这么大的努力，乐意同客户沟通，这样努力的销售人员与那种一味地巧言令色的销售人员是不同的，虽然同是为了推销产品，但是前者更让人乐意接受，因为这个世界上没有任何事物是不带目的的，目的性是事物的特性之一。

3. 让客户产生共鸣

引起客户的共鸣往往能打动客户的心。那么应该如何引起客户共鸣呢？哪些事物能引起客户的共鸣呢？

首先是客户的独特的人生经历或者是客户曲折的创业经历，或者是客户年少时的不幸遭遇，此外，客户最关注的问题或者客户的困境和苦恼也是引起客户共鸣的重要因素。引起了客户的共鸣，客户就不再仅仅把销售人员当作一个销售人员，而是一个能深入他们内心的朋友，他们乐意也愿意与之交谈，愿意分享他们的内心，这样的话，表明他们对销售人员的信任，也同样相信销售人员所推销的产品。

请你点评

小周："李医生，您好，我是联合保险公司的保险推销员小周，我想知道您是否想买保险。"

李医生："我暂时还不想买，我妻子还在国外读书，以后我们究竟在哪里扎根都不知道呢。所以现在觉得还不是买保险的时候。"

小周："哦，是吗？您妻子在国外读书？是读什么专业的？什么时候毕业？"

李医生（颇为自豪地）："是美国普林斯顿大学，她有全额奖学金，是医学博士，还有两年毕业。"

小周："听说普林斯顿大学可是美国的名牌大学呢，哇，真的很不错啊！不过您更不错，能有这样一位令自己自豪的妻子。"

李医生："我不如她，我大学毕业就读了'直博'，后来就到了这个医院，因为觉得这个医院也不错，可我妻子她非要考国外的博士。"

小周（由衷地）："其实我觉得您更不错，没有您的支持，她不可能这么安心地在国外念书，而且您自身，无论是医术还是医德，都是有口皆碑的。听说您去年还获得了'五一'劳动奖章，今年又获得'市十大杰出青年'的称号。"

李医生（掩饰不住喜悦）："哪里，其实我无非是尽到了一个医生的职责，真的，作为医生，我相信看到病人的心情都是一样的。只有病人，没有自己。"

小周（开玩笑地）："可能是您的职业使您比较自信，不相信保险，因为您是病人人寿的最大保家。唉，碰到你们医生，我们保险推销员就要失业了。"

李医生："其实我也在考虑保险的事情，只是一直比较忙，所以也没有时间顾及，您知道，医生是最忙的。那些推销员有时候一来就无休止地说，有时候听累了，就很烦。不过，小兄弟您倒是令我愉快的一个人，如果您办事效率很高而且你们的条件比较合理的话，我们倒是可以商量保单的事情。"

小周："好的，这是我们的保险计划书，这是保险单，如果您觉得满意，您就往保险单上签上您的名字，其他的事情由我来办理，你觉得如何？"

李先生（看看计划书上的条款，觉得比较合理）："还不错，我这就签了，笔在哪？"

小周（掏出笔）："都为您准备好啦。我知道李医生很忙，所以一切都为您准备齐全。"

二

下九路上有许多商家用大幅的招牌写着"大出血"、"大降价"，高音喇叭不断播放清仓结业的话语来吸引顾客。而有一家小店却写着："衣服虽有小毛病，小孩穿着不要紧——五折以下。"许多人很感兴趣，纷纷进店观看。同时，销售人员不断地把衣服的瑕疵指给顾客看："这里弄脏了，洗洗就行了。五折。""这里掉了纽扣，缝上就行了。三折。""这花有点歪，不细看，看不出来。五折。"……听了这些话，许多有疑虑的人成了积极的挑选者。

实战训练

一

A小姐是一家童装店里的促销小姐，每天都有很多年轻的妈妈抱着她们的宝宝去逛童装店。一天，一位年轻的女士一手抱着一个两三岁的男孩，另一手拉着一个六七岁的女孩走进童装店。A小姐该如何向女士进行推销呢？

二

乐乐在一家国内商务旅行公司工作，这家商务旅行公司的业务主要是推广商务旅行卡。这张卡可以帮助经常出差在外的商务人士以比较低的折扣预订酒店和飞机票。现在有一个经常要出差的私营老板刘先生，乐乐的同事几次想向刘先生推销商务旅行卡，可刘先生一听是来推销的就把电话挂断了。乐乐应该怎样向刘先生说才可以打动他呢？

三

某电动针织机厂生产了一种机身小巧、操作简单的针织机，操作这种针织机不需要很高深的机械方面的专业知识，另外，这种针织机可以满足多种花型的设置，特别适用于那些下岗的女工尤其是要兼顾工作和家庭的下岗女工或个体劳动者，厂家也正是考虑了这个顾客群体的存在而在设计方面加以改造的。小严是厂里的推销员，他打听到永兴小区里有很多廉租户，租户张女士是下岗女工，孩子在读书，丈夫也下岗了，现在在开三轮车。靠丈夫微薄的辛苦钱过日子，一家人日子过得紧巴巴的。小严决定到永兴小区去推销产品，先从张女士开始，他该怎么去说服张女士呢？

四

汤姆要在一个大型的集会上推销一种现代化的烹调设备，这种设备的价格是395美元。汤姆首先在集会现场展示这套烹调器，并强调它节省燃料的功能。最后还把烹饪好的食品散发给围观者，请他们免费品尝。这时，人群中有一个声音："味道是很不错，可是，你的这套设备再好，我也不会买，买一套锅就要近400美元，除非人都疯了！"此话一出，人群顿时骚动起来。汤姆一看，说话的正是这一带出了名的守财奴苏比。汤姆该怎么办呢？

第四节　倾听和询问的技巧

大多数刚从事销售的人喜欢"说"而不喜欢"听"，认为只有"说"才能说服客户购买，但客户的需求、客户的期望都是由听获得的。一个销售人员要成功地将产品销售出去，光靠一张嘴能说会道还不够，还必须会倾听和询问。

学会询问是销售人员必须掌握的技巧之一。销售人员可以利用询问了解客户的想法，得到需要的信息，从而了解

客户在想什么、需求是什么。从一定程度上说，询问是销售沟通进行下去的必要条件，想要掌握询问的技巧，学会聆倾客户的话是前提。不能够聆听客户在说什么，接下来的询问就无法具有针对性，更无法激起客户回答的兴趣。

情景回放

顾客拿着房卡，来到酒店的前台。

服务员："先生要退房？"

顾客："我……"

服务员："（不等顾客说话）那先生要续房？"

顾客："不是。"

服务员："那先生是要换更高级的房间？"

顾客："不是，我想问问为什么我订的是双人房，但只有一张早餐券？"

点评分析

在这个情景中，服务员向顾客询问了三次，但都没有收获到有效信息。原因主要有两点：一是服务员选取的几个问题虽然很明确，但却限制了顾客的回答。在对顾客的需求完全不了解的时候，用这样的方式提问显然是无效的。二是服务员没有耐心倾听顾客的需求。如果服务员这样无休止地问下去，可能会让顾客感觉像在接受 FBI 侦探的询问。

其实只要这个服务员换个方式问："请问能帮您做什么？"然后耐心地倾听顾客的诉求，就没有这种尴尬了。

指点迷津

一、询问

"知己知彼，百战百胜！"这句话用在销售上再恰当不过了，为了赢得客户，销售人员需要比竞争对手更了解客户，越了解客户，就越容易使客户产生"友好的纠缠"，这种纠缠使客户难以转向你的竞争对手。

巧妙的询问在专业销售技巧上扮演着极其重要的角色，销售人员不但可以利用询问技巧来获取所需的情报并确认客户的需求，而且能主导客户谈话的主题。询问是最重要的沟通手段之一，它能使客户因自由表达意见而产生参与感。

（一）开放式询问

1. 开放式询问的含义

开放式询问是指能让准客户充分地阐述自己的意见、看法及陈述某些事实状况。如果销售人员想多了解一些客户的需求，就要多采用开放式询问的方式。能体现开放式询问的疑问词有"什么"、"哪里"、"告诉"、"怎样"、"为什么"、"谈谈"等。

2. 开放式询问的目的

（1）取得信息。

① 要了解目前的状况及问题点，可以这样问："目前贵公司使用的复印机状况如何？有哪些问题想要解决？"

② 要了解客户期望的目标，可以这样问："您期望新的设备达到什么样的效果？"

③ 要了解客户对其他竞争者的看法，可以这样问："您认为 A 品牌有哪些优点？"

④ 要了解客户的需求，可以这样问："您希望拥有什么样的手机？"

（2）让客户表达他的看法、想法。销售人员可以用以下方式询问："对保障内容方面，你认为有哪些还要再考虑？""您的意思是……？""您的问题点是……""您的想法是……""您看，这个款式怎么样？"

（3）用第三方问题探询客户的真实看法。

有时，销售人员的直接询问可能使客户感到不舒服。他们可能使回答者感到有压力，因而避免回答，甚至找借口离开柜台，以躲避这种压力。在实际销售中，这种现象是非常常见的，客户经常在来到柜台后，一言不发，这除了因为销售人员的礼仪可能不够专业外，也跟其提问方式有很大关系。

为了打破这种僵局，销售人员可以采用第三方问题进行间接提问。第三方问题就是指对潜在客户进行间接提问，把他们的反应与其他人的情况联系起来。

比如，直截了当地问一个轿车购买顾客的支付能力，可能会伤害他的感情，使一笔可能的生意突然终止。如果问潜在顾客，他们是否认为大多数人都买得起这辆车，就能大大减少对潜在顾客的伤害。这时，顾客的回答仍是有启发作用的，因为潜在顾客的回答大多是以自己的情况为依据的。

下面是这类问题的典型例子：

"现在许多人都喜欢时尚款式的音响，他们认为音响摆在家里，外观设计是第一位的，您觉得他们的看法如何？"

"现在很多人认为家里应该有个等离子电视，既不占面积，又安全环保，您觉得他们的想法如何？"

第三方问题对于启动客户与销售人员的交流是十分重要的。对于销售人员来讲，一个颇令人伤脑筋的问题是潜在客户不愿意谈话。而第三方问题是能促使这类客户谈话的重要工具。

关于问一些敏感性的问题，还有另外一些提问的方式：

"顺便问一下，你可能看过不少冰箱柜台，您有什么感受？"

"现在很多人在选择电视的时候，非常注意电视的款式，甚至超过对电视质量的关注，您觉得他们的做法如何？"

"很多人觉得挑音响就跟挑家具是一样的，您认为是这样的吗？"

（二）封闭式询问

1. 封闭式询问的含义

封闭式询问是让客户针对某个主题明确地回答"是"或"否"。封闭式询问由销售人员选定特定的话题来提问，希望对方的回答限于一定的范围内。封闭式的问题经常使用"能不能"、"对吗"、"是不是"、"会不会"、"多久"等疑问词。

2. 封闭式询问的目的

（1）获取客户的确认。例如，"不知道您是否同意我们的观点？"

（2）在客户的确认点中，发挥自己的优点。例如，"您是否认为购买数码产品一定要找信誉好的公司购买？"在获得客户对"信誉"要求的确认后，可接着介绍自己公司有关信誉卓越的事例或制度。

（3）引导客户进入将要谈的主题。例如，"您是否认为奶制品中的蛋白质含量最重要？"将主题引导向蛋白质含量，客户同意蛋白质含量最重要后，销售人员可说明本公司基于营养需求的考虑，对于营养中氨基酸的平衡等，都充分考虑到实际效果的问题，不是一般低价格竞争的奶制品能相提并论的。

（4）缩小主题的范围。例如，"您想买的手机是送礼还是自用？"利用封闭式的询问，将主题的范围确定在"自用"或"送礼"上。

（5）确定优先顺序。例如，"您购买食品首先考虑的是价格问题还是卫生问题?"确定客户需求的优先顺序。

（6）自己承担责任。销售人员在询问的过程中，应该坚持由自己承担责任。"你明白吗?"这样的问题很可能冒犯潜在客户，因为他把承担责任的重负加在了客户的身上，如果他们不回答"明白"，就等于承认自己的无知。销售人员最好采取这样的说法："我是不是已经对这一点进行了充分的解释?"

3. "是非问句"与"选择问句"

采用封闭式询问方式还应注意根据实际情况选择"是非问句"还是"选择问句"。

（1）销售人员可以用"是非问句"让客户觉得你提出的问题是为他着想，为利于沟通，很快拉近彼此之间的距离，取得信任。

例如，"如果用起来不开心，买回家也用不了几次，反而是浪费，您说是吧?""女装时尚款式非常重要，您说是吧?""买品牌电脑，售后服务比较周到，您说是吧?""买房子，住起来一定要凉爽、透气、通光，您说是吗?"

（2）销售人员可以用"选择问句"引导客户在假定购买的特定语境中作出二选一，引导消费。

例如，当顾客在早餐店里买了早点后，如果问"加奶茶还是咖啡"就可以多向顾客推销一杯饮料。但如果问"要不要加杯饮料"，顾客回答"不要"的可能性会大很多。

表面上看，"加不加饮料"、"什么饮料"最后的决定权都在顾客，对"要不要加杯饮料"这个问题，顾客需要作出的选择是"要"或者"不要"，而对"加奶茶还是咖啡"顾客需要作出的选择是"奶茶"或者"咖啡"，而无论顾客选择"奶茶"或是"咖啡"，商家都已经剥夺了顾客"要"或"不要"的选择权。当然，就算是询问顾客"加奶茶还是咖啡?"时，顾客都会潜在的有第三个选择"都不要"，但出于人的思维定式，通常都会顺着销售者设定的语境去思考并作出决定。

（三）询问方式的选择

销售人员应该主动地询问客户，同时根据客户对产品的了解程度，可适当地加以提示引导，从客户的回答当中了解他们的需求。在询问时，应该根据实际情况选择开放式问题或封闭式问题。

在选择合适的提问方式时，要考虑以下几个因素：

（1）对客户的了解程度。当销售人员对客户了解较少或较难判断客户的情况时，应该使用开放式问题，因为封闭式问题是预先设定了答案，如果了解甚少，就无法预先设定答案。当然，当销售人员对客户了解较多时，就可以开始使用封闭式问题，因为判断的正确率有可能很高。

（2）客户的专业程度。使用开放式问题和封闭式问题还跟客户的专业程度有关系。当销售人员所问的问题连客户自己都不清楚时，显然应尽量使用封闭式问题让客户进行选择，而不是使用开放式问题让客户无所适从。对于这一点，我们都有体会：在参加考试时，你会发现，选择填空比自由填空要容易得多。

比如，一般顾客对要买一个什么价位的手机都有明确的概念，这个问题顾客很清楚，那么销售人员可以使用开放式问题："先生准备买一个什么价位的手机呀？"但顾客可能对手机屏幕能显示多少色没有明确概念，这个时候如果你问："先生准备买一个多少色的手机呀？"顾客就很难回答，因为他也不知道。但如果这时候你问："先生准备买一个 6.5 万色的还是 26 万色的手机呢？"顾客就会有一个明确的概念。

（3）你的资源。使用开放式问题和封闭式问题还跟销售人员的资源有关。

比如，销售人员目前拥有的笔记本电脑资源很少，只有两款产品；或虽然资源不缺，但只有两款产品有竞争力，是主推的机型，那么销售人员就应该使用封闭式问题，将客户可能的需求限定在自己的资源范围内。

（4）客户的个性。一般来讲，开放式问题对那些性格外向的客户效果较好，而封闭式问题则对性格内向、不善表达的客户效果较好。

二、倾听

与询问同样重要的是倾听。除了要善于询问，还得搭配运用倾听技巧，这样才可能真正接近客户。要想掌握询问的技巧，学会倾听客户的话是前提。不能够倾听客户在说什么，你的询问就无法具有针对性，更无法激起客户回答的兴趣。倾听是体现智慧、迈向成功的第一步，善于倾听，对销售人员来说是最基本的素质，是一种有效的销售技巧。

倾听不仅是要有耳朵听到相应的声音，而且是一种情感的活动，需要通过面部表情、肢体语言和话语的回应，向对方传递一种信息：我很想听你说话，我尊重和关注你。倾听是要给对方一种感觉，所以说倾听是一种情感活动。

人长了两个耳朵，一张嘴，所以要多听，少说。想要成为一名优秀的销售人员，在和客户交流的过程中应该如何做到有效地倾听呢？

（一）不轻易打断客户的谈话，更不能加入话题或纠正他

倾听是给客户谈话时间，这能使客户感到被尊重，反过来就会更加信任并尊重销售人员。交流中，倾听要比销售人员自己说话重要得多，只有通过倾听才能了解客户的真实意图，才能让销售人员说的话有说服力。认真倾听的态度会给客户留下好印象，所以在谈话未结束之前，不要随意打断客户的谈话或随意插嘴、谈话。除此之外，更不要不顾客户的反应另起话题。

（二）专心、真诚地倾听客户的谈话，并及时回应客户

倾听必须是全神贯注地去听，并辅以适当的表情、动作或简短的回应的语句，这样才可以激起客户继续谈话的兴趣。如果客户在表述过程中，得不到销售人员的回应，就会认为谈话毫无意义；如能得到回应，就表明他的谈话正受到关注，从而有兴趣与销售人员继续沟通和交流，销售人员因此就可以获得更多的客户需求信息。

例如：

促销员："我们的这款产品的功放采用的是马兰士的技术。"

客人："马兰士？我知道，日本的。"

这时销售人员如果不能及时回应，就错失了一个恭维客户、拉近关系的良机。所以，这时销售人员可以这样说："原来先生对马兰士还挺了解的，先生您知道吗？马兰士的几款功放都是我们代为加工的，这也说明我们的技术实力很强，您说是不是呀？"

（三）选择适当时机巧妙地提问，核实所需要的信息

认真倾听客户的谈话也需要销售人员在适当的时机进行提问，提问可以表明销售人员是认真思考客户谈话的内容的，从而让客户有受到重视的感觉，并能引导客户说出自己的想法和相关信息。同时，提问还可以让销售人员对客户提供的一些信息进行准确核实，并及时进行记录。

若在倾听中有不清楚的地方最好有礼貌地请客户再讲一遍。销售人员可以这样说:"对不起,小姐,我不太清楚您刚才说的意思,请你解释一下,好吗?"而"你说什么"这样的说法是极不礼貌的,一定要避免。

(四)注意倾听时的礼仪

良好的倾听礼仪既可以显得自身有涵养,又能表达出对客户的尊重。例如:身体略为前倾,表情自然;在倾听过程中,保持和客户视线的接触,不东张西望;表达赞同时,点头、微笑等。

请你点评

一

销售人员小刘去一家公司拜访客户。

小刘:"吴经理,我来之前,对你们公司进行过了解,发现你们自己维修设备的费用比雇用我们维修花费的要多得多,是这样吗?"

吴经理:"是的,有这样的情况,我也认为不太合算。我承认你们的服务不错,但是在技术方面……"

小刘:"不好意思,请允许我插一句话,有一点我想说明一下。其实,任何人都不是天才,而维修机器的设备有时需要特殊的设备和材料……"

吴经理:"是的,我明白,你好像误解了我的意思,我想说的是……"

小刘:"其实我明白你的意思。但就算你们公司的员工绝顶聪明,也不能在没有专业设备的条件下,迅速修整好设备的。"

吴经理:"我觉得你还没有搞明白我的意思,现在我们专门负责维修机器设备的员工是……"

小刘:"是这样的,吴经理,稍等一下,我再说一句话,如果你认为……"

吴经理:"对不起,我有些重要的事情要去做,今天就谈到这里吧。"

二

促销员:"我想问一下二位打算将音响放在哪个房间?"

顾客:"客厅。"

促销员:"我看你们二位的穿着打扮都挺有品位的,想必家里的装修也是很有品位的,会是什么风格啊?"

顾客:"家里的装修当时很花了一些心思,我们俩都比较喜欢欧洲风格。家里就装修成欧洲风格,买的家具也是欧式古典家具。"

促销员："那我还真没看错，你们真是很有品位，像你们这样的人，在欧式古典风格的客厅里一定也会放上一套在风格上相匹配的音响，是不是？"

顾客："我们其实也在看什么样的风格会比较匹配。"

促销员："你们看看这套音响怎么样？很古典的造型。你们想想，音响在家具的搭配中是个很重要的因素，如果在你们很完美的欧式古典家具中突然冒出一个风格迥异的音响，就像一幅完美的画被横空切了一刀，把你们客厅的统一风格给破坏了。而这套音响的古典造型和风格，搭配你们的古典家具一定会是很完美的。你们感觉一下，是不是这样的？"

实战训练

一

1. 在飞机上，空姐第一次推着饮料车过来的时候，里面放满了各种饮料，她应该怎样问？（开放式还是封闭式？）_____

可当她第二次推着饮料车回来的时候，只剩下橙汁和茶，这时她又应该怎样问？（开放式还是封闭式？）_____

2. 你现在有一款单屏的和一款双屏的手机要销售，你可以怎样问？

A．"先生是要买一个单屏的，还是双屏的手机呢？"

B．"先生准备买一个什么价位的手机呀？"

二

一位老太太每天去菜市场买蔬菜和水果。一天早晨，她提着篮子来到菜市场，遇到一个卖水果的小贩。

小贩："您要不要买一些水果？"

老太太："你有什么水果？"

小贩："我这里有李子、桃子、苹果、香蕉，您要买哪种呢？"

老太太："我正要买李子。"

小贩："我这个李子，又红又甜又大，特好吃。"

老太太仔细一尝，果然如此。但老太太却摇摇头，没有买，走了。

请你分析一下老太太为什么不买小贩又红又甜又大的李子？如果你是小贩，你会通过怎样的提问了解老太太的需求，并将合适的水果卖给老太太？

三

张莉是定制高级西服的销售人员，她该如何通过倾听和询问，了解某企业高级主管黄先生需要什么样的西装？

四

山本是某灯厂的推销员，一天，他向某家大型宾馆的老总里德先生推销他们公司生产的灯具，因为他得知这家宾馆要更换灯光设备。在里德先生和山本交谈的时候，里德先生办公室的电话忽然响了，是里德太太打来了，原来他们心爱的儿子约翰考上了加州一所著名的医科大学。里德先生十分高兴。

里德先生（放下电话）说："亲爱的山本，跟我一起分享我的喜悦吧，我儿子考上加州一所著名的医科大学了，这小家伙可真不赖，当年我就梦想成为一所医科大学的学生，成为一名出色的医生，现在这个心愿儿子终于帮我实现了。"

山本真希望里德先生能尽快回到正题，可是里德先生正说得高兴，山本该怎么做，才能让里德先生顺利地与他签订单呢？

第五节　有效的报价策略

在一般的销售过程中，价格是最困难的问题。绝大多数顾客在购买商品时都希望得到更多的实惠，因此无论想不想买，也无论有没有支付能力，很多顾客都习惯和销售人员讨价还价。因此，要想销售成功，销售人员就要学习如何有效报价。

情景回放

一位人寿保险公司的推销员去某机关家属院推销少儿保险，几位年轻的妈妈询问保费怎么缴，这位推销员不假思索，脱口而出："年缴3 650元买10份，连续缴到年满18周岁……"话音未落，人已散去。

没过几天，这家保险公司又派来了一位推销员，他是这样告诉年轻的父母的："只要您每天存上一元零花钱，就可以为孩子办上一份保险。"听他这么一说，吸引了不少孩子的爸爸妈妈前来咨询。

点评分析

其实，前后来的这两位推销员推销的是同一险种的保险，保费也没有说错，但为什么会有截然不同的两种效果呢？原因是他们的报价方式有别。前者是按买 10 份一年需缴的钱数报的，这样报价容易使人感觉价格比较高，买保险可望而不可即。而后一位推销员是按买一份保险一天要拿出多少钱说的，爸爸妈妈们听了，会觉得一天省下一元钱是不难做到的，这样他们就会对投保产生浓厚的兴趣。

指点迷津

价格是顾客非常敏感的问题，无论产品的价格怎样，总有些人会说价格太高了，不合理或者比竞争者的价格高等。销售人员在产品推销过程中，经常会听到顾客说"太贵了，买不起"、"不合算"、"别人比你卖得便宜"等诸如此类的话。因此价格问题是销售人员遇到的最多、最棘手的问题。

一、对顾客报价格时，销售人员要遵循一些原则

1. 先价值，后价格

销售人员在还没有来得及向客户呈现商品的价值之前就报价是很不明智的。正确的做法是，要先摸清客户的需求和想法，然后根据客户的需求和兴趣做产品或服务的价值呈现，让客户充分看到产品或服务能给自己带来的价值之后再报价。

当客户追问产品价格时，销售人员可以说："价格是我最感兴趣讨论的问题。在讨论价格之前，我们先来了解一下产品的特点和能够给您带来哪些好处，这才是对您最重要的，您说是吗？"接下来销售人员就马上说出产品能够吸引客户的利益点。销售中一定要谨记：避免过早地提出或者讨论价格问题。不论产品的价格多么公平合理，只要客户购买产品，他就要付出一定的经济代价。正是由于这种原因，应等客户对产品的价值有所认识后，才能与他讨论价格问题。

2. 好处要加起来说，价格要分开来讲

价格是具有相对性的，往往客户越急需某种产品，他就越不计较价格；产品给客户带来的利益越大，客户考虑价格的因素就越少。因此，要多谈产品的价值，少谈产品的价格。做产品介绍时，永远把注意力放在客户能获得哪些利益上，而不是把注意力放在能从客户身上获得什么利益上。每当谈到产品价格时，应该先告诉客户产品有物超所值的地方，并把客户得到的所有利益加起来说。只要不断地强调产品的附加值，就会降低客户对价格的抗拒。

在讨论价格时，为了使客户感到很便宜，要把价格分解，把它分解到每一天的支出和带来的价值。将交易总额细分为许多的小数额，就会使客户比较容易接受价格，并产生购买欲。例如，顾客在购买一台冰箱时说："这个价钱确实是贵了一点点，而且我今天也没带这么多钱。"销售人员还可以这样解释："您说得不错，现在一下子要您拿出这么大一笔钱来的确是一笔很大的负担（用这类的话来赞同顾客的抱怨），但是您想想看，这个冰箱不是用一两年就会坏的，只要您使用方法正确，用上 10 年都没有问题。我们不要说 10 年，就以 5 年来算，您 1 年只要花 1 200 元，每天只要 3 元钱，如果没有冰箱，每天浪费都不只是 3 块钱，你说对不对？"这样的报价会使客户感到物超所值，吸引力大，容易成交。

3. 坚持报出的价格，降价要有条件

销售人员不要轻易降价，要降也是有条件地降，避免让客户产生这件商品不值钱的错觉。在降价时，一定要求客户出价，找出差距并采取相应措施。客户出价后一般都会解释原因，这时就要注意分析并根据不同情况作出不同的对策。

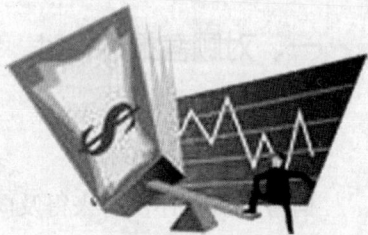

报价议价的次数不要超过三次。价格频繁地降落与直线下跌都会使客户愈议愈勇，恨不得挤干你所有的利润。注意降价比率，宜越来越小，这会使客户意识到这已接近底价了。

降价要有要求，不要因为客户要求降价而降价，这样并不会增加客户对你的好感。降价的同时，可以提出立刻签约或预付货款等有利于交易完成的要求。谈判的一个重要法则就是"什么条件都可以谈，但谈什么都要有条件"，价格谈判也是如此。

4. 询问客户的支付能力，把价格抛给客户

如果销售人员掌握的价格是可以浮动的，则完全可以通过询问客户的支付能力，将价格抛给客户。销售人员可以说："我想听听您的意见。""您认为这件商品值多少钱？""您可以承受的价格是多少？"运用这样的语言方式其实是为了探究顾客能承受的心理价位，帮助销售人员确定对方的底线和购买的可能性。

如果你卖服装，一套晚礼服的价格是 6 000 元，而销售人员能接受的最低价格是 3 500 元。当销售人员问出"您认为衣服值多少钱"时，顾客就会有三种回答：

（1）可以成交价。

顾客回答 4 800 元。这是销售人员所期望的价格，但要注意，这时绝对不要喜形于色，也不要同意得过早，不然客户会反悔。

（2）勉强成交价。

顾客回答 3 500 元。这时只有和客户讨价还价，因为这是最低价，能争取多少是多少。

（3）不可成交价。

顾客回答 1 800 元。这会把销售人员气晕，不过什么样的顾客都会遇到，这时销售人员可以问为什么会出这样的价格，找出原因，看看能不能把价格提升。

二、面对顾客，销售人员可以用以下的方法来解决价格问题

1. 先顺后转法

这是一种最常见的推销语言与技巧。当销售人员听到顾客报怨价格太高时，先肯定对方的异议，表示认可对方的观点，理解对方的感受；接着举自己或其他人的事例来证明，如果别人遇到此种情况也会和他有同样的感受，最后将对方引导到另一个问题上，用事实或事例婉言否认或纠正。基本句型是"是的……但是……"。

"是的，但是我要跟您说明我们贵的原因……其实我们贵得很值得，因为我们的售后服务做得很好，我的朋友曾经……"通过这种回答，销售人员还可以再次包装产品，提升产品的价值，刺激顾客的购买欲望。此外，销售人员可以借机嵌入销售故事，以此来说服顾客，达到销售的目标。通过讲述别人因为价格问题，选择廉价产品之后带来的烦恼，可以提醒顾客质量和售后服务的重要性，让顾客启发自己。

采用先顺后转法最大的优点是可以创造出和谐的谈话气氛，建立良好的人际关系。

2. 细分法

产品可以按不同的使用时间计量单位报价。销售人员可以把价格按产品的使用时间或计量单位分至最小，通过化整为零的办法隐藏价格的昂贵性。这种方法的突出特点是细分之后并没有改变顾客的实际支出，但可以使顾客产生"所买不贵"的顿悟。

（1）"最小单位"策略。

所谓"最小单位"策略，就是报价时所采用的计价单位应该尽量采用最小的计量单位，这样可以使顾客心理上感到价格不贵而容易接受。

在报价中，采用较小的计价单位之所以会让顾客感觉价格便宜，是因为一方面，销售人员采用的单位报价一般暗示着顾客自己起码的货币支出，所以，在报价单位较大时，顾客的直觉是自己从口袋中掏出的钞票较多，因而心理感知价位较高，相反，当报价单位较小时，顾客似乎觉得要付出的货币并不多，因而心理感知价位不贵；另一方面，顾客在倾听时，对"数字"的敏感程度远远大于对"单位"的敏感程度，因而对大单位与小单位价格变化的数字差距的反应较快，而对单位"偷梁换柱"之间的换算却感觉迟钝，所以，在习惯了正常单位较高价格数字的顾客来说，突然听到一个较低的价格数字，心理上就会觉得报价便宜得多。所以，为了使顾客容易接受报价，最好采取最小单位报价，让顾客感觉价格较低，从而消除成交障碍。

例如，一盒产品 1 000 支，销售人员不要说"这个产品 200 元一盒"，而应该说"这样好的产品才 2 角一支"。

（2）"时间细分"策略。

"最小单位"策略，是把价格按照数量单位进行细分的结果，即把一个大数量单位的高价格细分成小数量的低价格的方法。其实，除了按照数量单位进行细分以外，还能够按时间单位进行细分，同样可以达到让顾客感觉价格差距实在是微不足道的奇妙效果，这就是时间细分原则。

例如，一件高档商品价格比一般商品价格贵 365 元，365 元的价格"大差距"容易使顾客感觉商品特别昂贵。其实，顾客之所以感觉贵，是因为顾客的价格比较是基于整个商品使用时间基础上的。对于耐用品来讲，这是一个较大的比较单位，价格差距自然较大了。但是，如果我们按照商品的使用时间进行细分，如商品使用 10 年，按年分摊，购买高档商品则比普通商品每年仅仅多支付 36.5 元，按天细分，每天则仅仅多支付 1 毛钱。而 1 毛钱，在顾客的眼中，实在是一个毫不起眼的支出。

经过如此细分，一个较大的价格差距就变成了一个微不足道的价格差距。顾客想到其实仅仅多花一点，就得到了理想中的高档商品，当然乐意购买了。

所以，销售人员要善于转移顾客的注意力，即把顾客的注意力从关注整体使用寿命价格差距转移到关注细小时间段内的价格差异，把一个巨大的价格矛盾缩小成微小的价格差异，价格太贵的异议自然就烟消云散了。

3. 比较法

销售人员面对顾客"××比你卖得便宜"，不要急于答复，而是以自己产品的优势与同行的产品相比较，突出自己产品在设计、性能、声誉、服务等方面的优势。也就是用转移法化解顾客的价格异议。

常言道："不怕不识货，就怕货比货。"由于价格在"明处"，顾客一目了然，而"优势"在"暗处"，不易被顾客识出，而不同生产厂家在同类产品价格上的差异往往与某种"优势"有关，因此，推销员要把顾客的视线转移到"优势"上。

(1)"属性归一"策略。

顾客把企业产品和竞争者产品价格相互比较的情形是常见的。例如，市场中 A 品牌深海鱼油，一盒 100 粒售价 68 元，用法：每天 2 次，每次 1 粒；而 B 品牌的深海鱼油，一盒 100 粒售价 38 元，用法：每天 2 次，每次 2 粒。这样一盒 A 品牌的深海鱼油可以吃 50 天，只要 68 元。而食用 B 品牌的深海鱼油 50 天则需要 2 盒，费用是 76 元。所以，在相同的食用天数的基础上进行比较，就可以发现，表面价格高的 A 品牌深海鱼油的实际价格反而比 B 品牌深海鱼油低。

在顾客无意识地以不同基础来比较价格的时候，销售人员最佳的方法就是首先找到一个相同的属性比较基准，再把价格归到这个相同的价格基础上，即"归一"，最后进行比较，孰高孰低就一目了然了。这就是销售技巧中的价格"属性归一"策略。

(2)"使用代价"策略。

价格和代价是不同的。价格只是顾客购买时为商品支付的成本，而代价则是顾客在整修商品使用过程中支付的成本，包括购买价格、能源消耗、零配件更换费用、维修费用等。

顾客在购买时，往往容易忽视价格与代价的差别，或者说往往只见价格不见代价。因为顾客的思维习惯于短期化、直观化，即只关注眼前现实而确定的货币支出，而很少去考虑未来使用过程中难以估计的成本耗费。然而，高档质量商品的普遍特性是购买价格比较高而使用代价低，如果顾客缺乏对价格与代价的认识，就很容易形成高档产品难以接受的感觉。

所以，销售人员在进行产品价格介绍时，要提醒顾客不要陷入"廉价陷阱"，即被低质量产品的低价格所迷惑，而将来不得不支付高昂的使用代价。尽量引导顾客"贵买便（宜）用"。

请你点评

一

顾客："你们这口服液怎么这么贵？一盒要48元，人家××（另一品牌）口服液一盒才38元。"

促销员："是的，我们这个牌子的口服液确实比××的贵，但是我们贵是有原因的。××口服液仅仅是草本制剂，是由中草药制成；而我们的口服液是采用鹿胎、乌鸡等名贵原料制成，是生物制剂，功效自然不同。要达到同样的保健效果，如果采用××口服液要4盒，而我们这口服液只要3盒就足够了。4盒××口服液的总价是152元，而3盒我们这个品牌的口服液总价只要144元。"

顾客："哦，是这么回事，那就给我来3盒吧。"

二

销售员赵南接到一个客户的电话，客户需要一台电子吊秤，要赵南报个价格，赵南心想，客户反正肯定要还价的，报高点，等客户砍价，然后赵南报了一个比市场价高20%的价格。

客户一听，就嚷嚷："怎么这么贵？"

赵南向客户解释："我们的产品质量比别家好，而且售后服务到位。"

客户犹豫了一会儿，问："价格能不能再低点。"

赵南说："可以，再减10%，不能再低了，再低亏本了。"

客户："这个价还是太贵。"

赵南："如果你嫌贵，我可以推荐另一款给你，比刚才的便宜30%。"

客户："怎么便宜这么多，你的报价水分太大了。"

赵南解释："这款产品和刚才的有点差别，功能没那款多，但是质量是一样的，所以报价比刚才的便宜。"

客户："一开始那款能不能再便宜点。"

赵南："只能再优惠一点，再便宜原价的 10%。"

客户一听火了："你刚才不是说这款不能再低了吗？怎么现在又能降价了？"

实战训练

一

在某家具商场，一位顾客欲买一套组合柜，但看到这里的标价比别处贵一些后，有些犹豫不决。这时，销售人员该怎样说？

二

一位顾客光临某家用电器销售店。当他得知该店的电风扇的价格后，脱口而出："哎呀，你卖的电风扇太贵了！"如果你是销售人员，你怎么应对呢？

三

你是一位推销厨具的推销员，现在你们公司新推出了一种不锈钢锅。这种锅的造型很奇特，也非常结实。锅中央部分设计得较厚，目的是使锅均匀导热。这种锅的价格比现在市面上最好的锅具要贵 200 元，每当你向顾客推销这种不锈钢锅的时候，顾客经常会说："这种锅好是很好，就是价钱太贵了。"这时你该怎样对顾客进行推销呢？

四

销售人员："你好！王经理，我是北京财智精英营销策划公司的赵永进，不知道您是否有兴趣了解一下让您公司业绩在三个月内提升 20% 到 30% 的系统销售训练？"

客户："费用怎么算？"

如果你是销售人员，面对客户一开始就询问到价格，你会怎样办？

第六节 激发顾客的购买欲望

销售人员有好的产品，但顾客却不一定会主动购买他们的产品，所以销售人员得想办法激发顾客的购买欲望，只有这样，顾客才愿意掏腰包付钱。销售人员为达到此目的可得多想想法子，那么激发顾客的购买欲望到底有什么办法呢？

情景回放

　　杰克在一家大型百货公司售卖钓鱼用具的柜台工作。一天，一位穿了一身名牌的青年男士向他走过来。

　　男士："我想为太太买洗发水，请问在哪里可以买到？"

　　杰克："洗发水在二楼可以买到，可是这么好的天气，你给太太做这样的琐事，你的周末算是毁了，干吗不去钓鱼呢？"

　　男士："你说的正是，这么可爱的天气的确该去钓鱼，那我就买个鱼钩吧。"说着他顺手拿过一个小号鱼钩。

　　杰克："这个鱼钩很棒，它可以用来钓黄花鱼这类小一点的鱼。如果你要钓大一点的鱼就要换一个大点的鱼钩了。"

　　男士："那你再拿一个大号一点的鱼钩给我吧。"

　　杰克："这是一个中号鱼钩。"

　　男士："棒极了，我可以用它来钓金枪鱼。"

　　杰克："哦，先生，钓金枪鱼得用上这个大号的鱼钩。"

　　男士："那好，三个鱼钩我都要了，这样我就可以钓各种各样的鱼了。"

　　杰克："先生不为每种鱼钩配上不同型号的鱼线吗？"

　　男士："当然要，这样我就可以出海钓鱼过一个愉快的周末了。"

　　杰克："坐游艇出海钓鱼的感觉真是非常棒！"

　　男士："你说得对极了，可我还没有游艇呢？"

　　杰克："请跟我来，我带你到卖船的专柜去。"

　　男士挑选了一艘长7公尺有两个发动机的帆船。然后他对杰克说："我的大众牌汽车可能拖不动这么大的船。"

　　杰克："这没关系，我可以带你到我们的汽车销售区，买一辆马力大一点的车。"

　　男士："太棒了。"

　　结果男士又买下一辆丰田新款豪华型"巡洋舰"。

　　这位男士最后买了一辆车、一艘游艇、三个鱼钩和三种鱼线，唯独忘记了买最初要买的洗发水，最后结账时花费将近30万美元。

点评分析

这是一个经典案例，这位男士本来只是为太太购买洗发水的，根本没有打算购买别的商品，但在与杰克的交谈中被杰克不断激发出购买的欲望，从买小号的鱼钩，然后是中号的鱼钩，最后是大号的鱼钩。接着是各种型号的鱼线。听说顾客出海钓鱼没有游艇，杰克就又顾带客去买船，然后还带顾客去汽车销售区，卖给他一辆丰田新款豪华型"巡洋舰"。由此可见，好的销售人员是可以激发出顾客的购买欲望，促成产品销售的。

指点迷津

要达成销售，销售人员一定要激发顾客的购买欲望，只有顾客的购买欲望被激发出来了，他才有可能去购买商品。销售人员在激发顾客购买欲望时，首先需要具备一些基本的认知和观念。

1. 寻找商品的优点

优秀的销售人员善于寻找商品的优点，寻找商品给顾客带来的好处，即商品的功能与利益。优秀的销售人员会寻找商品的优点促使自己成功，能够发现任何一款商品的卖点，以此与顾客产生互动，从而将商品销售出去。

比如下面的例子：

"除了节省空间，这款马桶的最大特性就是具备自洁功能。"

"小姐，这件橱柜正好是我们品牌今夏特别设计的款式，风格简洁明快，而且采用防火板，安全又便于打理……"

2. 积极开发客户需求

在实际销售中，销售人员不能"守株待兔"，应该积极寻找商品的优点，主动开发客户的需求，以促成销售的成功。销售人员只有通过寻找商品的优点，将商品的功能和利益与客户的需求相结合。主动地寻求，掌握机会，才能够实现成功的、主动的销售。

一般来讲，无论销售人员以何种方式向客户介绍或展示购买产品的好处，通常会围绕以下几个方面展开：①省钱；②性价比；③方便；④安全；⑤爱；⑥关怀；⑦成就感。

针对这些方面，销售人员要根据不同的客户采用不同的说法。

"产品先进的技术会给你带来巨大的效益。"

"方便的使用方法会给你节约大量的时间。"

"这种产品可以更多地体现你对家人的关心和爱护。"

"产品时尚的外观设计可以体现出您的超凡品位。"

当然，销售人员应该注意的是，说明产品的益处时，必须针对客户的实际需求展开。如果提出的产品益处并不符合客户的需要，比如，向需要实惠产品的客户推荐时尚而价格高昂的产品，那么即使这种产品的益处再大，也不会引起客户的购买兴趣。

3. 激发消费潜能

每位顾客，都是销售人员的潜在客户，都存在销售成交的可能。销售人员需要以积极的心态抓住机会，刺激顾客的消费潜能，将可能的成交变为现实的成交。

据统计，每位消费者都有消费潜能，正常的消费潜能可以被开发达到 50% 以上。如果顾客准备购买 4 000 元的商品，当他的消费潜能被完全激发出来后，顾客最后可能下达 6 000 元的订单。

销售人员通过主动地把握机会，以积极的心态激发顾客的购买欲望，完全可以开发出额外的 50% 的消费潜能。

有了正确的认识后，销售人员通过主动地把握机会，运用适当的激发技巧，可以成功地刺激顾客的购买欲望。

1. 情景描绘法

在销售过程中，通过情景描绘，利用语言的力量来描绘一幅幸福美满的画面传达给顾客，当你的话说出来以后，会让顾客在大脑里产生美丽的图像，可以使顾客获得间接的使用经验，从而引起相应的心理效应，刺激购买欲望。

销售人员可以这样为顾客描绘购买了新款早餐吧的情景："当从厨房飘出来的咖啡香气将你的丈夫唤醒，香甜的烤面包味道引得爱赖床的小可爱急不可待地自觉洗刷好，你是不是感觉到幸福的一天开始了……"画图，不断地画图，销售人员的语言在顾客的心里不断产生新的图像，其实这个时候，不单单是销售人员在与顾客沟通，他自己也在大脑中绘制图像，不停地与自己沟通，产生了强烈的购买欲望，现在相当于是两个人在与顾客沟通，一个是销售人员，另一个就是顾客自己，而不是简简单单地从销售人员嘴巴里说出来的一句话。

2. 制造热销气氛

当客人表现出对某款产品的好感时，销售人员应该趁热打铁，渲染热销的气氛，以此来激发顾客的购买欲望。这时销售人员可以这样说："这款套装门一上市卖得特别好，已经销售 5 万多个了，成为单品销量冠军，现在库存已经不多了!""这是我们品牌今年上市的主打款，在深圳的其他店铺已经没有货了，在我们店只有几件了!"

3. "如同"法

对一些价格较高的产品顾客一时无法接受，容易产生恐惧感。销售人员可以将高昂的价格分解为数额较小的价格，然后销售人员可以将小数额的金钱以类似的形式，转化为顾客具体生活中所必需花销的数目，将其与顾客必须购买的其他商品等价，从而在心理上促使顾客接受，这种激发购买欲望的方式就是"如同"。

当一个顾客觉得一个价格 3 000 多元的直饮净水器价格太高时，销售人员可以这样说："净水器的滤芯可以用三年，平均每年是 1 000 元，一天还不到 3 元，只相当于两瓶纯净水的价格。"

4. 运用第三者的影响力

运用第三者的力量可以很好地刺激顾客的购买欲望。第三者的力量可以使顾客获得替代的经验，容易相信产品。情景、名人和专家都可以充当第三者的角色。

（1）名人。

名人可以作为销售过程中的第三者，以名人作为证据，使得顾客容易信赖产品的质量和品位。若采用名人作为第三者，销售人员需要注意平常积累名人证据。名人一般包括政要、校长、医生、艺人等。在激发顾客的购买欲望时，销售人员可以通过给顾客相应的存档购买资料，说服顾客信赖产品。例如，法力藤的推销员就经常拿着报纸这样对顾客说："你看，世界著名的羽毛球运动员林丹、陶菲克……他们都在用我们的产品。"

（2）专家。

专家作为第三者具有较强的专业领域权威性，顾客会非常信赖产品的质量。若采用专家作为第三者，销售人员需要用心搜集、整理与销售过程有关的信息。专家一般包括专业领域的学者、权威专业杂志、权威专业报纸。

5. 运用人性的弱点

基本的人性弱点有渴望多赚，少花钱，喜欢尊贵，乐于与众不同。

（1）多赚。

多赚的心态在购买中表现为希望花费相同数目的钱赚取更多的利益。

赠品可以很好地满足顾客多赚的心态。从实际的分析来看，实际的赠品附带有一定的购买条件，尽管赠品的价格不高，但是顾客并不愿意直接花钱购买相应的赠品，而是要达到获得赠品的购买条件。这就是赠品的魅力，人性的弱点会认为获得赠品是必须的购买条件，获得赠品就是多赚。因此，在激发顾客的欲望时，销售人员可以说："现在购买……，我还可以赠送价值×元的……"

（2）少花。

与多赚的心态相对应，少花也是一种人性的弱点。促销、打折、会员卡、免费维修、免费更换零件都属于少花行为。通过促销、打折会员卡、免费维修、免费更换零件，都可以使顾客少花钱，从而极大地刺激其购买的欲望。销售人员可以这样说："今天我们店庆，全场商品×折，现在购买真的很划算。""你今天购买，我可以送你一张免费维修卡，以后即使过了保修期维修费也全免。"

（3）尊贵。

优先权、金卡、会员卡等都是荣誉与尊贵的象征，拥有一张卡，或拥有优先权，代表身份与众不同，尤其当其与荣誉和尊贵相联系的时候，会很好地刺激顾客的购买欲望。我们可以这样说："你购买了……就达到了我们的金卡会员的标准，只有拥有金卡，才可以参加我们的新产品体验。"

（4）与众不同。

年轻人喜欢追求与众不同。流行、名牌、不同的眼神，都会刺激消费者强烈的购买欲望，因此，销售人员需要告知顾客购买产品之后其与众不同的地方。销售人员可以这样说："这是我们这个品牌独有的……是获得国家专利的……"

（5）比较心。

比较心的存在非常普遍。销售人员利用比较心的人性弱点，可以从商品的功能和特性、使用者等方面进行比较，真正激发顾客心中的购买欲望。销售人员可以这样说："这款新的豆浆机是钝刀设计，比旧款更安全，即使是老人或者小孩去清洗也不会划伤手。"

请你点评

一

销售人员："张经理，您好！请问贵公司有招聘的需要吗？"

张经理："有的。我们在招一个电工。"

销售人员："那要不要考虑来参加我们本周六的综合招聘会？200元钱，效果很好，很超值。"

张经理："不好意思，这个职务不急，暂时不需要，谢谢。"

销售人员："哦！没关系，那您有需要时再给我电话好吗？"

张经理："好的。再见！"

二

商场里，一位打算购买冰箱的顾客指着不远处一台冰箱对身旁的营业员说："那种AE牌的冰箱和你们的这种冰箱同一类型、同一规格、同一星级，可是它的制冷速度要比你们的快，噪音也要小一些，而且冷冻室比你们大12升。看来你们的冰箱不如AE牌的呀！"

营业员："是的，你说的没错。我们的冰箱噪音是大点，但仍然在国家标准允许的范围以内，不会影响你家人的生活与健康，我们的冰箱制冷速度慢，可耗电量却比AE牌冰箱少得多。我们冰箱的冷冻室小但冷藏室很大，能储藏更多的食物。你一家三口人，每天能有多少东西需要冰冻呢？再说吧，我们的冰箱在价格上要比AE牌冰箱便宜300元，保修期也要长6年，我们还可以上门维修。"

顾客听后，脸上露出欣然之色。

实战训练

一

你是一位推销割草机的推销员，炎热的夏天到了，你怎样运用情景描绘法打动顾客，让他向你购买割草机呢？

二

艾迪非常喜欢打猎，花了很多钱在托尼的户外用具店买弓箭等装备。一次，艾迪的弟弟从外地过来看他，艾迪决定带他去打猎。遗憾的是，缺一只弓给弟弟用，怎么办呢？艾迪来到托尼的户外用具店，想从他那里租一副弓给弟弟用。可是现在店铺已经不开展租弓的业务了，但有二手弓卖，托尼该怎样说服艾迪购买二手弓呢？

三

如果你是销售员，你如何说服"请你点评一"中的张经理接受你的建议。

四

本章第四节"实战训练"中老太太买水果的练习，你可以用什么办法激发老太太多买几种水果呢？

第七节　常见错误

错误事例一

房地产经纪人刘斌带着一位顾客去看房子，他们一边走一边聊。

顾客满面春风地谈起自己的儿子来："我儿子要当律师了。"

刘斌："那好啊！真让人羡慕！"

顾客："我儿子特别优秀。他从小学习就特别好，一直都是班上前几名呢！"

刘斌："他中学毕业后想干什么？"

顾客："我刚跟你说过了，他要大学毕业了，要当律师了。"

刘斌："太好了。"

顾客看了刘斌一眼，意识到他刚才一直没有专心听，眼神里便有点异样，说："我还有点事要办，得先走一步了。"说完便离开了。

正确做法

房地产经纪人刘斌带着一位顾客去看房子，他们一边走一边聊。

顾客满面春风地谈起自己的儿子来："我儿子要当律师了。"

刘斌："那好啊！真让人羡慕！"

顾客："我儿子特别优秀。他从小学习就特别好，一直都是班上前几名呢！"

刘斌："他真棒。所有的父亲都会羡慕你。"

……

评点：作为说服性活动人员，销售人员与客户往往有着最为复杂而微妙的心理互动。销售人员如果没有认真倾听顾客的谈话，让顾客觉察出来，顾客会觉得你不尊重他，没有人愿意与不尊重自己的人谈生意。懂得倾听对方的谈话，尊重对方的兴趣，让顾客感觉舒服了，才有可能成功完成销售。

错误事例二

促销员："听口音先生是外地人吧？"

顾客（把头晃了一下，像点头）："嗯。"

促销员："您是做什么工作的？"

顾客（小声嘟囔）："在建筑工地上。"

促销员："有不少买我们手机的顾客都是在工地上，他们仍经常跟我说工地上很吵，如果电话铃声小了，会听不见，那你在工地上会不会也有这个问题啊？"

顾客（抬头看促销员，显出很感兴趣的样子）："是啊，工地那么吵，谁听得见啊！"

促销员："您看，这台华夏的 A6 手机，铃声特别大，又是和弦的，穿透力特别强，很适合工地的吵闹环境，您听听（调出铃声演示，客户凝神注意听），铃声非常大，是吧？"

顾客（点头表示默许）。

促销员："如果家里有人得了重病，电话通了，因为铃声小你却听不见，那家里人该多着急呀？"

正确做法

……

促销员："您看，这台华夏的 A6 手机，铃声特别大，又是和弦的，穿透力特别强，很适合工地的吵闹环境，您听听（调出铃声演示，客户凝神注意听），铃声非常大，是吧？"

顾客（点头表示默许）。

促销员："如果又正好有重要的电话没听到，是不是也挺麻烦的？（或者：如果是重要的生意电话，那连生意都会受到影响的，是吗？）"

评点：销售人员通过询问激发顾客的购买欲望的方向是对的，但是在通过问题暗示、放大问题的严重性时要注意提问的技巧，不要让顾客感觉不舒服，否则有可能会引起抵触情绪。

错误事例三

两位军人走进一家手机专卖店。

促销员："两位请看一下这款带有卡拉 OK 功能的手机。"

两位军人仔细地在看手机。

促销员："军营就跟监狱一样，根本就没有娱乐活动，你说是吧?"

正确做法

两位军人走进一家手机专卖店。

促销员："两位请看一下这款带有卡拉 OK 功能的手机。"

两位军人仔细地在看手机。

促销员："两位在军营里生活，娱乐活动很少吧?"

顾客甲："是啊，每天都是训练和文化知识学习，有些枯燥。"

促销员："部队就是部队，生活肯定比较枯燥，但也要找机会去娱乐呀。"

顾客乙："不行! 部队纪律很严的。"

促销员（开玩笑的语气）："长时间这样下去，人都会感觉落伍了!"

顾客甲（抬头看着促销员，像遇到知音）："对啊对啊!"

促销员（指着客人手上拿着的手机）："如果您使用我们这一款手机，会让您感到部队生活也可以丰富多彩哦! 因为它可以拿来唱卡拉 OK。（唱起来，同时客人也跟着哼起来）这个效果不错吧?"

顾客甲（看了看同伴的表情，同时交流了一下眼神，转过头来再看手机，露出笑容，点点头）："还真的挺有意思。"

评点：在挖掘顾客需求、吸引顾客注意力时要注意不能损害顾客的自尊或隐私。"军营就跟监狱一样"这样的说法很不妥，很容易引起顾客的反感。

错误事例四

某品牌冰箱专柜，两个衣着比较普通的顾客在看冰箱。

顾客："这台冰箱多少钱?"

促销员："价钱是比较贵的。"

顾客："多贵?"

促销员："要六七千元。"

正确做法

顾客："这台冰箱多少钱?"

促销员："你可真有眼光,这是我们最新款的冰箱,质量好,外观设计也比较时尚,是一款高档冰箱,价钱才……物超所值。"

评点:销售人员不能以貌取人,从言辞之间明显地透露出瞧不起顾客的情绪,这样不仅无助于销售产品,还有可能引来投诉。即使从外在的一些因素能判断出顾客所能接受的价位与他所指向的商品不一致,也应先肯定顾客的眼光,以诚恳的态度报价,以赢得顾客的好感,有利于自己继续与顾客沟通,了解顾客的心理价位后,再根据顾客的实际为其服务。

错误事例五

一个入户推销清洁用品的推销员,费了很大的劲儿才让一家公寓的女主人打开门允许他进去推销产品,推销员很珍惜这个来之不易的机会,马上开始推销。

推销员:"我们这款新产品是最先进的清洁工具,它可以……"

推销员在女主人面前不停地讲解这款产品的性能有多好,但见她就是没有购买的意思,只好拎着产品沮丧地离开了。

正确做法

推销员:"太太,你现在用拖把清洁地板时,遇到过什么麻烦吗?"

顾客:"用手拧干拖把时,很费力,而且因为手接触不干净的水,对手部的皮肤伤害特别大。"

推销员:"现在有一种清洁工具可以像洗衣机脱水一样将拖把的水甩干,保护你的纤纤玉手,我来向你介绍一下……"

评点:销售人员在推销产品时,千万不能只顾自己说,一定要留出时间,倾听顾客的意见,了解顾客的需求,再结合产品的特点引导销售。否则只会功亏一篑,白费口舌。

错误事例六

身材高挑、面容姣好的孙小姐是毕业于南京某著名大学计算机系的高材生,她一直为自己专业知识扎实和综合能力强而自豪,因为就业压力等诸多原因她选择了在一家大型国有企业当总经理秘书。

一天，一位中年推销员符先生来找总经理，想向总经理推销他们的产品，并且愿意和他公司保持永久的合作伙伴关系。刚好总经理从外地出差回来，在休息室做短暂休息。于是符先生准备等待。他决定和孙小姐攀谈，从她口中套点有用的信息——

符先生："孙小姐可真漂亮，您是我见过最漂亮的女人。总经理有这样一位漂亮的秘书，真是有福气，让人羡慕啊！"

孙小姐："漂亮对女性来说真的那么重要？"

符先生："那当然啦，总经理带出去都觉得自己脸上有光彩，现在可是'美女经济'。"

孙小姐厌恶地："哦。"

孙小姐走进总经理的休息室，发现总经理才刚刚睡醒，正在思考着什么，于是她走出来，很冷淡地说："先生改天再来吧，总经理刚从外地出差回来，正在休息，他下午还有一个重要的活动要出席，希望你能理解。"

符先生着急地说："不行啊，我是总经理答应接见的，我都预约了的。"

孙小姐冷淡地说："您忍心把总经理叫醒么？或者您想让他放弃下午的重要活动吗？"

符先生："当然不会，怎么会呢，但是……您不可以通融一下吗？我只耽误他几分钟时间……"

孙小姐："这恐怕不行吧？总经理不喜欢别人打搅他休息，而且他难得休息得这么安稳，您忍心打扰他么……您请回吧……"

符先生："唉……"

正确做法

符先生："很早就听说总经理招募了一位名校的高材生，是计算机专业的才女，今日一见，果然如此。"

孙小姐："您过奖了。"

符先生："而且，我听说总经理自从招募到您这样一位得力助手后，事业如虎添翼，蒸蒸日上，现在我才明白什么叫'一个好汉三个帮'。"

孙小姐："我只是做些小事，总经理才是决策者。"

符先生："我记得去年贵公司和一家外资公司产生了纠纷，外国老总产生了误会，还是孙小姐陪总经理亲自和他们谈判才解决的。您流畅的外语和优秀的辩论才华，更难得的是您对计算机知识的熟练，折服了在场的每一个人，结果，贵公司获得了胜利。"

……

孙小姐："先生，您先等一下，我去看看总经理是否可以见您。"

评点：对女人，符先生评价的唯一尺度就是漂亮，也就是说，他看一个女人只能看到她的外表，他根本无法透过外表看到她的才识、能力，更不要说个性魅力。孙小姐从符先生的话中知道他是把自己当成了那种庸俗的装饰办公室的"花瓶"，这是她最忌讳的事情。她一向自尊自立，从不愿意靠自己美貌取悦别人，一切都是来自她的努力。她就读大学，在大学里取得的成绩，包括她现在这个秘书职位，都是凭借自己的真实本领得到的，而这位符先生却用世俗的"有色眼镜"来看她，让她很生气。因此，即使符先生对孙小姐的赞美是发自内心的，但是在孙小姐听来却很刺耳。

错误事例七

一个时髦的年轻男子路过一家专卖店，发现了一款牛仔短裤，设计十分巧妙，特别是牛仔短裤的口袋设计别出心裁，颜色搭配也和谐，于是他走进去，要求促销小姐把那款牛仔短裤拿给他看。

促销小姐为了刺激他购买的欲望，对他说："您看这款牛仔裤，穿起来肯定很舒服，现在是夏天了，长牛仔裤太热，而且这款牛仔短裤耐磨并且透气，很多人喜欢，前几天对面一群建筑工人都买了十几条，很实用。"

年轻人一听，脸上显出尴尬的神色。

促销小姐继续说："真的，先生，这款牛仔短裤绝对实用，男女均适合，很多女生也喜欢买呢。"

年轻人一听，放下裤子，走出了大门。

正确做法

促销小姐："你可真有眼光，这是今年最流行的款式。而且这一款的口袋设计很特别，增加了金属配饰，穿在身上更显帅气。"

评点：作为年轻人，一般比较注重的是款式，款式新颖才是他们决定购买的重要因素，但是这位促销小姐却忽略了年轻人的品味，而且还把年轻人与建筑工人等同，一味强调它的实用性、普遍性，她的强调与年轻人追求个性的心理发生了冲突，与顾客所认为的该商品的刺激点发生了偏离。这就无法激发顾客购买的欲望。

错误事例八

广州某室内装潢公司新招进了一位来自北方的促销员小王，小王有北方人的豪爽和古道热肠。一次，小王的真诚和热情赢得了一对即将结婚的恋人的信任，同意将婚房的装修交给小王所在的公司。小王趁机问他们："请问你们还有朋友或者同事要装修房子吗？"

女士："有是有，不过她们正考虑选哪家室内装潢公司，对了，听说 A 室内装潢公司的设计不错，很多别墅区的装潢都是他们公司做的。所以我那位朋友想考虑 A 装潢公司。"

小王："我想先问二位，你那位朋友今年多大了？他们是做什么工作的啊？结婚了吗？他们准备结婚吗？每个月的工资是多少？不会有两位高吧？我想……"

这对恋人听了很生气，很冷淡地回答："我们不会问别人的私事，即使知道，也不方便告诉你。"

正确做法

小王："作为同行，对于 A 室内装潢公司，我们可能比您更熟悉些，他们主要是针对豪华酒店、星级宾馆或者别墅的室内装潢，所以他们的价格定位比我们这些针对一般居民房的室内装潢高很多。所以恕我冒昧，我不知道是否能问问您朋友的职业和他们的大致年龄？很多年轻一族在家庭理财方面常常显得不是特别慎重，其实，我觉得像您二位虽然年轻，但是在家庭计划方面很实在也很慎重。"

评点：其实小王只是想知道对方的经济状况，从而帮助顾客的朋友如何明智地选择装修方式，但他却忽略了这样的直接询问是在侵犯别人的隐私，这是不尊重别人的表现。

错误事例九

有一天，某位女士看中一款益智开发玩具。

"小姐，这个玩具多少钱？"

"80 块。"

"30 块卖不卖？"

"30 块怎么卖得了？……"

"卖就买，不卖就算了。"

"回来、回来，算了。"

正确做法

"小姐，这个玩具多少钱？"

"80 块。"

"30 块卖不卖？"

"益智玩具最重要的是对孩子的智力开发有帮助，你说是吗？你先试玩下，看看是否对孩子有帮助，如果真的喜欢，我用最优惠的价格卖给你，你看好吗？"然后一边教顾客如何玩，一边解说该玩具的功能和益智性。

顾客试玩后，对玩具很喜欢，问老板："30 块卖吗？"

"小姐，30 块的玩具肯定在材料、环保、益智等都达不到要求。你看看我们这个玩具的做工、功能、品牌……难得你这么喜欢，交个朋友，按会员价 70 元给你吧！"

评点：在一些价格可以浮动的小店中，销售人员会经常遇到顾客讨价还价的情况，如果一开始就价格谈价格，是无法说服顾客的，反而被顾客说服，但是当顾客要付那 30 元的时候，很多人并不会非常高兴，反而担心起来，是不是价还高了？但如果销售人员不与顾客纠缠价格而是转移到试玩、功能、质量等关于产品价值上面去，先让顾客喜欢上该玩具，或者先让顾客认识到玩具的价值，成交就是水到渠成的事情了。所以假如这个顾客肯定会很满意地以 70 元成交，我们可以想象得到，这位顾客掏钱的刹那间不会后悔，也不会不高兴。总之，作为销售人员永远不谈价格，只谈两个字：价值！

错误事例十

一个周末，许多青年男女伫立街头，他们中间有不少人是在等待与情侣约会的。有一个擦鞋匠正在招徕顾客："请坐，我为你擦鞋吧，又光又亮。"可是光顾的人寥寥无几。

正确做法

擦鞋匠："约会前，请先擦一下皮鞋吧。"

青年男女纷纷让他擦鞋。

评点："请坐，我为你擦鞋吧，又光又亮。"这句话尽管热情礼貌，并且附带有质量上的保证，但这与此刻青年男女们的心理差距很大。因为在黄昏时刻花费钱财去"买"个"又光又亮"，显然没有多少必要。人们从这里听出的是"为擦鞋而擦鞋"的意思。"约会前，请先擦一下皮鞋吧。"这句话就与此刻青年男女们的心理非常吻合。"月上柳梢头，人约黄昏后。"在这充满温情的时刻，谁不愿意以干干净净、大大方方的形象出现在自己心爱的人面前？这句话真是说到了青年男女的心坎上，传送着"为约会而擦鞋"的温情爱意，所以一下子抓住了顾客的心。

小　结

每个销售人员每天都要和许多陌生客户接触，如何才能尽快消除与客户的隔阂，拉近与客户的距离是成功推销的第一步。得体的称呼让客户感觉受到礼遇，为销售人员打开了一扇通向成功的大门。选择"请求帮忙"、"第三者介绍"、"牛群效应"、"激起兴趣"等方法作开场白，可以帮助消除客户对销售人员的戒备心理，让后面的推销开展得更加顺利。为了吸引客户的注意力，销售人员不仅可以制造悬念，还可以想方设法让客户自豪或产生共鸣。为了快速地了解客户的需求，销售人员可以根据实际情况选择封闭式或开放式的询问方式。运用"如同"法、第三者影响力、人性的弱点，有效地激发客户的购买欲望。当客户对产品产生兴趣后，报价也要讲究方法。初次接触产品的客户，因为对产品的了解不多，对产品的价格心存疑虑是正常的表现，销售人员切记不要直接否定客户，可以运用先顺后转法、细分法、比较法让客户真正了解表面价格后面的产品价值，从而为成功销售奠定基础。

第二章　架设桥梁
——推销的方法与技巧

　　销售人员与顾客接触、微笑、迎向顾客的肢体语言以及赞美会创造亲切热情的开始，而接下来就会进入商谈阶段。很多时候，销售人员会面带微笑地说"随便看看"来招呼刚进店的顾客，而顾客便在"随便看看"的招呼中来，也在"随便看看"的招呼中空手而归。其实"随便看看"是最糟糕的潜意识暗示，是销售人员常常犯的语言错误。

　　销售人员在推销的时候应该以顾客的眼光看问题，为顾客的利益着想。但是如果销售人员只做了这些，那么他就跟顾客无异。为了使自己的推销成功，销售人员不能被顾客的思维所左右，他必须在整个推销中迅速掌握整个推销的局势，在推销过程中起支配作用，迅速地引导顾客的思维。销售人员要"耳听八方，眼观六路"，积极地引导顾客的思维，适时地建议购买或鼓励顾客体验产品，利用自己的专业知识让顾客产生信任感，巧妙地激发顾客的焦虑，面对拒绝能及时地转变话题，调控顾客的情绪，促成销售。

　　如果销售人员能及时地调控顾客的情绪，那么他常常可以左右自己的顾客。下面我们就一起来学习促使顾客购买的语言技巧。

第一节　建议购买

　　日常生活中，有的人到商店是为了购物，有的人到商店是为了闲逛休息，还有的人到商店是为了收集信息。作为销售人员应该怎样向他们提出购买的建议呢？

情景回放

　　A专卖店内一位时尚女郎在镜子前观看试穿的连衣裙的效果，面露满意的神色，店员小陈站在她的身边，说："怎么样？"

　　时尚女郎："这款衣服看起来不错，过两天我带朋友来看看再买吧。"

　　小陈："别等了，喜欢就买了吧。"

　　女郎不做声，小陈继续说："是您穿，又不是您的朋友穿，自己喜欢最重要。"

　　"谢谢，我还是想想再说。"

　　换回自己的衣服，准备离开。

　　小陈仍做着最后的努力："小姐，我们现在做促销，这款衣服又不贵，不用征求朋友的意见了，买了可以直接穿给朋友看嘛。让她惊喜一下！"

　　可是女郎头也不回地离开了。

点评分析

　　开始时，小陈问"怎么样？"这种开放式问题留给顾客的空间是很大的，很容易得到顾客的负面的回答。"这款衣服看来不错，过两天我带朋友来看看再买吧。"这个回答不是找一个离开的借口，就是属于犹豫不决。顾客喜欢这款衣服，但对自己的判断力不是非常有信心，或者可能由于以前有类似经历，所以害怕再次上当受骗，于是在决定购买的时候总想找个朋友来给自己参谋一番。"又不是您朋友穿，自己喜欢最重要"，这种说法容易激发与顾客的矛盾，让顾客很不舒服也很没面子，所以顾客决定离开。"这款衣服又不贵，不用征求朋友的意见了，买了可以直接穿给朋友看嘛。让她惊喜一下"，这个解释购买的理由显得苍白无力。

指点迷津

　　销售做的是心理，成交靠的是引导。对待"情景回放"中这种顾客，销售人员首先要取得顾客的信任，真心诚意地提出一些参谋与建议，适当地用利益与痛苦去推动对方。这类顾客一旦让他们轻易离开，他们的购买欲望与热情就会大幅度下降。

当销售人员针对顾客坦率提出的疑问作出了令顾客满意的解说时，就消除了他的敏感心理，再用利益策略来打动顾客并推动顾客立即购买，这就是直接建议法。这种方式简单明了，在某些场合十分有效。

"情景回放"中的销售人员可以这样说："小姐，那您今天不带朋友来真是太可惜了！这件衣服简直就像为您量身定做的一样，而且今天是我们促销的最后一天，价钱不高。过几天也不知道还有没有货。如果没有那多糟糕呀，所以我建议您还是今天买比较合适。"

或者说："那好吧，我尊重您的决定。只是我觉得这件衣服不管是在款式上还是颜色上都非常适合您，我担心您下次来的时候没有这个款了，因为我们这款衣服卖得比较快。上次有个顾客看好一款衣服，仅仅晚了一天，结果就没有了，调货也调不到，害她懊恼了好久，搞得我们也很不好意思。所以我建议，您要是喜欢，还是今天买，来，我帮您拿件新的吧。"

当销售人员感觉客户表露出购买的信号时就可以转入建议购买阶段。在建议购买时，最后还应询问一下客户是否还有问题。可以这样说："小姐，您看，还有什么问题吗？""还有什么我没有介绍清楚的吗？""您是否还有想了解的地方？"销售人员当然希望能得到客户正面的回答，但如果客户是负面的回答，销售人员则还需要解决客户的疑问，如果客户是正面的回答或沉默，则应该建议购买。

建议购买时，销售人员可以用假设成交法，即假定客户已经决定购买，让客户确认一些细节。运用这一方法时，销售人员不是问客户是否购买，而是问客户偏好什么，比如当顾客拿着商品犹豫不决时，销售人员可以说："您是用现金还是通过银行卡支付？""您的礼品是要围巾还是腰带？我拿给您。"达到避重就轻的目的。销售人员常常组织一系列细节问题，营造促使客户作出最终购买决定的气氛，在最后阶段，销售人员会要求客户"核实"购销协议。如对客户说："这样的品质使您满意吗？"这种方法特别适用于那些决策能力较低，乐于合作和随大流的客户。

当顾客犹豫不决时，销售人员还可以用最后机会成交法。很多产品的销售都有一些时限性的促销活动，如周末的促销、某个节假日的礼品赠送、店庆、季节性的优惠等，销售人员可以告诉客户，如果错过了这些行动，就无法抓住即将消失的利益或机会。比如，销售人员可以对顾客说："预计在以后的两周内我们这种产品的价格将全面上涨。""您这种尺寸的该款服装我们已经不多了。""该款服装卖得很快，我估计这款服装不会等您到星期六。"这类方法对于易激动和热情的直觉活跃型的客户的效果最好。但最后机会成交法容易表现出对客户的操纵和施压，这会导致客户的反感而不是购买。因此在运用时，注意保持实事求是的氛围，避免向客户施加影响，使客户感觉到销售人员是在阐述事实，而不是在设法引诱自己作出不适宜的购买决定。

要注意的是，不管运用什么方法都只能主动不要催促，只建议一次。不断地催促客户，会给客户不良的压力，客户最可能的选择就是拒绝。

在销售时往往会出现顾客专门来买某件货品，但出现断货的情况。作为销售人员要为顾客着想，要体会顾客失落的心理，从顾客的角度想问题，可以和顾客说"如果我是您，我一定会失望和伤心的……"这样的话，与失望的顾客引起共鸣，把顾客不便说出来的话替顾客讲出来了，然后再帮顾客出主意，"如果我是您的话，我会选择……"这时候向顾客推销另一种同类产品，让顾客理解到，销售人员是真心为他解决难题才提出这样的建议，显得富有人情味，而不仅仅是为了推销自己的产品，再介绍新产品的特点。销售人员客观地说出事实，让顾客自己选择。这样往往能让顾客匆匆而来，满意而归，达到双赢。

建议购买时还要注意对不同类型的顾客要采用不同的策略与方法。

爱好辩论的顾客对销售人员的话语都会持异议，总是找茬。这时，销售人员要谨慎缓慢地作出决定，出示商品，使顾客确信是好的；详细介绍有关商品知识；交谈时用"对，但是……"这样的话语比较合适。

"身上长刺"的顾客明显地心情（脾气）不好，稍遇一点不顺心的事，他即勃然大怒，像是预先准备的。这时销售人员要尽力避免争执，坚持基本事实，根据顾客需要出示各种花色或品种"提供温馨的服务"，调节顾客的情绪。

果断的顾客了解自己需要什么商品，确信自己的选择是正确的，对其他人的建议不感兴趣。这时销售人员的语言要简洁些，争取一次做成买卖，避免争执，机智适时地插入一点见解。

有疑虑的顾客不相信销售人员的话，不愿受人支配，要经过慎重考虑才作出决定。这时销售人员要强调品牌，不断地介绍商品和展示商品，让顾客看、摸，体验商品。

注重实际情况的顾客对有根据的信息感兴趣，希望更详尽些，对销售人员介绍中的差错很警觉，注重查看商标，强调品牌和制造商的真实情况。这时销售人员要主动提供详细信息。

请你点评

一

王小姐是一家首饰店的促销员，一天，一个白皮肤、长发盘发的女子走进来。王小姐："小姐，想看看什么?"

女子："随便看看吧。"

王小姐："小姐，您的头发好漂亮啊，又亮又黑，黑亮的头发很称您的皮肤，而且这样的发型也显得很高贵。"

女子（面带微笑）："是吗? 今天才做的发型。"

王小姐："这个发型真的很适合您。不过我总觉得似乎有点单调，如果您再配上一对银色的耳坠，就显得更加高贵、优雅、大方。"

女子（很自豪且满足的样子）："嗯，你把那对银色的钻坠拿给我看看。"

王小姐将钻坠拿给女子，女子戴在耳朵上，站在镜子面前仔细端详着，从镜子里看得出她很满意。良久，舍不得取下来。

王小姐："真的很漂亮啊，这对钻坠好像是为您专门打造的，戴着显得优雅大方，而且很华贵，能够衬托出小姐的个人气质，您这样的发型和您的皮肤以及这对耳坠简直是完美的组合，如果少一样都觉得是一种遗憾。我帮您开单吧。您是用现金还是通过银行卡支付?"

女子："刷卡。"

二

彭小姐是某大型超市里旁边的一个美容小店的业务员，负责向从小店经过的超市里购物的顾客做美容服务推销。一天，一位大约三十五六岁的女士走过来，样子很疲倦，面无表情地经过小店门口——

彭小姐（微笑）："您不愿意进来坐一下吗? 这里有供顾客休息的椅子。"

顾客（很累的样子）："谢谢，我真的是累了。"

彭小姐给她端来一杯水，女士连说"谢谢"。

彭小姐："您不想做美容吗?"

顾客："唉，家里事情多，孩子也要我操心，没时间也没有那个心思。"

彭小姐仔细地看了看女士。

彭小姐（关切）："您是不是经常熬夜啊? 您可得注意啊。看看您的黑眼圈的颜色已经很深了，还有您的'眼袋'也有了啊，这'眼袋'让眼睛失去了光彩，本来您的眼睛很漂亮，丹凤眼很好看，可是现在……您自己照照镜子。"

　　顾客："是吗？眼袋？听说自己可以消除的啊。至于黑眼圈，那么更没有什么的，休息一下就好了。"

　　彭小姐："冒昧地问您一下，您是做什么工作的？"

　　顾客："护士。这黑眼圈估计是前天晚上值班给熬的，病人多，没时间睡觉，一宿没合眼。"

　　彭小姐："您应该是经常值夜班吧？"

　　顾客："是啊，很累啊，一周三天，而且回家还要照顾孩子。"

　　彭小姐："有些话呢，也许您听了不大高兴，不过，作为女人，我还是想跟您谈一谈，我想问您，从现实上说，您觉得女人的容貌重要吗？虽然书上是告诉我们，女人美在心灵。"

　　顾客："容貌是很重要，不过，一心为家庭打拼，哪有时间再管这些。那是没有结婚的女孩考虑的事情。"

　　彭小姐："您这样说就错了，年轻的女孩她们并不需要这个，因为她们有的是青春年华，她们就凭借自己的年龄就已经足够招人喜爱的，足够引人注目。但是她们美在年轻，像您和我应该是美在成熟，但并不等于我们不需要美丽，我们应该比她们更注重自己的外表。一个真正让人爱的女人，应该是一个珍惜自己的女人，让自己变得光彩照人的女人。社会在变，人的生活观念也应该跟着变才对。"

　　顾客忽然不说话了，在认真地思考。

　　顾客："您觉得我应该怎么办？"

　　彭小姐："您首先应该买一些合潮流的衣服，然后做个新发型，比如染发。除此之外呢，要保养自己，比如，每个月只花100元钱办张美容卡，可以每周末出来散心顺便做个美容，还可以去健身啊。我们这里采用先进的仪器给顾客按摩面部，电子仪器能去眼袋、去黑眼圈，还免费赠送眼霜，这样的话，您即使上夜班也可以保养自己。"

　　顾客："听起来还不错，那就办张月卡吧。"

实战训练

一

沃尔格林糖果店以大折扣买下了 800 箱鸡蛋，这似乎是一次非常冒险的购买活动。店老板听到这一购买业务后说："这次交易很合算，但我们是糖果店，如何将这 800 箱鸡蛋销出去呢？"请你帮沃尔格林糖果店做一次销售顾问。

二

Jimy 是某家眼保健用品公司的推销员，这家眼保健用品公司最近开发出一套眼睛穴位按摩的眼罩，Jimy 和她的同事在某图书城的门口设立免费试用点，进行推销。一位学生模样的女孩走过来——

Jimy："小姐，您好！请问您想不想试试我们这里的免费试带眼罩？它是对眼睛附近的穴位进行电子按摩的，可以缓解用眼疲劳。"

学生："免费的吧？"

Jimy："是的。您试试。"

Jimy 帮她把眼罩戴上，边戴边开始了她的促销。

如果你是 Jimy，你该怎样促销？

三

美美西饼店在某小区门口，小林是这家饼店的销售员。一天，老顾客张大爷带着孙子来到店里——

张大爷（老远就挥手）："小林……"

小林（高兴地）："张大爷，您好！哦，您的孙子回来看您。"

张大爷："上星期在你的店里买了草莓饼，这小家伙特意要我带他来买。"

但是草莓饼刚卖完了，只剩下甜橙饼了。如果你是小林，应该怎样向张大爷推销？

四

如果你是一个手机专卖店的推销员。有一天，一位顾客来买手机，你向他推荐了一款带有摄像、录音、MP4 等多功能的手机，他听了你的介绍后说："这款手机功能太多了，我没必要买这么好的。"请你想办法说服他。

第二节　鼓励顾客体验产品

　　如果顾客能接触甚至使用商品，将消除陌生感、并增加对商品的好感，所以销售过程中如果积极地争取让顾客亲身体验，不仅可以延长顾客停留时间，更可以提升销售业绩。我们进商店时经常听到销售人员说："喜欢的话，可以试一下。""这是我们的新品，它的最大优点是……"看不同的款式时，销售人员通常会说："这个也不错，你可以看一下。"可我们常常会扭头就走，商机就这样溜走了。遇到这种情况，销售人员该怎么办？

情景回放

　　某超市展销柜台前推销员正在起劲地介绍一套组合刀具，用胡萝卜、白萝卜展示刀具的切削等功能，展示台上还有一根钢管，推销员用砍骨刀使劲地砍在钢管上，刀具丝毫无损，引来一大群顾客的围观。推销员请顾客自己来试试，一位中年妇女试了把切片刀很满意，问："可以单卖这刀吗？"

　　推销员："买一把80块，可买一套才260块，划算多了。这位是您先生吧。来试试这把砍骨刀。"

　　那位男士摇摇头。

　　推销员："没关系。来试试，如果您能把刀砍坏了，我送一套给您。"

　　中年妇女也拉了拉男子说："试试。赚一套回来。"

　　男士拿起砍骨刀狠狠地朝钢管砍了三刀，然后仔细看了看刀具，赞赏地回过头对中年妇女说："买一套吧，质量不错。"

　　其他顾客见了也纷纷提出要一套。

点评分析

推销员的成功在于他鼓励顾客体验产品。推销员在介绍产品、展示产品性能时，顾客心中总是存有疑惑的，而且担心推销员的展示是一个"美丽的骗局"。让顾客亲自参与亲身体验，不仅省去推销员很多口舌而且能让顾客感受产品的性能和特点，说服力更强。因此，推销员应想办法说服顾客体验产品。

指点迷津

其实顾客之所以不愿意体验，大多因为觉得太麻烦，怕东西不适合或者害怕体验后不好意思不买。怎样说服顾客参与产品体验呢？

首先，要把握时机，真诚建议，用真诚自然的语调请求顾客体验。介绍产品时可以运用一些问题作为产品性能的描述，让顾客更多地参与到产品的展示中来。如介绍食品的口味时可让顾客试吃，介绍打印机时可以请顾客就打印效果发表意见。这样能更大程度地引起顾客的注意，活跃现场气氛，并且可以更好地引导顾客的心理，让其最终作出购买的决定。

其次，要用自己专业的知识给顾客最贴切的建议，这样才可以获取顾客的信任。如果不注意向顾客推荐适合的款式，看到顾客看什么就说"这个不错"，这会使顾客不信任你的推荐。在建议顾客体验的时候一定要通过适当兴奋自信的语言来推动顾客去体验，用充分合理的理由让顾客产生一定要亲自试一下的冲动，这一点非常重要。比如，销售人员可以这样说："小姐，真佩服您的眼光，这是我们的新款，卖得非常好！我认为以您的气质与身材，穿着这件衣服效果一定不错。小姐，光我说好看不行，来，这边有试衣间，您可以穿上自己看看效果……""先生，您真有眼光。这款大豆纤维被是我们的最新产品，卖得很好，我给您介绍一下，这款被子采用……（材质与工艺），导入……（技术与功能）。您自己觉得好才是最重要的。先生，来，您自己感受一下这款被子吧……"

还有，可以通过自己有力的肢体动作，如用手势引导顾客注意货品，微笑着注视顾客以表达好感，脚步引导顾客跟随自己等。在很多时候，对于那些犹豫不决的顾客来说肢体动作往往更有效果。

让顾客体验产品前要告诉顾客试验可能发生的结果是什么，让顾客将注意力集中到试验的正确方向上来。"情景回放"中的推销员："没关系。来试试，如果您能把刀砍坏了，我送一套给您。"既消除了顾客怕试"打死狗讲价"的心理顾虑，又自信地告诉了顾客产品的质量和性能。

　　说服顾客时要从顾客的利益入手，从顾客的角度想问题，体会顾客的心理，学会换位思考。销售人员面对顾客可以说："如果我是你的话，我会……"也可以学学美国著名的保险推销员弗兰克·贝特格的口头禅："即使我不是您的兄弟，我也会说……"

　　为了缓解压力，可以告诉顾客买不买都没有关系，从而鼓励顾客体验。当然遇到顾客拒绝后不要轻易放弃，而应该想好如何再次要求对方体验的充分理由，并让顾客感觉合情合理。当两次建议都遭到拒绝的时候，就不要再第三次建议了，否则就会让顾客有反感情绪，此时，可以通过真诚的探询了解顾客的真实需求，并重新为顾客做推荐。

　　注意体验有多种类型，包括感官体验、思维体验、行为体验、情感体验等，销售人员应从多种体验类型里去包围消费者，给消费者立体式的传播，让消费者身临其境，提前感受新的生活方式，生活态度。比如，宜家家居强烈鼓励消费者在卖场进行全面的亲身体验，如拉开抽屉、打开柜门、在地毯上走走、试一试床和沙发是否舒适，等等；宜家出售沙发、餐椅的展示处还特意提示顾客："请坐上去！感觉一下它是多么的舒服！"另外，宜家样板间的设计充分结合中国人对生活的要求和消费模式，考虑不同产品的颜色、灯光、材料等在一起的搭配效果，并鼓励消费者买回家之后自己进行搭配。宜家还承诺，消费者如果自己买回去的东西发现搭配不如宜家漂亮，除可以退货外，还会负责教会消费者怎样去搭配。

请你点评

一

　　促销员站在柜台前，正在与顾客交流，顾客提出手机的外形偏大。

　　顾客（拿着手机在手里掂量）："这手机的外形好像偏大了一点。"

　　促销员（面露笑容，不慌不忙，语速适中）："买手机的时候当然都希望有个外形合适的手机，这一点我非常理解。其实我们的这款手机的外形是非常适合像您这样的男士的，（把手机放在客户的手上）您看，抓握起来感觉还是不错的吧？对于男士来说，太小的手机抓在手里并不合适。我们的这款手机在设计的时候是按照中国人的手形进行人机工程学设计的，由于这款手机的风格是明朗冷峻的风格，直线条的设计，再加上天线的长度，所以看起来外形大一些，实际并不大。这与人们穿直线条的衣服显高的道理是一样的，您看是吗？"

顾客（拿着手机在手里比划了几下）："嗯……你这么说，也很有道理。好，我就要这台吧。"

二

已有110多年历史的泰国东方饭店，是世界十大饭店之一。该饭店几乎天天客满，不提前一个月预订很难有机会入住。中国台湾企业家俞先生曾经有一次下榻泰国东方饭店。在他回到台湾3年后的一天，居然收到泰国东方饭店寄来的一封信：亲爱的俞先生，祝您生日快乐！您已经3年没到我们这里来了，我们全饭店的人都非常想念您。俞先生事后回忆说："他们仅用6元钱邮票，就让我发誓再到泰国时一定去住他们的饭店。"

实战训练

一

M服装专卖店里，一位时髦女郎拿着一套衣服站在全身镜前边比划着边和身边的同伴说："这套衣服颜色和款式我都很喜欢，可惜我这身材穿起来很显胖。哎，好羡慕你啊。"

推销员："真佩服您的眼光，这是我们的新款，卖得非常好！我认为以您的气质与身材，穿着这件衣服效果一定不错。"

时髦女郎："不行，黑裙子上两白横杠，更显胖显肚腩。"

……

请你帮推销员说服时髦女郎试穿衣服。

二

一位外地客人走进一家北京的酒楼，不知道应该点些什么特色菜好，而这个酒楼最出名的就是烤鸭。如果你是店员，可以通过多种体验让客人点烤鸭吗？

三

如果你是一间宠物店的店员，你该怎样向一个三口之家推销小狗？

四

某品牌汽车准备在广州建一个体验中心，请你帮忙策划，让顾客到体验中心来感受企业文化。

第三节　让顾客产生依赖

　　到商店购物的顾客并不都是专家，他们需要销售人员对产品作详细的介绍。可是他们往往又不信任销售人员的介绍，总觉得销售人员是为了让他们购买而夸大其词。那销售人员怎样才能获得顾客的信任让顾客产生依赖呢？

情景回放

　　在服装专卖店里，顾客穿着一套尺码很合身的衣服在全身镜前犹豫不决。

　　"小姐这套衣服好像为您量身定做的一样，尽显您的气质。"

　　"小了点。"

　　"怎么会，很合身呀。"

　　"你看腰身这儿，绷得紧紧的。"

　　"可能是您不习惯，我看一点都不紧。多穿几次就习惯了。"

点评分析

　　销售人员说的"怎么会，很合身呀"和"我看一点都不紧"都只是站在自己的角度强调个人观点，并没有充分利用自己的专业知识有针对性地解除顾客疑虑，所以没有说服力。"多穿几次就习惯了"和"可能是您不习惯"这两种说法都将原因归结为顾客自己不习惯。但为什么不习惯，则没有具体涉及，所以也是缺乏说服力的。

指点迷津

　　当顾客的辨别力有限的时候，如果销售人员的语言能让他们产生依赖感，让顾客觉得你是最可靠的，那么销售人员就会处于主动地位，推销也往往容易成功。这时，销售人员可以这样说："您是不是平常比较喜欢穿宽松一点的衣服？这就难怪了，其实这款衣服如果宽松就体现不出它的特点。不过因为您的穿着习惯，所以您会认为不合身。其实以我们的专业眼光来看，这衣服不仅合身，而且很有特色，您看这里……（阐述衣服利益点）"

也可以这样说："小姐，我们这款衣服的设计是相对贴身一点，因此设计师建议这款上衣适合××风格来搭配，这样显得特别时尚。如果衣服宽松的话就没有特色了。像您就非常适合……小姐，您买不买没有关系，请先跟我来试一下这件衣服的整体搭配效果吧。"

还可以这样说："是的，我们这款衣服的设计确实是稍微贴身一点，不过因为您身材好，所以穿起来显得更有味道，再加上面料都是特别挑选的，弹性好，您穿几次就习惯了。我们上个月就有一个老顾客，她一开始也和您一样习惯穿稍微宽松点的衣服，现在您叫她穿宽松的她还不喜欢呢。"

如何让顾客产生依赖感呢？

依赖感的产生源于信任，首先，销售人员在推销的时候一定要取得顾客对自己的信任。在日常生活中，许多客户都有过被销售人员欺骗的亲身经历，或者其亲朋好友有过被欺骗的经历，以至于他们一听到"销售代表"或者"销售人员"等词就没有什么好感。确实，有些销售员总是处心积虑地想着如何"对付"客户，甚至采取不合理手段来欺骗客户，比如：谎报产品价格，客户看中哪件产品就故意提高哪件产品的价格；为了追求一时的销售额，不考虑客户实际需求，误导客户购买大大超出需求的产品数量；产品以次充好，给客户造成严重损失；花言巧语地劝说客户购买价格最高的产品，而不管产品是否适合客户特点……这些销售人员的恶劣表现终究会遭到客户的抛弃，而只有那些真心诚意为客户着想、全心全意考虑客户实际需求的销售人员才能得到客户的信赖。

要取得信任，销售人员就必须有真诚的态度，真心地为顾客着想，设身处地考虑顾客的需要，揭示顾客的处境。当客户对自己的需要认知比较模糊和不准确时，销售人员要站在他们的立场上提供真诚而合适的建议。当客户认为自己需要的某些产品或服务却并不一定适合他们，而他们先前不看好的产品或服务，可能才真正可以能满足其需要时，销售人员就应该根据客户的实际需求在沟通中认真加以分析，然后提出最符合客户需求的建议。当然，在提出这些建议时，销售人员千万不要指责客户先前的不准确认识，要真正地站在客户的立场上、完全为他们的需求着想，并且要让他们相信这些。

有些客户，他们最初只是有某方面的需求，但不知道该要什么样的产品或服务，这时他们可能直接告诉销售人员，让销售人员帮助他们作出选择。这种情况下，即使销售人员自认为自己的意见比较专业，也要在自信的同时保持谦虚，把最终的决定权留给客户，同时要通过适当的询问了解客户最实际的需求。

当然，还有不少客户出于戒备心理和某些疑虑而不愿意直接邀请销售人员进行帮助，销售人员可以通过自己的真诚打动客户，让顾客接受自己的帮助。这时销售人员同样要首先通过巧妙的询问和认真的分析了解客户需求，在了解客户需求的同时，一些聪明的销售人员往往会同时消除客户对自己的戒心。

其次，销售人员应该具备有关商品的专业知识。能否用专业的语言向顾客清晰地表达是取得顾客信任的一个关键因素。介绍产品时，销售人员应该使用顾客能理解的词语和听起来愉悦的词语，还可以适当使用描绘性语言。例如，一位保险经纪向一位60岁的老人推销养老保险。老人已答应买保险，当一切即将结束的时候，保险经纪说："您真明智，这下好了，就算有一天您儿子不幸意外身亡，您也可以安享晚年……"这位60岁的老人一听，怒不可遏，指着门说："你给我出去，我儿子哪里得罪你了，平白无故地咒我儿子，我40岁得子，看他比自己的命还重……"保险经纪本想肯定老人的选择，而且他说的也是事实，但他没有使用令人愉悦的语言，还触及了人们内心最敏感、最忌讳的事情——死亡。人们对死亡很恐惧，所以有很多对死亡的讳言，如称老人的死亡为"百年"，未成年人死亡为"夭折"，或者用更委婉的话来替代。比如，死用"走"表示，或者用笼统而模糊的话来表示。用"不测"来替代具体的意外内容。所以，作为销售人员一定要注意自己的语言不能伤害顾客的心灵，哪怕只是一种假设。销售人员可以采取委婉的语言或者自己想象一个跟顾客类似的事例，这样顾客既可以受到警醒，同时也避免了心灵刺激。如果用语不慎，往往会适得其反，甚至可能会触怒顾客，使得自己的推销前功尽弃。

销售人员在为客户提供建议的时候，要注意：自己只是针对客户需求提供个人建议，最后的决定权一定要留给客户，千万不要让客户感觉到你对他施加了压力；尽量避免负面的、消极的表达方式，多用积极性语言；为客户构建一个梦想，适当增加一些感性描述，继而激发客户的购买欲望；告诉客户一旦使用不合适时的解决方法，解除客户的后顾之忧。

请你点评

一

客户："我要送给男朋友一条领带，但是又不太懂，听说有很多讲究，您可以帮我挑选一下吗？"

销售人员："很高兴为你服务！请问，您男朋友平时喜欢穿什么颜色的衬衫和西装？另外，他的肤色是怎样的？"

客户："他平时喜欢穿……"

销售人员："那您可以看看这几款怎么样？这几款领带都是……"

客户："我看这些都不太好看，还有其他的吗？"

销售人员："当然有了，您看这边……"

客户："这边的不错，但是我不知道哪一种更合适，您看呢？"

销售人员："我觉得这三种图案的领带都不错，主要看您最喜欢哪一种。相信您看中的，男朋友也不会有多大意见的。况且，如果感觉与衣服搭配不合适的话，您还可以带他本人来换……"

二

林刚受命为办公大楼采购大批的办公用品。他到一个专营信件分报箱的商店向营业员介绍了他们每天可能收到的信件的数量，并对信箱提出一些要求。营业员听后思考了片刻，便认定林刚最需要的是他们商店的 CSI。

"什么是 CSI？"林刚问。

"什么？"营业员用悲叹的语气回答，"这就是你们所需要的信箱。"

"它是纸板做的、金属做的，还是木头做的？"林刚问。

"噢，如果你们想用金属的，那就要 FDX 了，也可以为每一个 FDX 配上两个 NCO。"

"我们有些打印件的信封会相当长。"

"那你们需要用配有两个 NCO 的 FDX 转发普通信件，而用配有 RIP 的 P11 转发打印件。"

林刚火了："小伙子，你说的是德语、阿拉伯语还是希腊语？我要知道的是你们产品的材料、规格、使用方法、容量、颜色和价格！"

"哦，"营业员说，"我说的是我们产品的型号。你不知道吗？"

实战训练

一

刘先生是个大胖子，他很喜欢到 BOSS 专柜买服饰，因为 BOSS 专柜的专业服务让他非常满意。这天他来到 BOSS 专柜想买领带，请你以 BOSS 专柜推销员的身份向刘先生推销。

二

专卖店里一位中年妇女正在挑选衣服，她边看边和店员说："你们的衣服怎么那么花呀，都找不到适合我穿的。"如果你是店员该怎样向她推销？

三

假如顾客是一位准专业人士，就产品的质量问题向推销员提出质疑。如果你是推销员，你该怎样说才能获得顾客的信任？

四

顾客："这款鞋穿起来真的很舒服。"

促销员："当然。我们品牌的鞋子设计时注重功能设计，引入了三维足概念。您看后跟杯加硬，能稳定后跟骨和控制后足外翻的幅度；前足不同的围度，适合不同肥瘦脚形，增加舒适度；还有定型中底，能稳定鞋形，加强鞋垫的承托力。先生，我帮您包起来吧。给现金还是刷卡？"

顾客："但是我觉得你们的外观设计怪怪的，不太合乎我的品味。"

如果你是促销员，该怎样说服这个顾客？

第四节 激发顾客的焦虑

当今社会商业高度发达，可以用"十行九档"来形容，很多时候人们逛街只是为了休闲，不是急需买东西。即使看到自己喜欢的也会说："我今天先看看，不着急，等你们打折的时候我们再来买。"然后潇洒地离开。可有的时候又往往有"有

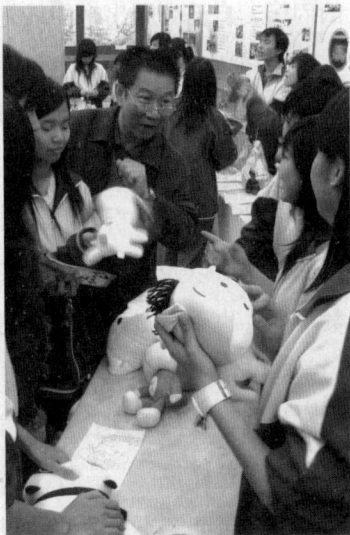

心栽花花不开，无心插柳柳成荫"的感受。明明不
是很需要的东西，可经销售人员一番推销后很高兴
地买下来，满载而归。

情景回放

一专卖店里客人试穿了一双鞋子很满意，可一
问价就说："我就是先试试，我经常逛街，等你们打
折的时候我再买。"

店员说："还不知道什么时候打折呢。"

客人回答："没关系，我不急着穿。"然后转身
准备离开。

店员赶紧说："难得碰到合适的，干吗要等呢？而且打折时尺码不齐，可能没
您穿的码数。"

客人回头说："不要紧。你们没有，别的店会有的。"

店员追着说："我们现在其实也有打折呀。"

客人没有回答，急急出了店门。

点评分析

"还不知道什么时候打折呢"相当于告诉顾客这个货品要打折，但时间未定，
如果想便宜的就到时候再来吧。"难得碰到合适的，干吗要等呢"、"打折时货品不
齐，可能没有适合您的码数"实际上是告诉了对方"等"的不利之处，但是缺少了
主动积极地引导顾客向购买方向前进的这个环节，不利于顾客立即作出决定，并且
也应避免用质问口气与顾客说话。"其实我们现在也有打折呀"容易与顾客陷入价
格战的争议之中。怎样才能留住客人，说服客人购买呢？

指点迷津

当销售人员明确产品数量有限或者有期限时，顾客就会产生错过之后买不到的
焦虑，会产生卖完后，有钱也买不到的担心。销售人员通过有感情的语言加强产品
的有限数量或期限，会进一步拉升顾客的购买急迫感，这非常有助于订单的促成。
因此，让顾客产生焦虑，是销售人员巧妙地运用自己的语言使得顾客自己击破自己

的固堡，自己突围出来的最好办法。

怎样才能让顾客产生焦虑呢？产品很快就要涨价，而顾客又有需求，或者某种产品市场供不应求很快要出现缺货，"因为我们数量非常有限，所有……我们促销的时间就是这几天，过了就没有优惠价格了，所以现在买是最划算的时候！"或者销售人员为顾客分析现状，让顾客明白自己的处境等。所以你可以这样说："没关系的，您可以先试试看。其实我们现在也有折扣，虽然没有换季的时候低，但是码数很齐，也不会出现缺货的情况。如果到时您看的这款产品断货，那多可惜呀，您说是吗？"（评点：首先释放顾客的心理压力，鼓励顾客体验产品，然后告诉顾客现在买的利益及如果到打折的时候买的不利之处，让顾客产生焦虑。）

也可这样说："是的，打折的时候买，确实价廉物美，但是也会有缺点：一是买了之后可能穿不了几次就过季了；二是鞋子的流行性比较强，今年流行明年不一定流行；三是换季打折的时候经常会出现尺码不齐的情况，常常是顾客很喜欢，但就是没有顾客要的尺码，那多可惜呀，您说是吧？再加上……（赠品、促销、VIP等）所以现在购买其实是非常划算的！"

也可以这样说："我明白您的意思。打折的时候买，确实价格看起来会便宜点，只是买过季打折的产品可能使用不了几次就只能放在橱柜里束之高阁了，这样算起来价格反而更高，您说是吗？如果您现在买的话，其实也可以享受到我们的贵宾卡折扣，并且您还可以使用一个整季。"（评点：将打折时可能遇到的对顾客不利的结果详细罗列，顺势说明如果现在购买可以享受到的利益。销售人员在无形之中施加了压力，让顾客产生焦虑。）

还可以这样说："呵呵，您真是个聪明的顾客，真会选时机购买东西。也难怪，现在赚钱都不容易，买样东西也是好几百呢。没关系，您可以现在留下电话号码，等到我们打折的时候我马上通知您，到时候您就可以过来挑选了。不过您真正喜欢的产品，我还是建议您现在购买，因为您看好的这款产品非常热销，我真的担心到时候是否还会有。"（评点：首先赞美并认同顾客的想法，然后要求顾客留下联系方式以便告知，最后话锋一转让顾客产生焦虑，尽量促使顾客现场成交。）

在销售的过程中，销售人员如果一味地急于求成游说顾客购买产品，无疑会让顾客产生抵触情绪，你说好，顾客偏偏认为不好，这情形跟我们平时去超市购买产品是一样的道理，每次若是销售人员太过于热切地促销某种产品，我们心里都会咕嘟道："是不是卖不出去的牌子呀？"结果可想而知。想卖出去一种产品，切记万万不可操之过急，不妨采用"欲擒故纵"的办法。美国可口可乐公司，为了打开中国市场，不是一开始就向中国倾销商品，而是采取"欲将取之，必先予之"的办法。先无偿向中国提供价值400万美元的可乐灌装设备，花大力量在电视上做广告，提供低价浓缩饮料，吊起大家的胃口，使人们乐于生产和推销美国的可乐，而一旦市场打开，再要进口设备和原料，他就会根据需要情况来调整价格，抬价收钱了。这就是故意先放开他，使他放松戒备，充分暴露，然后再把他捉住。

有些准顾客天生优柔寡断，他虽然对你的产品有兴趣，可是拖拖拉拉，迟迟不作决定。这时，销售人员不妨故意收拾东西，做出要离开的样子。这种假装告辞的举动，会促使对方尽快下决心。

周三做的五香肘子在小镇上是有名的小吃，称得上是色、香、味俱全，买的人很多，但他每天只做50个，每天都是不到中午就卖完了，来得晚的顾客买不着，只好等第二天再买。有一天，周三的儿子问："顾客这么多，为什么不多做点呢？既能满足大伙的需求，又能多挣些钱。"周三反问道："你喜欢吃肘子吗？"儿子说："不太喜欢"。周三问："为什么呢？"儿子说："因为我每天都能吃到，想吃多少就可以吃多少。"周三说："对了，物以稀为贵，人们对于越是得不到的东西就越想得到，越是稀少的物品就越是珍贵。肘子只有在想买却不容易买到时，才会觉得好吃，想尽办法去买，才能体现它的价值。"

为了提高顾客的焦虑度，还可以采用限制式营销这种方式，即通过一定的利益机制的诱导，把客户限制在某时某地进行产品的购买，从而实现"集群效应"。比如，房地产销售中常采用的"派筹"，即先不进行销售，只对客户登记"派筹"，然后在界定明确的时间地点进行"抽筹"，结合巨大的优惠或让利，从而令客户购买行为被集中限制在一个时间、一个地点，于是很好地把客群集成起来。再比如，大中型超市经常搞的优惠活动，提前通过广告宣传通告某月某日某超市前几名消费者将获得何种赠品，或何种让利等，从而在当时把客户集群起来，形成排队待购的"客户集成销售"局面，制造旺市旺销氛围。通过"羊群效应"让顾客产生可能买

不到的焦虑，加快顾客下决心购买的速度，从而提高销售率。

这种销售方式基于人们的趋利心态，会有很好的集群效应，但却是以商家巨大的利益作为代价换取的，人们前往是为了通过某种竞争争取利益，不是基于一种正常的购买心态，所以会存在许多的问题。一是客群有时不一定是产品或服务的准确针对客群；二是没有在竞争规则中获益的客户大多当时不会购买；三是未受益的客户心理上反而会产生失落而导致事后的消费抵触；四是安排不好会造成场面的混乱，产生恶劣影响；五是商家在这种销售模式中往往只聚集了人气，而没产生相应收益。所以这种销售方式，往往在产品开售、店面开张时用来制造旺场效应，令开张更火爆，有时也用来改变冷清的经营局面，制造人气效应。

请你点评

一

某大型超市进行"五一"黄金周特大促销活动，李小姐是某品牌电子琴的促销小姐。这时候，她看到不远处有一家三口往这边走来，于是迎上去——

李小姐："您好，要看看电子琴吗？"

母亲（对父亲说）："看看吧，问问价。"

父亲（不赞同地）："孩子还小，还是以后再说吧。"

李小姐："您孩子多大了？"

母亲："三岁了，上幼儿园小班。"

李小姐："您知道吗？现在很多小孩从小就学音乐。音乐这个东西是熏陶而成的，您没有看到有一年春节联欢晚会吗？那小孩才多大啊，也不过四岁，能在全国人民面前唱京剧，那水平很不错了。另外，我邻居家小孩，妈妈是外语老师，那小孩才五岁，就能用英语跟她妈妈对话，还会看报纸。"

母亲（有点心动）："是吗？"

李小姐："那当然啊，现在都提倡素质教育，孩子从小多学点本领，咱不说别的，将来上学都有自信，因为自己有才能啊！您想想看，如果孩子从小多才多艺，以后打工都能供自己上学。做父母的应该让孩子多学点本领，而不是为他准备多少财富，因为财富再多，他不会珍惜，很快就会挥霍干净，但是本领不同，本领对他一生都有用。"

母亲（望着父亲）："说得也是，其实我们夫妇也是这么想的，给孩子本领比给他任何财富都强。"

李小姐："您知道吗？这电子琴如果平时卖的话，至少得 288 元，还不带琴架，琴架单卖要 88 元，现在是黄金周，我们超市为了答谢顾客对我们多年来的厚爱，所以这次搞特价促销，现在连琴带琴架一共才 150 元，过了这个村就没有这个店了，昨天卖出去了 4 台，现在只剩下 3 台了。"

母亲（显得很焦虑）："买了算了，行吗？"

父亲还在观望。

李小姐："这样的价格真是一年也难得碰到几次啊。差不多是半价。为了小孩，智力投资嘛！我相信您也不在乎这点钱。"

母亲抬头看看，有几个带着小孩的妇女也似乎向这边来了，她的神色显得很焦虑。

最后，母亲下定决心似的说："买了算了，机会难得。"

二

一个老鞋匠正在和几个老人闲聊，这时，一名穿戴入时的妇女走了过来，送来一只皮鞋问老鞋匠："师傅，你看这鞋能修吗？"

老鞋匠看了一眼，说："您看我有活正忙着呢，您如果着急，里边还有几个修鞋的。"

妇女的确不愿意等，就朝里走去了。有人便不解地问老鞋匠："为什么有活来了，你却给支走了呢？"

老鞋匠笑着说："你看那只鞋做工精细、皮质又好，少说得上千元，如果修不好，弄坏了咱可赔不起。不是我夸口，我不敢接的活儿，别人也绝对不敢接，最后啊，她一准儿回来。"

果然，那妇女不一会儿工夫就又回来了。老鞋匠把鞋拿到手里左瞧右看："您这鞋得认真仔细地修，很费时间的，您明天来取吧。"

妇女虽然不太情愿，但也只好应允。

等她走后，老鞋匠三下五除二，一会儿就把鞋给修好了。

又有人问："你修得这么快，为什么非让人家明天来取？"

老鞋匠笑了："看着你把鞋修好，顶多收三五块钱，等到明天，那么贵的鞋至少收 10 元。"

第二天，妇女取鞋时，看见鞋修得很好，高兴地给了 20 元走了。

实战训练

一

你是超市的推销员，负责推销一种特价平底锅。这种锅表面涂了一层特殊的物质，把食物放在里面煎烤，翻动的时候，食物丝毫不沾在锅底，但是这种锅比普通锅贵了很多，很多顾客站在货架面前，用手摩挲着锅底，看了价格仍然拿不定主意，你应该怎样向顾客推销？

二

你是某大酒店的前厅服务员。一位顾客来订婚宴，年轻的小伙子点了一些菜后不知道该怎么继续往下点了，你看出了他的窘态，决定利用这个机会向他推销龙虾。你想怎样说？

三

假如你是一个多功能水果刀的推销员，你可以怎样利用顾客的焦虑感向他们推销多功能水果刀？

四

如果你是某公司零售商场玩具柜台的一名推销员。一天，来了一位年轻妈妈。她注视着货架上的"声控飞碟"，你便将"声控飞碟"递到她手中。

年轻妈妈说："我孩子还不到两岁，不适合玩这种玩具。"

你怎样说服她买下这个"声控飞碟"？

第五节　促成顾客的需求

在销售的过程中，销售人员经常碰到这种情况：顾客觉得商品不错，可就是犹豫不决，最后多以"与老公商量一下"、"再比较或考虑一下"等为借口而离开，并且一旦离开回来的概率非常小。即使回来了，业绩也不一定是属于你的。这个问题之所以困扰着销售人员，其实就是因为销售人员缺乏促成顾客需求的技巧，从而使自己处于一个非常被动的地位。

情景回放

汤姆："您好！爱斯基摩人。我叫汤姆·霍普金斯，在北极冰公司工作。我想向您介绍下北极冰给您和您的家人带来的种种好处。"

爱斯基摩人："这个人可真有趣。我听到过很多关于你们公司的好产品，可是冰在这儿却不成问题，它是不花钱的，我们甚至就住在这东西里面。"

汤姆："是啊，先生。很多人对我们公司产品感兴趣的原因之一就是因为我们注重生活质量，可以看出您就是一个注重生活质量的人。因为价格与质量总是相连的，您能解释一下为什么您目前使用的冰不花钱吗？"

爱斯基摩人："很简单，因为这里遍地都是。"

汤姆："是的。您使用的冰就在周围，日日夜夜无人看管，对吗？"

爱斯基摩人："噢，是的。这种冰太多了！"

汤姆："先生，现在冰上有我们俩，还有邻居正在那边冰上清洗鱼内脏，北极熊正在冰面上重重地踩踏。还有，您看见企鹅沿水边留下的脏物吗？请您想一想，好吗？"

爱斯基摩人："我宁愿不去想它。"

汤姆："也许这就是为什么这里的冰如此便宜的原因。"

爱斯基摩人："对不起，我突然感觉不大舒服。"

汤姆："我明白。您给家人饮料中放入这种无人保护的冰块，您放心吗？如果您想放心，就得先消毒，是吗？您知道怎么去消毒吗？"

爱斯基摩人："煮沸吧？"

汤姆："是啊，先生。煮过以后您又剩下什么呢？"

爱斯基摩人："水。"

汤姆："这样你是在浪费自己时间。说到时间，假如您愿意在我这份协议上签上大名，今天晚上，您的家人就能享受到最好喝的、加有纯净北极冰块的饮料。噢，对了，我很想知道您的那位清洗鱼内脏的邻居，您认为他是否也乐意享受纯净北极冰块的好处呢？"

点评分析

　　把冰卖给爱斯基摩人？这几乎是一个荒谬的想法，但这里面蕴涵了一个深刻的道理：不存在不可能的顾客。即使看起来是非常不需要你的产品的人，只要引导得当，也会成为你的顾客——关键是找出他们需要的理由，并使之信服。

指点迷津

　　在促成顾客需求的过程中，销售人员被拒绝是正常现象，那怎样促成顾客最后成交？可用以下方法：

一、替顾客作决定

　　有些顾客对商品很满意并有购买意愿，但需要交款时表现出犹豫，这时销售人员不妨替顾客作决定——假设顾客购买，询问顾客所需要的数量。这样顾客就不会将考虑的重点放在是否需要购买的选择上，比较容易促成订单的签订。销售人员可以询问："先生，豆浆加一个鸡蛋还是加两个鸡蛋？"或"小姐，一个肉酱意粉，再来一杯咖啡还是牛奶？"

二、运用急迫感

　　作为销售人员可以告诉顾客产品销售限定的数量，比如："小姐，这个款式的手镯厂家只生产了两万只，中国大陆地区配售两百只，广州配售五十只，我们这里只有两只了，卖完就没有了。"还可以告诉顾客产品销售限定的时间，如："因为我们数量非常有限，所有……我们促销的时间就是这几天，过了就没有优惠价格了，所以现在买是最划算的时候了！"销售人员成功地运用语言表达产品数量或销售时间非常有限，使顾客明确若现在不购买，就会错过极好的购买机会，这会增加顾客在时间以及数量方面的购买急迫感。

　　超级市场在打折的时候，一般都标示今日特价，很少标示本月特价，根本不会

标示今年特价。本月特价允许顾客可以在一个月中随时光顾，没有引起很强的购买急迫感，今年特价则没有什么稀奇，顾客在整整一年的时间中，可以随时购买，丝毫没有购买急迫感，今日特价意味着只有今天才有，缩短的时间引起顾客强烈的购买欲望，顾客一般情况下不愿意失去这种购买的机会。

三、运用沉默的压力

成交与不成交的区别在于销售人员的坚持程度，遇到问题和困难时，销售人员不能放弃，只有坚持，才能够达成最终的成交。当顾客犹豫不决地说"与老公商量一下"或"再比较或考虑一下"的时候，作为销售人员，不妨微笑和直视顾客说："我相信这是您慎重的态度，但是我想清楚您所考虑的是什么。因为我怕我有解释不周的地方，您考虑的是公司的形象，产品的售后服务，还是……"然后继续微笑和直视顾客以产生沉默的压力，让顾客讲出真正的问题，再针对产品的质量、售后服务、价格等问题进行解说，刺激顾客的购买欲望，最终达成订单的签订。

四、假设结束法

销售人员直接假定顾客已经准备购买，而销售人员所做的只是帮助顾客如何使用产品。例如，一位销售人员推销价格昂贵的平底锅时说："您可以想象一下，当家里来了客人的时候，您用这锅煎出的鱼不仅味道鲜美可口，颜色焦黄、香脆，而且鱼的形状完整，表面光滑，让客人一看就产生强烈的食欲，您作为主妇多有面子？很多人说，从厨房看女人，一个女人的厨房功夫也可以看出她的品位。您再想象一下，当您儿子做功课累了，当您先生辛苦了一天回到家里，您给他们煎牛排的时候，当牛排躺在锅里"嗞嗞"作响、香味四溢的时候，您丝毫不用担心它会烧煳锅底，也没有在美餐后担心锅底难以洗掉的烦恼，那是一件多么开心的事啊。"

假设式的结束方式转化了销售服务人员在销售过程中的角色。在此过程中，销售人员已经转变为教顾客使用产品的朋友。角色的变换，会让顾客产生催眠的作用，等顾客已完全掌握产品的使用方式时，顾客在心理上已经产生拥有产品的感觉，这样就极好地刺激了顾客的购买欲望。

五、邀请式结束法

邀请式结束方式是指销售人员不停地询问顾客关于产品的意见，使得顾客不停地赞同销售人员的意见，从而将认可强化到顾客的潜意识中。如下例：

如一位推销员向一位少妇推销一条价格昂贵的真丝裙时说："小姐，这真是一条漂亮的真丝裙子。我确定您一看到它就爱不释手，有一种想拥有的欲望，对吗？"

那位女士说："好是好，只是太贵了。"

"我想，您大概只看到了价格标签，您还应该看看这个。"推销员打开衣服，"看看这个品牌标签，当您看到它，加上我这个小店的声誉，您就拥有了品质和满意。这条裙子会陪您很长时间的。它既漂亮又时尚，来，您试穿一下，我想您一穿上它，就舍不得脱了。"

等那位女士试穿完后，推销员说："怎么样，感觉很好吧？"

"感觉还不错，就是价格太贵了。"

"您要做的是把这个价格除以3，因为这条裙子您至少可以穿三个夏天。而且3年后，您还可以用它来当睡裙，既舒服又轻柔。"

"当您参加同学的婚礼或某一个重要的宴会时，您穿着时尚漂亮的裙子一定会增色不少。同时，您的迷人穿着也令您的先生增色不少。"

最后少妇决定买下这件价值不菲的裙子。

请你点评

一

炎热的夏季到了，太阳就像火球一样挂在天上，日本某百货店的经理山本仓松焦急得就像热锅上的蚂蚁：防寒法兰绒衬衫在仓库堆积如山，这个月的销售计划眼看即将付诸东流。

正当他冥思苦想对策的时候，突然看到对面的水果店前面排着一条长长的队伍，人们聚在那里买橘子，不时地还有人大声叫卖："快来买呀，新鲜水果，每人只能买1公斤。"

山本仓松顿时眼前一亮。他立刻效仿，写了一张广告，并严肃地吩咐外联部营业员："未经经理批准，每人只限买一件。"

从此，山本仓松办公室电话的铃声就没有停过，百货商店门口竟然排起了长队。连赶来维持秩序的警察，也优先买了1件衬衫。没过几天，商店里所有积压的衬衫都被抢购一空。

二

A先生是一位吸尘器推销员。一天，他向一位男士推销吸尘器，一开始男士根本不理会他的推销，觉得买吸尘器之类的事情应该是女人思考的问题，他工作繁忙，没有时间和心思考虑这些小问题。A先生就自己掌握的关于吸尘器知识向这位先生详细地进行解释，最后，这位先生终于决定考虑他的建议。A先生对他说："先生，祝贺您作出这样的决定。请您想一想，现在已经不同于过去了，不再是'男主外，女主内'的家庭模式了，女性要求与男性共同承担家务，您可以想象一下，当您的妻子辛辛苦苦劳累了一天，筋疲力尽地回到家里，又撑着做好了饭等您吃，这时候您还可以想象自己再眼睁睁地看着她去拖地板吗？一两次她还可以忍受，如果时间长了，她一定会有怨气，先生您再想象一下，也许有一天您会和妻子因为拖地而争吵，最后升级到大打出手……"

男士（脸色变得严肃，不语）……

A先生（趁机）："我不是危言耸听，很多婚姻就是因为这些家庭琐事而出现裂痕，最后导致完全破裂。您能想象这种恐怖的景象吗？您是否愿意看看到这样一幅令人伤心的景象呢？而原本一把简单的吸尘器就可以避免一切不愉快，您别小瞧这小小的吸尘器，它不仅清洁您的房间，也可以清洁不健康的情绪，也许有一天您会发现，您和睦的家庭生活来源于一把小小的吸尘器……您最终选择了它，我觉得您有一天一定会庆幸今天的选择的……"

男士（显得心悦诚服的样子）："您说得没错，我是该用它去解决家庭小纠纷了。"

实战训练

一

如果你是一家化妆品公司的推销员，情人节即将来临，你被派到D市上门推销V牌化妆品，你打算怎样推销？

二

你是一个男士服装品牌店的销售员，有一位女顾客要给男友买衣服。她挑选了两件衬衣，很满意。可最后却说要等把男友领来后再决定。你怎样说服她现在就买？

三

汤姆能把冰卖给爱斯基摩人，你能否也学学他，把冰箱卖给爱斯基摩人？

四

顾客进店后看了看说道："东西有点少，没啥好买的。"转身打算离开。如果你是促销员，应该怎样留住顾客？

第六节　面对拒绝的技巧

推销能一次成功，是幸运，而且是难得的幸运。更多时候是销售人员煞费苦心反复地推销，仍然逃不脱失败的命运。这时，销售人员往往一筹莫展，甚至放弃。但如果这样的话，之前所做的努力都会尽废。不仅如此，有时候顾客即使答应了某项交易，中途却忽然改变主意，销售人员百思不得其解，询问顾客也往往得不到自己想要的答复，对方只是表面的应付，或者用一些模糊的言辞掩饰他内心的原因。面对顾客的拒绝，销售人员应该怎么办？

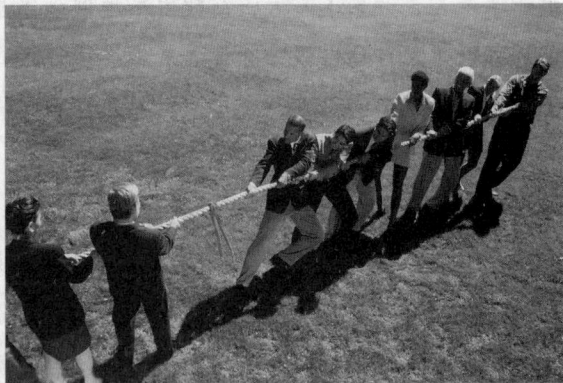

情景回放

电器商场里推销员正拿着单据引导一位老年顾客去收银台结账。可是顾客突然停了下来，说："这个电压力锅虽然挺好的，但我还是想回去跟儿子商量一下再来买。"

推销员："这个真的很适合您，节电安全，还商量什么呢。"

老年顾客："对不起，我暂时不要了，考虑一下再说。"说完匆匆向门口走去。

"那好吧，欢迎你们商量好了再来。"推销员边说边把顾客送到门口并拉开了店门。

点评分析

　　销售人员每天都会遇到这种情况，顾客其实也觉得东西不错，但就是犹豫不决，最后多以"与××商量一下"、"再比较或考虑一下"等为借口而离开，并且一旦离开回来的概率非常小。客户之所以这么说有可能是为自己找一个拒绝的借口，但也可能是顾客一种真实的心理状态。

　　"这个真的很适合您"这句空洞的表白，没有什么说服力。"还商量什么呢"给人感觉太强势，容易招致顾客的排斥心理，毕竟顾客花这么多钱买东西，与××商量一下也是很正常的事情。"那好吧，欢迎你们商量好了再来"有驱逐顾客离开的感觉。因为只要销售人员这句话一出口，顾客为了避免留在原地的尴尬，就只有顺着台阶离开门店。而且销售人员把顾客送到门口并拉开了店门，顾客想不走也不行了。

指点迷津

　　面对顾客的拒绝销售人员应该怎样做？

　　第一，找原因，对症下药。

　　顾客常常因为顾及很多方面的因素而不愿意告诉销售人员自己拒绝产品的真实原因，这时候销售人员必须想办法找出原因来对症下药。可以用自我批评式提问，如：

　　①"能否告诉我，是否我们的产品存在某些问题使得您放弃选择？"

　　②"您是否能够给我一个明白我们产品的不足的机会？"

　　③"我真的希望您能给我们的产品提出建议，希望您坦诚地告诉我原因，它对我们非常有益。"

　　销售人员一开始就谦虚地承担了顾客拒绝这件事情的责任，那么顾客内心就感到很轻松。而且，如果顾客本来对产品有好感，只是由于某些特殊的原因使得他要拒绝你的产品，他听了销售人员的话内心会更加觉得有愧疚，所以即使你和他之间的生意不成，他在将来的某天也许会为了弥补而介绍他的亲戚朋友与你合作，或者当他有再次需求的时候，会成为你的顾客。更有可能顾客被销售人员的诚意打动，如果他的拒绝不是一直那么坚决的话，很有可能会重新选择销售人员的产品。如果是产品的质量或服务的不好使得顾客拒绝产品，千万不要说"为什么要拒绝呢""怎么能言而无信""我们不是已经谈好了的吗"。假如销售人员一冲动说出了这样的话，那么就一切全完了，顾客肯定会拂袖而去。因为这样的话已经伤害了顾客的自尊，全然不顾顾客的面子，让人下不了台，别想他告诉你原因，所以出言不慎会使自己失去顾客和某些潜在的顾客。销售人员要注意自我批评式的提问，如果在态度上的分寸把握不好，很容易给人以误解，让人真的以为产品有很多缺点。本来是为了"曲线救国"，结果却弄巧成拙，被某些顾客抓住这个把柄，企图在价格和利益上提出不合理的要求。

当顾客拒绝自己的产品的时候，最好的方式是努力使自己站在顾客的立场上思考问题，既不要责怪顾客，也不要过分地在自己身上寻找毛病。这时销售人员可以说：

①"你拒绝了接受，我相信您一定有自己合理的原因的，我能知道这个原因吗？"

②（表示对顾客选择权利的尊重）"您有权利选择接受还是拒绝我们的产品，不过，我很想明白您选择的依据是什么？"

③（对顾客的选择先进行肯定）"我相信您的眼光，我们会注重每一个顾客对我们产品的看法的。"

在顾客给出原因之后冷静地分析原因，并且想出对策。可以这样说：

"老伯，这个电压力锅无论款式还是尺寸及环保性等方面都与您的需求非常吻合，并且我可以感觉得出来你也挺喜欢。可您说再想考虑一下，当然您有这种想法我可以理解，只是我担心自己有解释不到位的地方，所以向您请教一下，您现在主要考虑的是……（微笑目视顾客并停顿以引导对方说出顾虑）老伯，除了……以外，还有其他的原因导致您不能现在作出决定吗？"

如果这个问题自己能很快解决，不妨请顾客冷静思考几分钟，在确定顾客是否确实有拒绝的情形下，友善地选择放弃并且离开，并且在临走的时候不忘记留一句："很遗憾我们不能为您提供满意的产品，不过我希望下次有机会能为您或者您的亲戚朋友服务。"两个人像好朋友一样道别。在不远的将来，销售人员会重新获得拒绝了您的顾客，甚至会得到更多的顾客，因为销售人员的推销风度和产品折服了他们。

第二，巧施压力，刚柔并济。

设法找到顾客拒绝的原因后，再根据其所提出的原因有选择地处理问题，并且一旦处理完毕后必须要有意识地立即去推动顾客作出购买决定。因为当顾客还在店里的时候，可以去影响并激发他的购买欲望和热情，一旦他离开就鞭长莫及了。具体方法是：

①施压力：比如，"最后一件"、"优惠活动即将结束"、"赠品有限"等说法能给对方营造一种紧迫感。

②给诱惑：告诉顾客现在买可以得到什么利益。其实人都是利益动物，销售人员将顾客买的利益与顾客不买的痛苦同时告诉顾客可以提高销售的成功率。

③立即引导：处理完异议，顾客确认也很满意的时候，直接用动作引导顾客成交法。

销售人员可以这样说：

"小姐，对您关心的这个问题我是否解释清楚？（只要顾客说明白，点头或者沉默等就立即推荐购买）那好，您的送货地址是……？（如果顾客仍然表示要与老公商量或考虑等则导入下一步)"

"小姐，如果您确实要再考虑一下，我也能理解。不过我想告诉您的是，这×××非常适合您的情况，并且这×××库房现在也只有一套了，如果您不要真是很可惜。这样好吗，我现在暂时给您保留起来，真的希望您不要错过这次机会，因为×××确实非常适合您!"

首先用稍带压力的方式引导顾客说出自己拒绝的真正原因，然后处理其拒绝点后立即与顾客成交，最后如果顾客确实想出去比较一下，就适当退一步，但一定为顾客回头埋下伏笔。

如果按以上所说的都做了，顾客还是想到其他地方比较一下或与家人商量商量，销售人员也应该理解，此时不可以再强行推荐，否则会让顾客感觉不舒服，但是销售人员如何提高顾客回来的概率呢？销售人员可以在顾客离开前再次用简洁的语言强调产品的卖点，一定要给顾客再次留下深刻而美好的印象。

请你点评

一

某小区里一位鲜奶促销员正在摆摊推销鲜奶预订。一对母女走过，促销员马上进行促销："女士，订鲜奶吧。小朋友喝了长身体，您喝了美容又健身。"

小朋友指着桌上的牛奶箱问："妈妈，我们门口墙上也有一只这样的箱子。用

来干什么的？"

"放牛奶的。走吧。"年轻的母亲边说边拉着小孩离开，一点儿也不理会促销员。

"小朋友，送个气球给你玩。"

小朋友转身跑了回来，母亲只好也跟着往回走。

"小朋友，你们家订了什么鲜奶啊？好喝吗？"

"我们没订。对了，妈妈，为什么我们没订牛奶会有牛奶箱？"

"以前订过，后来没订了，牛奶箱就一直挂在那儿了。说谢谢阿姨，走！"母亲微笑着和小孩说。

"您曾经订过我们的鲜奶，后来没订。您一定有自己的理由。能告诉我们有些什么不足吗？我们很注重每一个顾客对我们产品的看法。"

母亲皱了皱眉说："你们送牛奶不及时，我怕迟了，影响牛奶的质量，影响孩子的上学。"

促销员说："您说的是事实，很多新、老顾客都提到这个问题，因为前两年预定鲜奶的顾客增加的数量令我们措手不及。给我们的运作造成了压力，这点是我们欠考虑了。"

母亲笑笑，不置可否。

"我们公司接到投诉后马上进行了整改，增加了人手并调整了网点的分布，这个问题已经解决了。请您相信，我们公司要的是顾客的信任，这样才能获得顾客，过去我们就是以过硬的质量赢得了大量顾客的信任，也因此才会造成您提出的问题。您不打算亲自验证一下吗？"

母亲沉默了。

"请告诉我详细地址好吗？我们是先喝奶后收钱，月底才收钱的。您认为我们的服务改进了再继续订，可以吗？"

母亲终于告诉了促销员详细地址，然后拉着小孩满意地离开了。

二

办公室的电话铃响起来。

秘书："你好，家家服务公司。"

"你好，我是大大复印机公司的。我们公司最近推出一款新式激光打印机……"

秘书："对不起，我没有时间！"

"我能理解，我也老觉时间不够用。不过只要三分钟，你就会相信，这是个对你绝对重要的议题。"

秘书："我没有兴趣！"

"是，我完全理解。对一个手上没有资料又不相信的事情，你当然不会立刻就产生兴趣，有疑虑是自然的。让我来为你解说一下吧，你什么时间合适呢？"

秘书："那你明天下午四点过来吧。"

"好的，明天见。"

实战训练

一

一个×牌轿车销售公司的促销员A先生向一对夫妻推销他们的产品，这对夫妻对车子的款式、颜色、性能都感到十分满意，但是到最后要掏钱买的时候，他们迟疑了。也许是担心会给自己今后的生活带来压力，也许是考虑到或许不久会降价。如果你是推销员A先生，你会怎样说服这对夫妻？

二

某知名化妆品柜台前有一位全身穿着名牌衣服的美女走过，作为促销员的你怎样向她推销产品？

提示：化妆品不是生活必需品，也不是大众化的廉价货，它可以归为奢侈品。所以，在推销时要对症下药，利用赞美的语言与拉家常的方式，让顾客生起爱美之心，燃起对美的羡慕与渴望之情。

三

从前，有一个年轻人跟着铁匠师傅学艺，不久就能自己接活了。第一个月，年轻人为4位顾客打造了4把斧子，自己觉得特别满意。第一位顾客是一位农民，他抱怨斧子太沉，年轻人哑口无言。

第二位客人是位屠夫，他不满意地说："斧子太小，砍骨头恐怕不行！"年轻人心想大概是自己技术不行，羞愧地低下了头。

一位年轻的樵夫进来就问："怎么用了这么长时间才打好？"年轻人的小脸憋得红红的，心想自己真是干活慢。

年轻人心想，再有人抱怨，我就能应付了。一会儿，一位老人走进来，愁眉苦脸地说："这么快就打好了？恐怕打得不到火候吧！"年轻人哭笑不得，一脸窘迫。

如果你是师傅，应该怎样给徒弟解围？

四

一对夫妇走进国美电器专卖店，来到洗衣机专柜。夫妇俩边看边聊。

女："这是知名品牌，我们就买这个牌子吧。"

男："什么知名品牌，好多都是贴牌加工罢了。"

如果你是促销员，听见后怎样说服顾客？

第七节　常见错误

错误事例一

一天，一位顾客来到家美电器，进门就问："有豆浆机吗？"

"有，你要哪一种？一般的，还是最好的？"售货员 A 说。

"我当然要最好的，多少钱？"

"最好的要 1 000 多块。"

"不会吧？我知道的也就五六百，差价太大了。"

"我们这里也有三四百的，你可以先看看。"

"不用了。"顾客转身要离开。

正确做法

"这种产品的品牌很多，适应人群也不一样。请问你是家庭用的还是做生意用的？"这时售货员 B 走过来说。

"是自己家里用。"

"那可以试试这种，600 块不到。我是你的话，我也会买这种。这种最适合小家庭用了，可以 10 天内无条件退货，而且整机保修一年，电机保修三年。"

"那他说的那款是 1 000 多，这个不到 600，岂不是这个没那个好？"

"因为用处不一样，那个适合公司用的。这个既方便又实用，是家用型里最好的。"

"哦。那就要这个吧。"

顾客买了豆浆机满意而归。

评点：为什么售货员 B 能卖出豆浆机，售货员 A 却不行？

顾客一进门就是要最好的，这表示他优越感很强，很自我，但对产品认识不够。可是一听价钱太贵，他不肯承认他舍不得买，自然就会把问题推到售货员身上。售货员 B 从顾客的话中知道他能承受的价格是 600 元左右，在不损害他的优越感的前提下，劝他买一种他最合适的产品。售货员 A 太强调"最好"这个概念。摸清顾客的心理，以诚相待，就会有收获。

错误事例二

顾客："广州多雨天，这类型家具很容易变形的。"

促销员："不会，我们的东西从来不会出现这种情况。"

或者说："这个很正常，所有的这种产品难免都会有点这样的问题。"

或者说："您用的时候稍微注意点，应该不会出现这种情况。"

正确做法

方法一："先生，您这个问题问得很好，您说的情况在我们行业也确实存在。不过我可以负责任地告诉您，我们这个牌子的所有产品都经过特殊的工艺处理，所以这一点您大可不必过于担心。再说，我卖这个品牌已经差不多有三年了，经过我手里卖出去的这种产品也有××个了。到目前为止，出现您说的这种情况而来投诉的一个都没有，所以我认为我们的产品您完全可以大胆地买、放心地用。您现在其实真正要考虑的是自己是否真的喜欢，因为如果东西自己不喜欢，买回去就会有很多遗憾，这样反而是更大的浪费，您说是吗……（当对方有点头或默认状出现后，紧接着推荐体验或者通过提问顾客的需求来控制他的思维）先生，请问……（直接提问引导顾客回答问题，然后根据顾客回答的情况推荐最适合的产品）"

方法二："先生，您对买××还挺在行的，每个问题都问到点子上了。我们以前也有很多顾客和您一样提出这个问题，不过，先生，我可以负责任地告诉您，我卖这个牌子五年了，经我手上卖出去的至少也有××件了，到目前为止，只要按照我们的规定方法来正确使用，出现您所说的这种状况的可能性很小，所以这个问题您大可不必过于担心。您真正要担心的是这款产品是否适合您的需求，否则即使东西再好，您也不会要，您说是吗？（顾客点头默认或停顿片刻后不必等顾客回答就继续说）对了，请问您家里的装修风格是……（进一步询问顾客需求或者引导顾客去体验产品）"

"（如果顾客决定购买产品后）先生，像这种高档产品其实保养也很重要，为了使产品保持良好的性能，您使用时要注意……先生，这样吧，为了不让您忘记，我把这些注意事项写在小票后面，请您稍候。（用简洁语言强调产品日常保养事项）"

评点：首先赞美顾客想法，然后用真诚的语言告诉顾客自己做了多少年了以树立自己的专业形象，并且通过提供过去的事实与数据来打消顾客疑虑，强化顾客对产品品质的信心。然后一定要记得迅速地通过提问来询问顾客的一些购买标准与需求，或者通过引导顾客来体验货品，这主要是为了转移顾客的注意焦点，毕竟问题对销售是相对不利的，不可在该问题上作过多的停留。

错误事例三

顾客："这是去年的款式，不要！"

推销员："我们的新货过两天就到了。"

推销员："这些款式今年还是很流行。"

推销员："是的，这是去年的货，就剩下这几件了。"

正确做法

方法一："您真是内行，一眼就看出来它是去年的款。不过正因为它是去年的款，所以现在买才更划算，而且您也知道，现在买东西最重要的还是要看东西是否适合自己，如果不适合买回去反而浪费，您说是吗？这一款产品的优点是……（将顾客焦虑转化为产品优点介绍）小姐，光看是看不出效果来的，来，您可以先亲自感觉一下。"

评点：首先赞美顾客的眼力，然后为老款货品找到一个最贴切的说服理由（即买东西不在于款式是否新颖，关键要看是否适合自己，而这正是老款的优点），并且用提问的方式获取顾客首肯，最后，再次具体强调该款产品的优点并主动引导顾客体验。

方法二："哎呀，您真是很有眼力，一眼就看出来了。咱先不管它是不是去年的货，最重要的是这款产品确实非常适合您……（加上描述产品优点）再说啦，现在人的消费观念也越来越理性，您看我们现在搞促销，这么好的产品才卖这个价格，真的很划算！如果您现在买还有，按照现在这个销售的火爆程度，到下午就真说不准还有没有呢。"

评点：首先还是赞美顾客有眼力，然后直接强调老款的优点，并且以非常合情合理的口吻告诉顾客现代人消费理念的变化，让顾客感觉销售人员是真诚地站在他的角度思考问题的，最后适当用促销等话题来给顾客施加一定的压力，促使客户立即下手购买。

方法三："哇，您对我们的产品真是熟悉，看来您一定是经常光顾本店的老顾客了，其实您一定明白现在买这些产品非常划算。我分析给您听听，首先这风格款式一点也没有过时，非常适合您的需求；其次工艺与做工都很好，质量也有保证；最后我们现在以最优惠的条件搞促销活动，这么好的产品可从来没有卖过这个价格，现在不买真的很可惜！来，您可以先看看我们这款产品……"

评点：首先以感谢本店老顾客的口吻真诚谢谢顾客长期的支持，其实顾客都希望自己被店铺认为是老顾客、大顾客，一旦销售人员这么做，往往可以更容易地获取顾客的理解与支持，然后给顾客强调现在买这些老款产品的优点，最后引导顾客体验产品。

错误事例四

顾客："我们现在不需要。"

推销员："那么是什么理由呢？"

顾客："理由？总之我丈夫不在，不行。"

推销员："那你的意思是，你丈夫在的话，就行了吗？"

推销员咄咄逼人，终于把这位客户惹烦了："跟你说话怎么那么麻烦！"

正确做法

顾客："我们现在不需要。"

推销员："看得出你很精明！有你这样的人持家，你的家人一定十分幸福！"

顾客："噢，谢谢！今天我丈夫不在家。"

推销员："我听说了，我知道你先生是一位事业成功、在业界有影响力的优秀人士。有句话说得没错，'每一个成功的男人背后都有一个伟大的女人'。"

顾客："呵呵，哪里。我对你的产品还是挺感兴趣的，等我丈夫回来后，我们一块儿去你那里购买。"

推销员："好，谢谢！这是我的名片。"

评点：人都是有情感的，在商业气息越来越重的现代社会，人们感情的交流和倾吐更显得可贵。对于充满商业气息的销售来说，如果能够抓住客户情感的心结，那么销售的成功几率无疑会大大提高。与冰冷冷的推销言辞来相比，充满关爱的关怀优势更容易打动客户。

错误事例五

顾客听完介绍后什么都不说就转身离开，推销员："好走，不送！"或者"您是不是诚心买，看着玩啊？"

正确做法

方法一："小姐，请留步！不好意思，小姐，刚才一定是我服务不到位，所以先跟您说一声抱歉。不过我真的是很想为您服务好，能不能麻烦您告诉我您想要找什么样风格的衣服呢，我来帮您再做一次推荐，好吗？"

评点：不卑不亢地请教顾客，往往可以获知顾客离开的真实原因。

方法二："小姐，请留步！真是抱歉，小姐，刚刚我一定是没有介绍到位，所以您没有兴趣继续看下去。不过我确实是真心想帮您找一款适合您身材与气质的衣服，所以能不能麻烦您告诉我您的真正需求，我再重新帮您找一下适合您的衣服，好吗？谢谢您，小姐！请问……（重新了解顾客的需求和意图）"

评点：从自身寻找原因，以求得顾客的谅解，然后再重新了解顾客需求并作推荐！

方法三："小姐，我想我刚才的表现一定是让您不满意了，我看您没有任何表示就走了。真是抱歉，我是刚刚入行的，还请您多多包涵！不过我是真心想为您服务，所以您可不可以再给我一次机会，我想我一定可以找到适合您的衣服！"

评点：学会主动放低身段，这样会无形中抬高顾客身段，使顾客感受到尊重，从而使顾客更加配合。

"好走，不送"，如果是真诚的语言，那么就是在诚心诚意地将顾客推出店铺，当然绝大多数情况下，销售人员说这句话的时候是带着一些不满情绪的，这样的语言和语气会让顾客感觉被嘲讽和侮辱。"你是不是诚心买，看着玩啊"，遇到问题就挑剔顾客以原谅自己的过失，这种语言容易激怒顾客甚至有可能引发双方争执。

错误事例六

小 Z 是某猪饲料销售公司的一名推销员，负责到某乡镇去推销他们的 K 牌猪饲料。

小Z背着一大袋饲料来到一个比较偏僻的村庄，年轻人都出去打工了，剩下的都是妇女或者老年男子在村里的场院里闲谈。

小Z（自我介绍）："各位乡亲，你们好，我是K牌饲料厂的推销员，想向大家介绍一下猪饲料。"

大爷A："这猪饲料有什么效果啊？用啥东西做的？不会坑人吧？"

小Z："您听我跟您细细讲。这猪饲料营养成分高，主要是由玉米、大豆、豆粕、棉粕、菜粕、鱼粉、薯粉、麸皮、大麦、小麦、高粱构成，不像平时自己配猪饲料，成分单一，营养含量不高，所以一年才能养大一槽猪。用这饲料啊，一年至少可以养大两槽猪，每个月可以增长20～25公斤。"

大爷B："小兄弟，你给我讲讲吧，到底划不划算。"

小Z："大爷，我跟您算一算账，您如果身体硬朗可以种庄稼，但是您毕竟老了，也没有那么多体力去种很多地了，用那么多粮食喂猪，又舍不得，粮食也贵。如果单纯用粗粮喂猪，营养不如红苕，猪也长得慢，但是您要是用了饲料的话，一年可以多养几槽，每槽可以多养几头。您看，是不是您一年当作几年使啊？"

大爷B："说得不错啊。还是小兄弟会算账。"

小Z："你们放心，我们K牌饲料是远近闻名的饲料，我们不会作假砸掉自己的牌子的。"

大爷B："我看这位兄弟说得诚恳。给我来一袋。"

但更多的人疑惑地看着小Z，不肯买。

正确做法

小Z："你们放心，我们K牌饲料是远近闻名的饲料，我们不会作假砸掉自己的牌子的。这样，我送这位大爷一袋，如果大爷觉得有效，再把钱给我，大家也不认识我，而且赚钱也不容易，等我下次来时大家都可以来买我的产品，我一个月以后再来。我相信自己的产品。"

评点：小Z到一个比较偏僻的村庄推销猪饲料，希望用语言和真诚打动他的顾客，给顾客分析饲料的营养成分，却忽视了村里剩下的都是妇女或者老年男子，他们文化程度不高，更相信的是传统的经验与眼前的事实。如果让他们试用比跟他们讲道理效果会好得多。

错误事例七

顾客："有美美牌空调吗?"

推销员："试试丽丽牌吧,我们的风格跟它差不多。"

顾客："没有美美牌空调吗?"

推销员："我们没有代理这个牌子。您可以换个牌子试试看。"

顾客："我这个人不买杂牌货,一般来说,我买这类商品都买美美牌。"

推销员："我们定位跟美美牌类似,但比他们便宜。"

正确做法

推销员："美美牌是不错的品牌,也是我们学习的对象,您觉得美美牌什么地方比较吸引您呢?"

推销员："噢,原来如此!(向顾客所说的优点靠拢)是的,这几点确实很吸引顾客。其实这几点我们也做得很好,很多顾客也对我们交口称赞,只是您可能以前没有怎么关注我们,真的是很可惜。不过,今天刚好有机会,我来帮您介绍一下,您也可以多了解一下我们的品牌。"

评点:首先简单地肯定竞争品牌,并真诚地询问顾客最看重的是竞争品牌哪方面的优点,然后对顾客的回答给予肯定,最后巧妙地告诉顾客其实我们在这些方面也做得不错,并且引导顾客进一步去了解产品。这种不卑不亢的处理方式可以获得顾客最大限度的信任。

推销员："美美牌是个非常好的品牌,一直是成功男士的选择,口碑很不错。其实我们的目标顾客定位都差不多,只是我们跟他们的风格不一样,美美牌走的是……风格,而我们走的是……风格。不过以您的情况来说,我们品牌的产品也非常合适您,因为……(强调品牌主张)"

评点:首先认可竞争品牌不错,然后简单介绍两个品牌的定位差异,最后告诉顾客为什么自己的品牌非常适合顾客的原因。

通常来说,这类顾客往往都比较好面子,有些虚荣心,并且以往都有自己相对固定的品牌偏好,也建立了一定的品牌习惯。但是只要合理引导顾客的消费习惯,完全可以改变顾客的购买偏好。切忌因不好的情绪而不给顾客面子。"我们的风格跟它差不多"没有正面回应顾客问题,缺乏说服的针对性。"您可以换个牌子试试看"则没有强调让顾客换牌子的理由,缺乏煽动力。"我们定位跟美美牌类似,但比他们便宜"给顾客的感觉是销售人员在诋毁美美牌,并主动挑起价格争议。竞争对手往往是客户观察某一品牌的一面镜子。如果销售人员一味地贬低对手，那只能说明自己也好不到哪里去，而且还会让顾客瞧不起，所以一旦顾客拿自身品牌与竞争品牌对比的时候，一定要心平气和地与顾客沟通。可以首先称赞竞争品牌，同时强调自身的优点所在，即所谓的他好我更好，用真诚与专业打动顾客，并获得顾客对销售人员及品牌的良好印象。

错误事例八

在某服装专卖店里，两位客人正在商量着。一位顾客在镜子前看试穿的衣服："你看，好像挺不错的，特别是腰位，裁剪技术很好。"

另一位顾客："手工不错，但太花了。"

促销员："不会，我觉得挺好的。而且这种花式是我们这季的重点搭配，很时尚。"

顾客："也是，有点花。"

促销员："这个很有特点呀，怎么不好看呢？"

另一位顾客："到别的地方转转再作决定吧。"

促销员："甭管别人怎么说，您自己不是觉得挺好的吗？"

正确做法

促销员："（对另一位顾客）这位小姐，您对您的朋友真是用心，有您这样的朋友真好！请教一下，您觉得什么样的款式比较合适您的朋友呢。我们可以一起来交换看法，然后帮您的朋友找到一件最适合她的衣服，好吗？"

促销员："（对另一位顾客）您对您的朋友真是用心，能有这样的朋友真好！请问这位小姐，您觉得什么地方让您感觉不好看呢？您可以告诉我，这样，我们可以一起来给您的朋友提意见，帮助您的朋友找到一件更适合她的衣服。"

促销员："（对另一顾客）您真是细心，难怪您的朋友会跟您一起来逛街呢。可不可以请教一下，您觉得什么样的款式比较适合您的朋友呢？这样我们也可以多参考一下。"

评点：在销售中，陪伴购物的关联人越多，销售出去的难度就越大。其实，关联人既可以成为成功销售的障碍，也可以成为成功销售的帮手。关联人也许不具有购买决定权，但具有极强的购买否决力，对顾客的影响非常大。因此在销售过程中可以通过目光的转移，让关联人感受到尊重与重视；可以适当征询关联人的看法与建议；可以赞美顾客的关联人；还可以通过关联人去赞美顾客，这些方法都能很好地让关联人感受到销售人员的关心、尊重与重视，处理好与关联人的关系，就可以为避免关联人的消极影响做好准备。当顾客穿上衣服感觉满意并且销售人员也认为确实不错的时候，可以这样说："这位小姐，您的朋友对您真是了解，她给您推荐的这款衣服穿在您的身上非常时尚和有个性。"这句话会给顾客压力，因为她不大好直接说衣服难看，或多或少要给朋友一个面子，何况她本身也很喜欢这款衣服。如果是顾客自己选的衣服，又表现得很喜欢，此时，销售人员也可以对关联人说："这位小姐，您的朋友应该很喜欢这件衣服。"因为这件衣服顾客确实喜欢，加上前期与关联人的关系处理得也不错，此时关联人直接说衣服难看的概率就会降低。因为这样等于是说顾客没有眼光和欣赏水平，会让顾客很没面子，所以也会给她造成一定的心理压力。如果销售中确实出现关联人的消极行为，为了提高销售的成功率，销售人员可以采用将关联人拉为合伙人的办法，共同为顾客推荐衣服。

错误事例九

某一卖场正在进行特价促销活动，几个顾客在挑选商品。

顾客 A："这些衣服平时要几百块一件，现在促销，折后才几十块一件，质量会不会有问题？"

促销员："品牌货，放心买。"

顾客 B："是啊，平时很贵的。现在一定要看清楚再买，如果买回去才发现烂的就亏大了。"

促销员："如果不是促销，哪会这么便宜。"

顾客 C："这是过季产品，去年的货，所以才那么便宜。哎，便宜没好货。"

促销员："是的，这是去年的货，这款就剩下这几件了。这些款式今年还是很流行的。"

正确做法

某一卖场正在进行特价促销活动，几个顾客在挑选商品。

顾客 A："这些衣服平时要几百块一件，现在促销，折后才几十块一件，质量会不会有问题？"

促销员："您有这种想法可以理解，毕竟您说的这种情况在我们行业也确实存在。不过我可以很负责任地告诉您，虽然我们这些衣服是特价，但它们都是同一品牌，质量完全一样，并且现在价格比以前又要优惠得多，所以现在买真的非常划算！"

顾客 B："是啊，平时很贵的。现在一定要看清楚再买，如果买回去才发现烂的就亏大了。"

促销员："以前有一些老顾客有过类似顾虑。不过有一点我们可以负责任地告诉您，不管是正价还是特价，都是同一品牌，质量也完全一样，而价格却要低很多，所以现在买这些东西真的是非常划算。您完全可以放心地选购！"

顾客 C："这是过季产品，去年的货，所以才那么便宜。哎，便宜没好货。"

促销员："哇，您真是内行，一眼就看出来它是去年的款。不过正因为它是去年的款，所以现在买才更划算。您对我们的产品这么熟悉，看来您一定是经常光顾本店的老顾客了。您也知道，现在买东西最重要的还是要看是否适合自己，如果不适合买回去反而浪费，您说是吗？您看这衣服的面料与做工都很好，质量也有保证；我们现在以最优惠的条件搞促销活动，这么好的产品可从来没有卖过这个价格，现在不买真的可惜！光看是看不出效果来的，来，您可以先亲自感觉一下……"

评点：认同顾客的顾虑，遇到不好处理的问题，在解释前使用认同技巧往往会使销售人员的说服力大增。然后再针对顾虑，以真诚、负责任的口吻告诉顾客事实，顺便可以强调特价品的优点并且强调现在购买的利益，推动顾客立即作出决定。

一些季节变化较快的产品，比如服装、鞋子等难免会存在着款式变化而产生库存的问题，公司为了处理库存会将上季或跨年的产品拿出来做活动。但任何事情都有两面性，老款产品也有其自身的优势，如质量稳定、款式经典、技术成熟、价格实惠等。销售人员要学会从不同的角度来寻找产品的卖点并转化为销售的亮点来凸显给顾客，从而为顾客提供购买的理由，以促成销售。例中销售人员首先赞美顾客的眼力，并以感谢本店老顾客的口吻真诚谢谢顾客长期的支持。其实顾客都希望自己被店铺认为是老顾客、大顾客，一旦销售人员这么做，往往可以更容易地获取顾客的理解与支持。然后为老款产品找到一个最贴切的说服理由（即买东西不在于款式是否新颖，关键要看是否适合自己，而这正是老款的优点），并且用提问的方式获取顾客首肯。最后，再次具体强调现在买这些老款产品的优点，并主动引导顾客体验。

错误事例十

卖场里一位促销员正在向顾客推销产品。

促销员："您看，我们这款产品买了中国平安承保产品责任险的。您就放心买吧。"

顾客："你们卖东西的时候一个说得比一个好听。哪个卖瓜的不说自己的瓜甜呢？"

促销员："如果你这么说，我就没办法了。"

正确做法

卖场里一位促销员正在向顾客推销产品。

促销员："您看，我们这款产品买了中国平安承保产品责任险的。您就放心买吧。"

顾客："你们卖东西的时候一个说得比一个好听。哪个卖瓜的不说自己的瓜甜呢？"

促销员："我能够理解您的想法，不过这一点请您放心，一是我们的'瓜'的确很甜，这我很有信心；二是我是卖'瓜'的人，并且我已经在这个店卖了很多年的'瓜'了。如果'瓜'不甜，您还会回来找我的，我何必给自己找麻烦呢，您说是吧？当然光我这个卖'瓜'的说甜还不行，您亲自尝一下就知道了。来，小姐，这边请！"

评点：销售人员介绍产品的时候，有许多顾客会提出"哪个卖瓜的不说自己的瓜甜呢"这个问题。这是因为顾客对销售人员所说的话缺乏信任感，因此恢复顾客对我们的信任感，适度引导顾客非常重要。"如果你这么说，我就没办法了"这种语言表现看起来好像很无奈，其实很强势，会让你觉得销售人员都没有什么可说的了，简直不想搭理自己了。有些销售人员还会说："算了吧，反正我说了你又不信。"意思是你反正也不会相信我所说的，所以我懒得理你。有些销售人员会沉默不语地继续做自己的事情，就等于向顾客传递这样的信息：自己觉得理亏，所以默认了他的说法。

销售人员可以首先认同顾客的感受，但认同顾客绝对不意味着同意顾客的观点，认同他是为了更好地说服他，然后再将心比心地给顾客讲最容易让其接受的简单道理，并以事实说服顾客。上述例子中的销售人员借助顾客的话语，自信地说出我们瓜甜的事实，同时以轻松幽默的语调引导顾客体验产品。

小 结

顾客一进店，销售人员就应该热情接待，获取顾客的信任，真心诚意地提出一些参谋与建议，引导顾客购买。建议购买时可以运用直接建议法，可以运用假设成交法，还可以运用最后机会成交法。为了让顾客尽快了解产品的性能和优点，销售人员应该鼓励顾客体验产品。在顾客体验产品前销售人员要告诉顾客试验可能发生的结果是什么，让顾客将注意力集中到试验的正确方向上来。销售人员要用相关产品的专业知识进行推介，以获取顾客的信赖。推销时销售人员巧妙地运用自己的语言可以让顾客产生焦虑，则是使得顾客自己击破自己固堡，突围出来的最好办法。

在推销过程中，销售人员被拒绝是正常现象，可以通过替顾客作决定、运用急迫感、运用沉默的压力、假设结束法、邀请式结束法等方法促成顾客的需求。面对顾客的拒绝，销售人员要找原因，对症下药，然后巧施压力，刚柔并济。

第三章 求同存异
——处理异议的技巧

所谓顾客的异议，就是顾客在购物过程中提出的各种意见和问题。

有一句经商名言："褒贬是顾客，喝彩是闲人。"一般情况下，顾客对商品感兴趣，才会提出各种各样的异议。换言之，想买才弹，不想买看一下就走了。从某种意义上讲，顾客提出异议之时正是你推销机会来之时。推销员只有妥善处理这些异议，销售才能进入下一个阶段。可以说，顾客提出异议既是销售工作中的障碍，又是探测顾客内心反映的指路标。因而，有效地消除顾客的异议显得非常重要。

顾客的异议从哪里来？顾客产生异议的来源主要是顾客、商品、价格、推销员等几个因素。在大多数情况下，这些原因不是单一的，而是相互交织在一起。

要促成交易，我们应该学会准确判断顾客的真假异议；得体、有效地应对顾客提出的质量的异议、价格的异议、折扣和优惠的异议、售后服务的异议；熟练掌握一些面对不同类型顾客的方法技巧；避免一些类型的错误。

下面我们就透过这一章的演练，更好地掌握处理顾客异议的技巧吧。

第一节　识别顾客的真假异议

作为推销员，我们肯定要面对顾客的异议。这些异议可能是顾客真实的心理反应，也有可能是顾客为自己找一个拒绝的理由。因此，顾客的异议就存在真假之分。推销员只有听出弦外之音，准确识别，巧妙应对，交易方可成功。

情景回放

家电区里，一个顾客驻足良久，推销员认出这是第二次光临的顾客，他快步迎上去。

推销员："李先生，这套音响您考虑得怎么样?"

顾客："嗯，我再考虑考虑。"

推销员："这款音响卖得火! 再考虑可能就没有啦!"

顾客："我还要跟太太商量商量。"

推销员："还要跟太太商量? 您拿主意就成。"

顾客忙摆手："不行不行，免得回家被太太唠叨，还是要征求她的意见。"

推销员笑了笑："那随便您。"

顾客尴尬地迅速离开。

点评分析

顾客说"考虑考虑、商量商量、免得唠叨、征求意见"，有可能是顾客的真实想法，也有可能是顾客不想与推销员真正交流，以此为借口应付推销员。因此，顾客提出的异议就存在着真与假。

但案例中的推销员却不去辨别异议的真假，反而运用不得当的语言"还要跟太太商量"、"您拿主意就成"、"那随便您"去应对，顾客听起来觉得不舒服也很没面子。可以说，是推销员硬生生地把顾客赶出了门，同时也把可能存在的交易机会错过了。

指点迷津

顾客提出异议是销售过程中会出现的一种正常现象。顾客为什么会提出异议? 每个人内心都会有自我防御机制，面对销售，顾客提出异议是抵御来自推销员的销售攻势的本能反应。其实顾客提出异议，不仅表明他对产品有兴趣，而且暗示推销员有成功的可能。美国著名销售大师汤姆·霍普金说得好："一旦遇到异议，成功的推销员会意识到他已到达了金矿;当他开始听到不同意见时，他就是挖金子了;只有得不到任何不同的意见时，他才真正感到担忧，因为没有异议的人一般不会认真考虑购买。"顾客如果对某一产品产生兴趣，他自然就会关注产品的质量、性能、款式、价格、售后服务等方面的信息。如何得到这些信息呢? 通常顾客就以提出异议的形式来表达。所以对待异议，推销员不需要害怕，相反应该高兴。那么，推销员该如何判断顾客异议的真与假呢?

一、察言观色

推销员要留心观察顾客提出异议后的反应。

首先要留意顾客的表情。如果顾客是搪塞推销员，有的人表情单一、甚至不敢直视推销员的眼睛；有的人表现出无动于衷。这些反应都表明顾客没有告诉推销员真实的异议。

其次要留心观察顾客的肢体语言。人的肢体语言也会透露人的真实想法。

案例中的顾客"驻足观看"，顾客的肢体语言透露了他喜欢这套音响，顾客是有心购买。如果顾客没心购买，通常他的眼神比较游离，对推销员的推荐采取敷衍的方式。即使回答"好，不错"，都并不代表顾客作出了购买的决定。推销员不要被这些表象所迷惑。

请看一例：

推销员："小姐，欢迎光临！"

顾客没有回答，只是伸手去摸一件象牙色的晚装。推销员："小姐，您真有眼光，这是今年最流行的款式，试试？"

顾客："这一款晚装我很喜欢。但我们家族比较传统，还是顺应老人家的意思吧，有适合中式婚礼的衣服吗？"

推销员："有，这套红色的裙褂非常适合您。您看，龙凤图案有立体感，金银线刺绣制作，华丽优雅。穿上这款裙褂您肯定成为全场最耀眼的明星。"

顾客露出了满意的神情。

顾客："这套裙褂需要多少钱？"

推销员："8 800 元。"

可能价格超出了顾客的预算，顾客没有吭声，她没有直视推销员充满期待的眼睛。过了一会儿，她对推销员说："我赶时间，下次再买。"不待推销员回答，顾客飞快地离开了婚纱店。

从顾客看到红色的龙凤褂"露出了满意的神情"、迫不及待地询问价格，可以看出顾客很喜欢这件衣服。但推销员过早地报价，并且这个价钱超出了顾客的预算，因此，顾客"没吭声"、"不敢直视推销员充满期待的眼睛"、"我赶时间，下次再买吧"，选择使用借口飞快地离开。从顾客的表情、肢体语言及应对，我们可以判定顾客提出的是假异议。

二、倾听探究

1. 倾听探究，了解真实想法

在顾客提出异议时，一方面推销员需要认真倾听，要适时表达对顾客想法的理解，让顾客感受到自己受到重视；另一方面推销员要在语言和行为上给予恰当的反应，鼓励顾客把心中的疑问讲出来。这种行为语言才有利于寻求共识，化解异议。

2. 理解、同情

顾客对商品提出异议，通常带有某种主观色彩，推销员可以选择运用以下的句子表达对顾客的理解和同情："我能明白您的感受"、"您的想法我能够理解"、"很多人都是这样认为"、"这个问题提得好"、"是的，这一点很关键。"

我们要明确一点：对顾客表现出同情心，只意味着你理解顾客的心情，但并不代表你认同顾客的观点。

3. 留心潜台词

多数中国人说话比较委婉。因此推销员要注意揣摩顾客异议背后的真正意思，要留意关键字（情绪字眼）。只有通过挖掘隐藏在异议背后的潜台词，才能明白顾客的真实意图。比如，顾客说"价格太高了"，他的潜台词可能是"有没有价格更低一点儿的？"或"你能证明产品真的是物有所值吗？"又如顾客说"我从未听说过你们公司"，他的潜台词可能是"我对这个产品有需求，但我要知道这个公司的信誉度高不高"。

案例中的顾客提出要跟太太商量时，顾客的潜台词可能有两种：一是托词；二是真要经太太点头才行。推销员要从坚定顾客的购买决心方面着手，这样予以回答："是的，您的想法我能够理解。您太太上次也来过，她感觉怎样？"

顾客的潜台词也可能是：推销员在介绍商品时某些方面令顾客不太信服。如果顾客是在找借口搪塞推销员，推销员就要从寻找顾客放弃该品牌的原因着手。推销员可以这样说："是的，您的想法我能够理解。我只想知道是否有些方面我没有介绍好，您可以告诉我您放弃这个品牌的原因吗？"

顾客的潜台词也可能是：希望得到更多的折扣和优惠。推销员应在自己权限内给予顾客更大的利益方面着手。推销员可以这样说："是的，您的想法我能够理解。

这款音响卖得火！今天已经卖出了十套。您是我们的熟客，您现在买，我再送您书架式音响的脚架，怎么样？"

三、重复法

重复顾客的异议，一方面可以看看自己是否真的理解顾客的意思，另一方面也显示出你尊重顾客，顾客心里会觉得舒服。重复法是探究顾客真假异议的一种有效方式。

推销员可使用以下的句式重复："您是说……是吗？""您的意思是……我可以这样理解吗？""您的意思是……不知道这样的理解对不对？"

四、询问法

询问法有以下几个技巧："为什么"、直白式询问、自我批评式询问和站在顾客立场上含蓄询问。

1. "为什么"——询问法宝

因为多数中国人为人处世比较中庸，有"当众不揭短"的习惯。当顾客提出异议之后，推销员千万不要自作聪明，认为自己可以猜到顾客产生异议的真正原因。

美国著名的保险推销员弗兰克·贝特格在《赢得顾客的心》这本书里提出了一种独特的询问方式来应对顾客的拒绝，那就是当顾客给出拒绝的理由，推销员不妨采取这种询问方式，那就是大胆向顾客发问："为什么？"这种询问方式可以让推销员一步一步地接近顾客的内心想法，逐渐逼近真实答案，更容易把握顾客异议的真正原因。如：

顾客："能容我考虑一下吗？"

推销员："为什么？"

顾客："我希望您的价钱再低一点儿！"

推销员："先生，我相信您一定希望我们给您百分百的服务，难道您希望我们给的服务也打折吗？"

顾客："说得也是！"

如果不问"为什么"，推销员也许会觉得是款式、颜色等其他原因让顾客无法作出购买决定。推销员运用了询问法宝——提出"为什么"，让顾客自己说出考虑的原因。推销员运用了反问的语言方式，引导顾客肯定产品服务和作出购买的决定，最终交易成功。

记住，询问是你了解真相的一个好办法。但请注意，无论使用何种询问方式，推销员都要态度诚恳、语气温和，千万不要让顾客感到有压力，否则假异议也会变成真异议。

2. 直白式询问

"为什么拒绝我们的产品？""告诉我，是什么原因使您忽然改变主意？"这种句式属于直白式询问。

这种询问方式的优点是：省时、便捷、重点突出。推销员会很容易获得自己想要的答案，对直爽型的顾客尤其适用。但也有不足之处：容易产生误会。顾客以为推销员在斥责自己，这不仅让顾客尴尬，只好选择离开，也让推销员尴尬，不知道问题出在哪儿！因此，是否选择直白式询问关键是看对象。在沟通中能否快捷判断顾客的个性，那就看推销员的本事了。

3. 自我批评式询问

任何一个商家都希望为顾客提供优质而适合的商品，所以"能否告诉我们，是不是产品存在问题使您放弃选择？""您是否能够给我一个明白产品的不足的机会？"这种句式属于自我批评式询问。

这种询问方式的优点是：显得有诚意、委婉，有时会取得意想不到的效果。但也有不足：可能会让顾客产生误会——以为商品有问题，从而打消购买的念头，弄巧成拙。因此切记在诚恳中保持自信。

4. 站在顾客立场上含蓄询问

"您拒绝接受，我相信您一定有自己合理的原因，我能否知道这个原因呢？""您有权利选择接受或拒绝我们的产品，不过，我很想明白您选择的依据是什么？"这种句式属于站在顾客立场上的含蓄询问。

这种询问方式的优点是：站在顾客的立场上思考问题，对顾客的选择表示理解和尊重。这种提问方式对于顾客来说是最舒服的询问方式，也是推销员寻找原因最有效的方式。

五、退让法

当顾客一再表示"还要看看"时，如果推销员判定这是一个真异议，推销员就要运用退让法，以争取顾客回头率。可以说，其实"退"是为了更好地"进"。此种情况下，推销员可以使用这种句式："您还要……我可以理解。但愿您能找到更适合您的……不过……相信您……"

总之，顾客提出的异议，有可能是真异议，也有可能是假异议。这就需要推销员综合运用察言观色、倾听探究、重复法、询问法、退让法等技巧去判断，根据实际情况采取合适的对策，只有这样交易才有可能成功。

请你点评

一

推销员赞叹地说："王小姐，您穿上这款衣服，真美！"

王小姐："我对衣服的款式、质地都满意，只是觉得颜色深了一点儿。"

推销员："您是说衣服颜色深了点儿，是吗？"

王小姐点了点头："嗯。"

推销员："哦，其实我向您推荐这种深颜色的衣服，主要是考虑您的肤色比较白，您是文职人员，一般来说深颜色的衣服给人踏实稳重的感觉，所以，我觉得这款衣服特别适合您。"

王小姐坚持地说："我还是觉得颜色深了点儿。"

推销员："哦。这件颜色稍浅，您试穿作个比较，好吗？"

然后，推销员拿出衣服让王小姐试穿，直到顾客满意。

请问，王小姐提出的是真异议，还是假异议？推销员运用了哪些方法判断？

二

布鲁士："你们公司的售后服务怎么样？"

摩尔："布鲁士先生，您是想了解我们公司的售后服务吗？

布鲁士："对。"

摩尔："请问您最关心的是质量、送货还是维修方面的问题呢？"

布鲁士："我最想知道如果产品出现了质量问题你们会怎么处理？我之前买过

类似的产品，但用了不到一个月就开始漏油，拿到厂家修理之后，他们居然向我要了 500 元的修理费，说是换了一个零件，我们为此吵了好久，这是一次糟糕的经历啊！所以，我想知道你们在这方面是怎么做的。"

摩尔："您不会在我们公司遇到这么倒霉的事。首先，我们公司生产的都是名牌产品，采用的都是高精度钢材制成，并在钢材中加入了特殊材料，即使温度发生巨大变化也不会破裂漏油。其次，万一不幸漏油，你也不用担心，我们不仅承诺 7 天内无条件退货、15 天内无条件换货，而且免费保修一年，包括替换零部件，而且我们会在 24 小时内上门服务，尽量将您的损失降低到最小，您觉得怎么样？"

布鲁士："听你这么说我放心多了，我们详细谈谈订货计划吧！"

摩尔："好的！布鲁士先生，这边请。"

请问，布鲁士先生提出的是真异议，还是假异议？推销员是如何判断的？

实战训练

一

推销员小张找到商场的高老板，希望高老板能够腾出一个货架，让新饮料上架。

高老板："我的货架已经满了，没有位置放你的新产品！"

如果你是推销员小张，你将怎样继续询问高老板，让高老板自己承认货架没空位只是一个搪塞的借口（假异议）？

二

凯丽小姐看中了一款车，但对要不要买一直犹豫不决，这已是凯丽第三次来到专卖店和推销员皮特洽谈了。以往皮特一直试图说服她立即购买，但都没有成功，这次你可以帮他深入地探讨一下凯丽的顾虑吗？如果凯丽说价格太贵，你认为是真异议还是假异议？请你帮忙说服凯丽购买。

三

一对老年夫妇走进家电专柜。

推销员热情地迎上去："欢迎光临！阿姨、老伯，想看看什么？"

女顾客："想看看榨汁机。"

推销员把这对夫妇引到货架前，取出雪花牌的榨汁机。推销员："这款有榨果汁、磨豆浆和磨粉末功能，卖得很火。"

夫妇俩试用了这款榨汁机，比较满意。

男顾客低声地说:"买了吧。"

推销员想马上引导顾客到收款台:"阿姨、老伯,我帮你们包装起来,这边请。"

女顾客对推销员说:"别的品牌价位比雪花牌的低,打个折吧。"

推销员为难地说:"不好意思,我们是统一价格。"

女顾客冷冷地说:"算了,产品的功能太多,我们没有必要买这么好的。"

"产品的功能太多,我们没有必要买这么好的。"请你判别顾客提出的异议是真异议还是假异议?如果你是那位推销员,你会怎样说?

四

"五一"黄金周,上九路美琪服装专卖店进行促销活动。顾客陈小姐走了进来。

推销员快步迎了上去:"欢迎光临!小姐,我们店正在搞活动,想看看什么?我帮您介绍介绍。"

陈小姐:"随便看看。"

推销员:"好的,您随便看吧。"

请你判断陈小姐提出的是真异议还是假异议?再请你帮推销员成功说服顾客购买衣服。

第二节 质量的异议

质量是商品的生命,也是顾客最关注的要素。顾客对商品功能、款式等的选择也是以商品的质量为前提条件的。如果推销员不能有效地化解顾客提出的质量异议,那就会直接影响顾客的购买欲望。

情景回放

一名穿着时尚的女子走进友谊商场。

推销员马上迎了上去："欢迎光临！想看看什么？"

顾客："想看看凡尔赛牌的衣服。"

推销员："您真有眼光，我们商场凡尔赛牌的衣服卖得最火。"

顾客笑了笑："我喜欢它们的款式，贴近潮流，很适合我。"

推销员赞叹："衣服如人，怪不得小姐穿得这么好看！"

顾客非常高兴，在推销员的大力推介下，顾客一下子看中三件衣服。推销员在开单，顾客在检查衣服。

顾客突然说："这里有线头，做工这么粗糙？"

推销员连忙说："没关系！现在的东西都是这样，处理一下就好。"

看到顾客没吭声，推销员："我现在给您处理一下，没事。"

顾客有点不高兴，她说："亏你们还是大品牌！"

推销员嘀咕："小姐，这种小问题，任何品牌都在所难免。"

顾客更加不高兴，她冷冷地说："质量这么差，我一件都不买。"

点评分析

时尚女子由购买三件变为一件都不买，原因何在？源于推销员不得体的语言。"没关系！现在的东西都是这样，处理一下就好"、"这种小问题任何品牌都在所难免"，这些话可能是推销员随口说出的，但不当语言造成的后果却非常严重——顾客接收到的信息是推销员嫌顾客太挑剔。"我现在给您处理一下，没事"，当然这也是处理衣服质量的一个方法。但在整个的购买过程里，由于推销员不得当的应对，最终导致交易的失败。买卖有时靠的是口碑，一次不当的做法，可能会导致客户和潜在客户（如顾客的家人、朋友、同事）的流失。

指点迷津

在一家知名企业的内刊上有这样一句话："优秀的推销代表必须为产品说实话，他必须承认，产品有优点也有不足的地方。"但在实际的推销中，为了交易成功，个别的推销员会把产品的质量、功能等说得天花乱坠，对产品的不足却百般隐瞒。当顾客发现真相时，不但会失去顾客的信任，而且会增加质量异议的数量。

那么，推销员该如何解决顾客提出的质量异议呢？

一、降价产品质量异议的应对

现在的顾客都很精明，他们总是希望以优惠的价格买到质量好的产品。因此，很多讲求实惠的顾客在进入店铺时，首先会看看店家的打折产品，但面对低价商品，有些顾客对质量也会心存疑虑。他们会问："这件衣服这么便宜，该不是质量有什么问题吧？"

这时推销员可以这样说："这件衣服质量完全没有问题，只不过因为码数不齐才让利酬宾，那件和这件同款，花色不同，只能打八折，就是因为码数齐全。这件码数不全更说明它最受欢迎，您的眼光可真好，请放心挑选吧。"

也可以这样说："我们的品牌质量是没有问题的，这一款是我们公司精选出来做特惠促销的产品，每个店铺的存量都不太多，现在购买最划算了。"

这里有一个问题要特别注意，那就是推销员在解释的时候，态度一定要真诚。

二、阐述利益加体验强化

面对顾客的质量异议，很多推销员都会阐述产品的利益，但如果推销员只做到这一步，未必能收到很好的说服顾客购买的效果。如果推销员懂得采用一些手段去强化顾客的感觉，即提供证明或提供参照物，达成交易的可能性会大增。

Best Partner

假如顾客在听了推销员的介绍后说："你这砖真的耐磨吗？"推销员可以这样阐述利益："我这砖是用7 800吨压机压出来的，是十大名牌产品之一，非常结实，非常耐磨，7 800吨相当于130节火车装满货物的重量，这么重的压力压出来的能不耐磨吗？"顾客听了可能会点头表示认同，但未必会马上购买，甚至还有可能走出了店门。按道理说，这个推销员的介绍也算不错了，但为什么顾客会走掉？原因就是推销员销售说服的可信度不够——耳听为虚，眼见为实，推销员说7 800吨就7 800吨，推销员说耐磨就耐磨啊？没有事实证明，顾客对推销员说的耐磨也就只好抱着半信半疑的态度再到其他店去比较比较了，但如果推销员在说完耐磨的原因后自己用钢钉、用钥匙在砖上划几下证明给他看，效果还会是这样吗？说到不如做到，让顾客在体验的过程中对你的介绍进行验证，他才会真正地相信你。

三、先顺后转法

这种方法在本书第一章已作了详细的介绍。推销员可以运用这样的推销语言："是的，但是……""是的，不过……"来回答；也可以运用带有转折意味的语句来回答。

如"情景回放"中，面对顾客提出的质量异议，推销员可以这样说："是的，由于我的工作疏忽，没有发现这个细节，真是给您添麻烦了，实在对不起，我马上给您换一件。"推销员避重就轻地把原因归于自己出货时候的疏忽。

四、补偿法

当顾客提出的异议正好切中推销员所推荐商品的缺陷时，推销员要先承认缺点，然后淡化处理，利用商品的优点来补偿甚至抵消这些缺点。补偿法又名平衡法、抵消法。它是对顾客利益进行补偿的一种方法。

面对某些质量议异，推销员可以运用这种说法："为了表达我的歉意，我个人送件小礼物给您，请您务必收下"、"由于……现在以优惠价格卖给您，您愿意吗？"

如"情景回放"中，推销员可以这样说："由于我的工作疏忽，没有发现这个细节，真是给您添麻烦了。为了表达我的歉意，我个人送件小礼物给您，请您务必收下。"

由于补偿法是以推销员的让步作为处理异议的方式，因而处理起来要格外小心。一方面推销员千万不要回避或直接否定顾客的意见，以免跟顾客产生冲突，另一方面推销员也不要助长顾客对商品的误解，增加销售阻力。如：

推销员："这种饼干老幼皆宜，很受消费者的欢迎。"

顾客："这批饼干还有两个月就过保质期，我不要。"

111

推销员："这批饼干是一个老客户订购出口的，由于客户方面出了些问题，没有履行合约，所以积压下来。这批货什么都好，就是保质时间短，现在我打五折卖给您，您愿意吗？"

案例中的推销员并没有回避商品的不足，推销员运用了补偿法，使顾客既看到了商品的不足，也看到了商品的长处，让顾客相信长处大于短处，促进顾客尽快采取购买的行动。

五、不予答复

对一些无理取闹、不合理的异议，推销员只需面带笑容表示不置可否，不必予以回答；对于那些自认为"高人一等"的异议，推销员只需说"您真幽默"，然后马上引开话题。如：

小刘是一家数码城的推销员。有一天，他向一位女士推销一款性能优良的数码相机，该女士对数码相机的外观、功能，还有该数码相机的高清图像等都表示十分满意。但这位女士觉得有点儿美中不足，她提出："为什么你们的数码相机能有声、有色，唯独没有味道呢？如果再加上味觉和嗅觉的功能该多好啊！当我拍到鲜花，我就可以闻到花的清香；当我拍到可口美味的食物，我就可以闻到食物诱人的香味……这样多好啊！"

推销员小刘："您太有创意了，我想，那些科学家也许正在为您的美丽创意而努力，不过，我们现在先谈这款相机好吗？"

女士知道自己扯远了，不好意思地回到了购买相机的现实中来。

该案例中，女士的想法很有创意，但跟眼前的交易搭不上边。推销员小刘知道如果直接提醒顾客，可能会让顾客觉得尴尬。因此他就赞美女士丰富的想象力，指出科学家在思考这个问题，然后马上引开话题，回到购买相机这个要点上。

总的来说，对待顾客提出的质量异议，推销员需要认真地聆听；需要真诚地感谢顾客的意见；更需要灵活运用各种技巧，把产品的卖点转化为销售的亮点。

请你点评

一

妈妈带着一位四五岁的小女孩走进小天使儿童服装店，推销员马上迎上去。

推销员："欢迎光临！哎呀！小宝贝的睫毛真漂亮！像一个芭比娃娃！"

女顾客笑了："是啊，别人都这么说。可惜就是太调皮呀。"

推销员："活泼就好！"推销员一边说，一边播放《喜羊羊与灰太狼》的影碟，小女孩马上被吸引过去。女顾客不禁点了点头，开始专心挑选衣服。

推销员："这款裙子是我们这一季的主打产品。您看，式样、颜色都非常时尚，小公主穿上肯定漂亮。"

女顾客点点头："不错。可惜布料太薄，现在的孩子太调皮，衣服经不起折腾啊！"

推销员："您是说裙子的布料太薄，是吗？"

女顾客："是啊。"

推销员笑着说："看到这套裙子的顾客都担心它不经穿。这种布料看上去很薄，其实它是用一种高级纤维织成的，穿在身上飘逸、透气，且耐磨力和抗拉力都相当好，顾客知道它的优点后都会喜欢。"

女顾客仔细地看了裙子的材质，又用手去拉扯了一下，点了点头，对推销员说："不错！我需要中码。"

推销员运用了哪些方法化解了顾客提出的质量异议？

二

斯嘉丽是布料厂的一名推销员。一次，客户克鲁尼先生要跟她取消合约。

克鲁尼很生气地对斯嘉丽说道："我再也不想购买你们的布料了！"

斯嘉丽吃惊地问："为什么呢？"

克鲁尼："这批布料的质量太差了！"

斯嘉丽："您是指哪方面的质量问题呢？"

克鲁尼先生拉着斯嘉丽的手就往外走："你可以到我的厂里看看，它们正在退色！"

斯嘉丽心想，如果跟克鲁尼先生争辩，一定会更加激怒他，不妨去看看再说。于是跟着克鲁尼先生来到了服装厂。了解了情况之后，她找到了导致布料退色的真正原因，她首先向布鲁尼先生说道："我同意您的说法，这些布料的确退色了。"

见斯嘉丽没有狡辩，布鲁尼先生平息了一些怒气。

斯嘉丽继续说："如果这些布料退色，您当然不应该买它们，是吗？"

"是的。"布鲁尼先生回答道，"你曾经说过只要我的机器与布料接触面的温度不超过 25 度，它们就不会退色，对吗？"

斯嘉丽给予肯定后，轻描淡写地问："那您的厂房的温度有多高？"

布鲁尼先生："大约 30 度吧。"

斯嘉丽听后笑着说："那么到现在，您是否意识到是什么导致了布料退色呢？"

布鲁尼先生也恍然大悟地说："哦，原来我们厂房的温度太高了！"

斯嘉丽如何平息了布鲁尼先生的怒气？她运用了什么语言方式解决了布鲁尼先生提出的质量异议？

实战训练

一

王先生在家家超市选购熏肉。他发现自己要选购的熏肉颜色和他在老家吃到的熏肉颜色不同，他怀疑这里的熏肉是用硫黄熏出来的，于是很生气——

王先生质问推销员："你们这里的熏肉怎么这种颜色？感觉不对劲啊！"

如果你是那位推销员，你打算如何平息顾客心中的怒气，化解顾客提出的质量异议？

二

展销会上，一位打算买冰箱的顾客指着不远处的另一个展台，对推销员说："那种雪花牌的冰箱和你们的这种冰箱是同一类型、同一规格的，但它的制冷速度比你们的快，噪声也比你们的小，看来你们的冰箱不如雪花牌。"

面对顾客的责难，请你用先顺后转法化解顾客提出的质量异议。

三

进入春季，服装商场都急于清理库存。一至三折的标价的确很吸引眼球。一个中年妇女对一款经典的毛料大衣爱不释手，但又担心衣服的质量有问题。

顾客对推销员说："这是老款，上一年的货。不知道质量有没有问题？"

面对顾客提出的质量异议，请你运用先顺后转法来化解。

四

在化妆品专柜前，一位小姐浏览后准备离开。

推销员迎了上去："小姐，您好！请让我帮您介绍一下产品。"

顾客："我以前用过你们的日霜，效果不是很好。可能是你们的产品有问题。"

如果你是那位推销员，请你想办法帮助顾客找到适合的产品，从而化解顾客提出的质量异议。

第三节 价格的异议

在多数顾客眼中，"讨价还价"是天经地义的事。"砍价"一方面是想以最低廉的价格购买商品，获取利益的最大化，另一方面是为了获得情感满足和购物乐趣。因此，价格的异议就成为销售过程中最常见的异议。

情景回放

家具城里，顾客在给小孩挑选床垫。

顾客："请问为什么这张床垫要卖6 000元，那张只要4 500元？我看两张都差不多。"

推销员："先生，请您躺上去，感受感受。"

顾客："一张软一点儿，另一张硬一点儿。"

推销员："这张4 500元的床垫躺下去比较软、舒服，6 000元的床垫比较硬，不那么舒服。是吗？

顾客："对啊，为什么呢？"

推销员："这是由于弹簧数不同造成的。6 000元的床垫由于弹簧较多，分布密度大，感觉硬一点儿，但它不容易因受力变形而影响到人的脊椎骨。而4 500元的床垫弹簧就少多了，感觉软一点儿，舒服一点儿，弹簧数少一点儿，床垫容易因受力而变形，可能会影响睡眠质量。"

顾客："有道理。"

推销员："俗话说，吃得好不如睡得好。可见一张好床垫多重要。人一天有三分之一的时间躺在床上休息，小孩需要的时间更长。况且小孩正是长身体的关键时候，一张好床垫对他们来说太重要了，您说对吗？"

顾客："你说得挺对，可惜就是价钱贵了点儿。"

推销员："6 000元的床垫质量好，正常使用寿命约十年，比4 500元的床垫长约四年，算起来更实惠呢。"

顾客："有道理，我买那张 6 000 元的床垫。"

推销员："好的。先生，请问您是刷卡还是付现金？"

顾客："刷卡。"

点评分析

首先，推销员用比较法强调了床垫卖点。6 000 元的床垫的弹簧较多，不容易变形，4 500 元的床垫弹簧就少多了，时间一长，弹簧多、分布密度大的床垫不易受力变形，而弹簧少的床垫容易受力变形。两相比较，高低自见。

其次，现代人更注重的是健康。如果花上大价钱换来的是健康，多数人是乐意的。推销员紧紧抓住这一点大做文章。

再次，推销员还在报价上采取了"如同"法。如"6 000 元的床垫，平均每年600 元，每天不用 1 元 7 角"，巧妙地将高昂的 6 000 元分解为每天不用 1 元 7 角。这样处理，使顾客的吸引力从庞大的总数转到细分的金额，从而接受床垫的高价位。

在这个案例中，推销员能够准确把握顾客的关注点，采用了比较法、如同法，最终促成交易。

指点迷津

价格问题是零售终端遇到最多、最棘手的问题，而价格异议是零售异议中最常见的异议，绝大多数顾客在购买商品时都希望得到更多的实惠，因此无论是真是假，也无论有没有支付能力，很多顾客都习惯和销售人员讨价还价。他们往往会说"这也太贵了吧"、"我没带这么多钱"、"为什么比别的牌子贵这么多"、"打点儿折吧，我下次还会来"，等等。

其实，顾客指责商品价格高，无外乎四种原因：首先，表示自己很有眼力，证明了自己的知识和智慧；其次，为了减价而寻找借口；再次，以价格太贵作为不购买的理由；最后，是对商品本身存在疑虑。

面对顾客的价格异议，销售人员首先要结合顾客的身体语言，在与顾客交谈的过程中准确地判断顾客对这件产品的喜爱程度，准确判断顾客提出的这种价格异议"是真还是假"，并且采取积极有效的应对策略，这样才能让顾客最后下定决心购买产品。如果处理不当，即使你为顾客打了很低的折扣，交易依然难以达成。相反，如果处理得好，根本不用为顾客打折扣，顾客还是乐意地掏了腰包，甚至满心欢喜，连声道谢。

下面让我们来学习处理顾客价格异议的推销语言和技巧。

一、价格比较法

当顾客提出价格异议时，推销员可将商品的价格进行横向或纵向的对比，从而化解顾客的价格异议。

横向比较，即推销员拿自己所推荐的商品与其他品牌同类商品的价格相比。它的优点是顾客对该类商品有一个总体把握，从而凸显自己商品的价格优势。如："这款消毒柜和 A 品牌卖 1 080 元的那一款功能完全一样，A 品牌虽然是知名的电器大品牌，但消毒柜并不是这个品牌的主打产品，而我们这个品牌只做消毒柜，更加专业，并且我们这款产品只卖 990 元，性价比更高，您可以放心购买。"

纵向比较，即推销员将自己所推荐的商品的价格按使用时间进行分解。它的优点是减轻了顾客对高价商品的敏感度。如在比较两款热水器时，推销员可以这样说："我们美尔牌这款 50 升热水器卖 2 080 元，确实比春韵牌同样容量的热水器要贵 500 元，而我们的发热棒是六年更换一次，而春韵牌的是两年更换一次，我们更换的发热棒价格是 300 元，而春韵牌是 260 元，从长远的使用效益看，我们美尔牌热水器更划算。"

二、迂回补偿法

销售人员在实际销售中，有的时候也会遇到即便依靠产品质量、利益点、品牌影响力、售后服务等方面的优势，还是转移不了顾客对价格的穷追不舍，这个时候销售员就要在力所能及的范围内，通过其他方式对顾客进行补偿，满足其利益心理。

如："这个价格已经是底线了，我们实在不能再降了，这样吧，我多送您一块这款手机的原装电池，不知您意下如何？"

三、利益共有法

面对顾客因为价格问题，难以爽快地作出决定的时候，许多销售人员为了尽快达成交易会在一旁催促或者一味强调多送赠品或者赌咒发誓地强调自己的价格低。殊不知催促是在威胁顾客成交，过分强调赠品说明物所不值，赌咒发誓是为掩饰自己的心虚，这些都不是应对顾客价格异议的最好办法，往往还会引起顾客的逆反心理。所以，销售人员在说服客户时要站在朋友的立场考虑顾客的利益，强调商品本身对顾客的价值，而把价格降为次要问题。此外，在利益的阐述时，一定要让顾客知道：销售人员并非仅仅为了销售而介绍产品和阐述利益，而是站在顾客角度，帮助顾客选择产品。

我们可以这样说："大哥，我个人认为还是这款更适合您，虽然在价格方面比那款贵出700元。我们想一下，您经常出差，一定希望电池待机时间更长；还有这款带有刻录功能，能随心刻录自己想保存的文件。如果我是您的话，我会选择这款产品，虽然价格贵了点儿，但考虑到日后的使用，还是这款机型对您的帮助更大，会给您减少许多麻烦。"

遇到顾客提出的价格异议，推销员还应该注意：

（1）如果顾客还是认为商品的价格高，超出顾客的预算，推销员应该向顾客推荐一些价格较低的商品。如果顾客对价位较低的商品感兴趣，就表明顾客的心理价位在此，推销员就可以大力推荐，以这种方法来化解顾客提出的价格异议。运用这种方法注意要顾及顾客的面子，否则顾客会舍你而去。

推销员可以运用这种语句："先生，那边还有另外一款合您要求的……价格更加实惠，看看？"

（2）不要运用"我们的产品质量比他们的好"、"保证你不后悔"、"一分钱一分货"等空洞、不具体的语言试图去说服顾客，那是无法化解顾客的价格异议的。

总之，推销员可根据实际情况，灵活采取各种有效手段，化解顾客提出的价格异议。

请你点评

一

一位中年顾客在家电专柜挑选复读机。

顾客："这个复读机多少钱？"

推销员："500元。"

顾客："太贵了。A品牌的产品跟你们的差不多，但价格却比你们便宜。"

推销员："差别不大，就那么几十块钱。"

顾客嘀咕："几十块难道不是钱吗？"

推销员忙解释："我们的产品比他们的质量更好、做工更精细。"

二

马丽是一家自行车行的推销员。一天，马丽热情地接待了一对夫妇和他们的孩子。

马丽："欢迎光临！我们车行的自行车品种多、型号全，肯定有一款符合您的要求。请您慢慢挑选！"

终于，顾客在某种型号的车子面前停住了，但他们嫌这辆车比其他品牌的车子贵了50元，细心的马丽发现了这个情况。

马丽："我能理解您的感受。其实这50元是你们最值得花钱的部分。因为这辆车有一个很好的刹车器，是其他型号的车所不具备的。与其他车相比，它会更安全可靠。"

看到夫妇俩点头认同，马丽继续说："太太，您的小孩骑自行车，您最担心的是什么？应该是安全问题吧？多花50元买一份安全，您认为不值吗？"

夫妇俩不禁又点了点头，马丽又说："这辆车，您的孩子至少可以使用五年，五年才多花50元。你们说，值不值？"

这对夫妇觉得马丽说得非常对，便买下了这辆自行车。

实战训练

一

顾客："东西的确是好，可惜价格太贵。"

推销员："还嫌贵？已经很优惠了。"

看到顾客要离开，推销员马上说："那多少钱您才肯要？"

看到顾客没表态，推销员又接着说："打个9折，够便宜吧。您到哪里都没有这个价位。"

最后，顾客还是没有购买任何产品。

请你想一想，本来只是价格异议，但顾客最后却选择离开。如果你是那位推销员，该怎样留住顾客？

二

顾客："我很喜欢你们的东西，也来了几次，再便宜点儿我就买。"

推销员："真的没办法。如果可以，早就给您便宜了。"

顾客："你肯定有办法，再帮我想想。"

推销员："这是公司的规定，我也没有办法。"

顾客："我很有诚意，便宜一点儿吧。"

推销员："我很想帮你，但价格部分真的不行。"

如果你是那位推销员，怎样与顾客达到双赢？

三

家家电器城里，一对夫妇来到厨房电器专区，他们走进了家能品牌的商品展示区时，推销员微笑着迎了上来。

推销员："欢迎光临！太太、先生！"

女顾客一看价钱就说："家能牌子的商品太贵了，我们再去别家看看吧。"

面对顾客提出的价格异议，请你化解异议，促成交易。

四

M牌油漆公司是一家老牌企业。M牌油漆质量稳定，价格合理，售后服务良好，卖得很红火。但公司管理层老是认为"酒香不怕巷子深"，在宣传方面缺乏力度。

随着市场的进一步开放，竞争越来越激烈，M牌油漆所占的市场份额越来越少。公司管理层再也坐不住了，改变了销售策略——由坐着等客户变为主动出击，公司的推销员欧先生找到了家具厂的李经理。

欧先生："您好！李经理！我是M牌油漆公司的推销员，我想知道您是否需要看看我们公司的M牌油漆？"

李经理："M牌油漆？不过我们现在一直用的是N公司生产的油漆，我们合作了很多年，都是老客户了。"

欧先生："您是说您和N公司签了长期合约?"

李经理："我们不会傻得去跟人签什么合约，即使要签也不会很长时间，现在市场变化快，我们也要跟上形势，谁愿意受束缚呢?"

欧先生："这么说您也愿意跟除了N公司以外的其他公司合作，是吗，李经理?"

李经理："是的，有这种可能。"

欧先生："冒昧地问一句，这个'除了N公司以外的其他公司'是否可以包含我们M公司?"

李经理略显迟疑地说："这个……"

欧先生决定赌一把，他说："李经理，我能理解您的想法。您刚才说，您不排除和N公司以外的油漆公司合作，那么我们M公司也是其中之一。作为家具厂的经理，如何选择最合理的生产要素是您的责任，我很理解您的谨慎。李经理，您希望我们怎样做，您才愿意和我们合作?"

李经理："主要是油漆质量要过硬。您知道，我们做的是中式古典的红木家具，是本市出口创汇的名牌产品，我们不能砸了牌子。因为用过了N牌油漆觉得质量不错，所以一直没有变，也不敢变。其实，我们也想换合作伙伴。您知道，N牌油漆的价格现在涨得较快，我们也想降低成本。"

如果你是推销员欧先生，你如何利用李经理提出油漆价格异议的良机，善用手中的资源，与家具厂初步达成合作的意向?

第四节 折扣和优惠的异议

顾客到每一家门市部购物时都会讨价还价，但顾客进入五星级酒店消费时却从不讨价还价，为什么? 无他，每一家门市中的产品质量没有任何区别，缺乏产品的特殊性，顾客只能从价格方面来进行选择，可五星级酒店都有一个价值上的标准认定，所以，顾客不会讨价还价。购物时每个人都希望用最低的价钱购买最高的价值，作为销售人员，我们如何面对顾客提出的各种关于折扣和优惠方面的异议呢?

情景回放

在金夫人服装专卖店里，一位中年妇女看中了一款套装，问推销员："这一套衣服多少钱？"

推销员："3 800 元。"

女士："真贵，有折扣吗？"

推销员："对不起！现在还没有。"

女士："这一带的商场都搞促销，把经理找来，给打个折。"

推销员："真不好意思！我们专卖店明码实价。"

最终，女士放下了手中的衣服，走了。

点评分析

推销员的应对没有错，但明显有两个应对不太妥当：首先，顾客询问能否打折时，推销员回答"现在还没有"，就等于告诉顾客：可以打折时再来买。这就延缓了顾客作出决定的时间，降低了销售效率；另外，冷冰冰地告诉顾客本店明码实价，有赶客之嫌，让顾客感到不舒服，所以顾客选择离开也在情理之中。

指点迷津

折扣和优惠，利用了顾客在购买商品时希望获得更大利益的心理，实行让利销售，促成交易。实施折扣和优惠，是促进销售的一种有效手段。推销员通过提供优惠条件，或在价格、服务等方面作出一定让步来吸引顾客，促使顾客作出购买决定，这种方法被称为"优惠成交法"，又称"让步成交法"。

但顾客提出的优惠折扣要求，店家不一定都能满足，因此，作为推销员应该掌握以下的语言技巧。

一、优点突出法

使用优点突出法，就是把其他商品作为一个参照物，突出自身品牌的亮点，目的是淡化顾客对价格的要求。我们可以这样说：

"我们的价格是比其他品牌高，但价格高是因为我们是一线品牌。我们实行全国统一定价，不随便打折是为了保证品牌的价值和消费者的权益。"

"我承认这款产品价格上确实稍微要贵一点儿，不过我想向您说明我们价格稍高，是因为我们的……（设计、材料、做工、售后等）做得好，而且质量又有保证，再说买东西也不仅仅是看折扣，适合自己其实才是更重要的，您说是吗？如果东西很便宜但不适合自己，这样用一段时间就不用了反而是更大的浪费，您说是不是这个道理？"

销售人员在运用优点突出法的时候，要站在公正、客观的立场上，一定不能恶意诋毁竞争对手。通过贬低对方来抬高自己的方式只会让顾客产生反感，结果也会令销售人员失去更多的销售机会。

二、转移化解法

顾客总是希望以最低的价格买到最实惠的产品，特别是一些买多件产品的顾客，更希望得到折扣。这时销售人员要先表示与顾客有相同的看法，使顾客感受到自己得到了对方的理解和尊重，这自然也就为下一步说服对方铺平了道路，然后将顾客的注意力转移到产品的好品质和为顾客带来的利益上，强化顾客对产品价值的认同。一般来说，顾客都明白"一分钱一分货"的道理，再加上销售人员对其适当的认可和理解，顾客对于价格也就不会再有争议了。这时我们可以这样说：

"是的，如果我是您的话，买三件我也会希望商家给我打更多折扣，不过话又说回来，一款产品要做到这么好的质量，并且款式您又十分喜欢，确实也不容易。如果产品质量不好的话，即使价格再便宜，您可能也不会考虑，您说是吗？其实这款产品最重要的还是……（加上卖点和赞美）如果您不买真的很可惜！这样吧……（加上赠品或是贵宾卡的处理方式）"

三、先紧后松法

销售人员在确定了顾客的购买欲望后，面对顾客压价的要求，先要以坚定的口气，心平气和地向顾客解释不降价的理由，然后根据顾客的态度逐渐改变还价策略。

顾客："这款手机你能给点儿折扣优惠吗?"。

销售人员："大哥,真的很抱歉,诺基亚手机一向规定员工销售时不得打折扣,因为我们的产品在质量上是从不打折,所以也很难在价格上打折的,如果这样做,很容易影响我们的品牌和卖场在顾客心目中的地位。"

顾客:"我刚在大钟楼手机批发市场看过价格,那里老板讲如果我真的购买,能以2 600元卖给我,同样的品牌,同样的型号(诺基亚N72),为什么你们却贵了50多元呢?"

销售人员:"其实,买东西大家都是希望买一个放心、舒心、顺心,手机市场里也不能排除个别不法个体老板会把旧机翻新或者用水货来坑骗消费者,损害厂家品牌形象,为自己牟取私利。像您这么有身份的人,愿意在那种地方购买手机吗?"

顾客:"话也不能这么讲,五星那里价格也比这里便宜!人家可是全国连锁性家电卖场。"

销售人员:"大哥,看得出你是有备而来的啊。大哥,您知道我们为什么在价格方面比五星贵50元吗?"

"因为,我们的赠品是1G的卡,而他们是512兆的卡,这两种卡价格相差将近100元。总的算来,我们还是比他们更便宜,但我不知道那边的销售员这点可给您讲清楚了没?"

顾客:"是吗?"

销售人员:"大哥,看得出来您是诚心想买这款机子,在价格方面我作不了主。这样吧,我打电话给我们领导问问他的意见,争取一下?"

最终,销售人员从领导那里争取到9.8折的优惠,让顾客高高兴兴地购买了这款手机。

在这个例子中,我们看出销售人员先从抓住品牌和卖场的声誉及赠品分析上做文章,咬定价格方面不能降低,让对方感受到这位销售人员的真诚,然后借助领导的权力给顾客9.8折优惠,从而给顾客一个购买的台阶和理由。

总之,销售人员在销售实战中,要根据顾客对折扣要求的松紧程度,以及顾客面对价格的态度,灵活调整自己解决顾客折扣异议的办法,争取做到事半功倍。

四、借用外力法

推销员面对那些对价格死死纠缠不放的顾客,多是既爱又恨。爱,因为他们就是产品的目标；恨，因为他们对价格要求太苛刻，很难打发。面对这样的顾客，聪明的销售人员喜欢借助领导或主管的帮忙，把这种较为棘手的价格问题转移给领导，或者和领导演双簧，让顾客感觉这个价格的下浮，的确不容易。让顾客产生一种愧疚或感谢心理。如上面的案例就运用了这种方法。

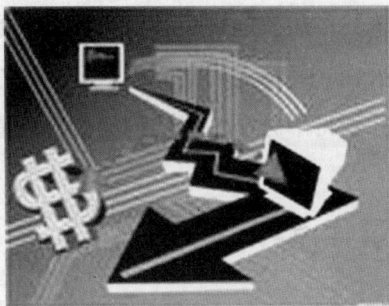

销售人员还可以这样说："哎呀，这样真是太可惜了，因为这几款产品都特别不错，少了哪一个都很可惜。这样吧，我尽力帮您申请看看，请稍候（向老板申请，让顾客知道您在为他解决）……小姐，实在非常抱歉，折扣上我们确实没有办法，不过我们老板决定送您一个赠品，算是感谢您对我们店的一贯支持，聊表一份心意，还请您收下！"让顾客明白销售人员在尽力帮她，即使最后没有让步，顾客也更容易妥协。

采取优惠和折扣法，推销员需要注意以下三点：

1. 推销员只能在自己的权限内给予顾客优惠措施

如果推销员不顾实际情况，盲目地满足顾客对优惠和折扣的要求，就会损害商家的利益，也有可能招来顾客的不满。商家讲求的是赢利，顾客和商家达到双赢才是最佳的境界。

2. 运用优惠和折扣，有时会让顾客产生小误会

运用优惠和折扣，有时会让顾客误以为优惠商品是次品，使顾客丧失了购买的信心。因此，推销员在采用优惠成交法时，一定要把握好尺度，运用好营销语言。

3. 淡化价格、有所侧重

如何在没有优惠折扣的情况下促成交易？推销员应该淡化价格，把介绍的重点放在商品的质量、款式、功能等方面。此时，推销员可以使用这种句式："是的，光看价格，是稍高了一点儿，但我们商品的质量……""是的，光看质量，价格是高了一点儿，但我们商品的卖点是……""是的，我们不随便打折是为了保证品牌的价值和消费者的权益，希望您能理解。我们商品的亮点是……试试？"

销售人员在销售过程中要慎用折扣优惠。事实上，很多时候顾客最担心销售人员随随便便地为他降价和打折，在他们看来，商家永远都是追求利润的一个实体，绝不会做赔本的生意。因此，无论给多少折扣，顾客永远相信商家还有利润，否则

就是产品有问题。最让人不解的是，顾客往往还会因为销售人员给了他折扣和实惠，反而怀疑商品的实际价值和标价是否合理，甚至认为销售人员抬高了标价。如果折扣获得十分顺利，他们又会怀疑是不是可以获得更低的折扣。

请你点评

一

在家具商场里，一个男顾客："请问这套沙发多少钱？"

推销员："先生真有眼光，这套沙发是我们今年推出的高档款式。全部采用纯正的意大利进口牛皮，手工缝制而成，价格相对贵一点儿。"

顾客："那到底多少钱？"

推销员："原价5 000元。先生，我们商场正在搞'周年志庆活动'，全场打8折，这套沙发现在只需要4 000元。现在购买，您马上可以成为贵宾会员，享受积分优惠。"

顾客："东西还可以，就是贵了点儿，我不要什么积分优惠，直接打7折吧。"

推销员："您说贵了点儿，请问您是与什么品牌比较的呢？"

顾客："美家品牌的款式、颜色和面料跟你们的差不多，才3 500元。"

推销员："您说的美家品牌确实比我们低500元。先生，请教一下，您觉得只通过外观就可以判断一款沙发的质量吗？"

顾客："那还有什么呢？"

推销员："先生，买家具不像买菜，家具用的时间长，所以一定要慎重。其实判断一款沙发是否适合自己，除了外观以外，更关键的是还要了解它的质量、手工、环保指标和售后服务，您说是吗？"

顾客点点头："是，这些都是考虑的要素。"

推销员看到顾客认同他的看法，于是就说："先生，请问您是刷卡还是付现金？"

顾客："刷卡。"

面对顾客提出的优惠和折扣的异议，推销员是如何说服顾客的？

二

Mike专柜里，一位女顾客在看刚上市的夏装。

推销员："小姐，这是我们这一季的主打款式。试一试？"

顾客："打折吗?"

推销员："新款还没打折。"

顾客："哦，新款一般不打折。今天先看看，等打折的时候我再来买。"

推销员："还不知道什么时候打折呢。"

顾客："不打折，我觉得贵了点儿。"

推销员："难得看上合适的，干吗要等呢? 打折的时候货品不全，可能没有适合您的。"

顾客："再看看。"

推销员没再吭声。

最后，顾客一件东西都没买就走了。

当顾客说"等商品打折的时候才买"，推销员应该如何应对，促成交易?

实战训练

一

美佳超市入口摆放着许多特价商品。精打细算的张女士想趁着这个机会挑选一些日常用品，但是她又担心特价品有质量问题。

张女士："特价品，不知道质量有没有问题?"

如果你是推销员，面对因折扣和优惠带来的异议，你该怎样说?

二

在友谊商场里，顾客在购买东西。顾客跟推销员聊了起来。

顾客对推销员："你们贵宾卡提供的优惠力度太小了。"

推销员："哦，是吗?"

顾客："别的店铺可以打 8.8 折，你们才打 9 折。"

推销员："唉，没办法。现在产品的利润少，生意难做啊。"

顾客："使用贵宾卡，折扣不能再低一点儿?"

推销员："不好意思，贵宾卡已经是最优惠的了。"

顾客："算了，我还是到别的店铺消费吧。"

如果你是推销员，面对顾客提出的优惠异议，你会怎样说?

三

在友谊商场，顾客看中了一条裙子，问推销员："现在这条裙子有优惠吗?"

推销员："不好意思！这是新款，还没有优惠。"

顾客问："如果我买两件，有没有优惠？"

推销员："没有。"

顾客："没有优惠，一件我都不买了！"

推销员："公司规定的，我也没办法。"

顾客："那你们公司做生意也太死板了吧？"

推销员："喜欢的话，您再考虑考虑。"

顾客摇了摇头，走了。

顾客宁愿购买两件去换取优惠，可见顾客很喜欢这条裙子，也很在乎所获得的优惠和折扣。请你说服顾客购买裙子。

四

在美美服装专卖店，顾客对着推销员大声地说："上月买的衣服，今天折扣就打得这么厉害！真窝火，你们要赔我差价。"

推销员："不好意思。因为我们这款的衣服已经卖得差不多了。这些都是剩下来的，码数都不全。"

请问推销员的应对能不能有效地化解顾客的异议？如果你当推销员，你将会怎样说？

第五节　面对不同类型顾客的方法和技巧

千人有千面。顾客也有不同的类型。作为推销员，让我们练就一双火眼金睛，辨识不同类型的顾客；让我们掌握不同的方法技巧，更好地为不同类型的顾客服务。

情景回放

在一家大型的百货公司里，一位男顾客在挑选皮箱。

推销员："喜欢就买了吧。"

男顾客："我的确很喜欢这个皮箱，问题就是太重了，携带不方便。"

推销员："这种皮箱的确比较重，这是您犹豫不决的唯一原因吗？"

男顾客："是的。"

推销员："这种皮箱有个特点，它的底部装有几个小轮子。这样就可以推拉皮箱，旅游时很方便。许多顾客在购买时都作了这种选择。"

推销员："请您试推皮箱，感受感受。"

男顾客来回推了几次，顾客："不错，我买。"

推销员："先生，请问您是刷卡还是付现金？"

男顾客："刷卡。"

点评分析

从"我的确很喜欢这个皮箱，问题就是太重了，携带不方便"这句话里，可以看出这位男顾客喜欢这一款皮箱，但又因为皮箱的一个缺点而有点拿不定主意。

"这种皮箱的确比较重，这是您犹豫不决的唯一原因吗？"推销员通过询问得到顾客明确的答案后就明白：假如这一缺点被克服，顾客将会作出购买的决定。推销员找到了问题的切入点。

"这种皮箱的确比较重"，推销员认同了顾客的感受，马上拉近了顾客与推销员的距离。

接着，推销员所说的"这种皮箱有个特点，它的底部装有几个小轮子。这样就可以推拉皮箱，旅游时很方便"，弱化箱子本身的缺点，强化了皮箱的优点。

"许多顾客在购买时都作了这种选择"，适时地把这个信息传输给顾客，让顾客觉得"选择这种皮箱是明智的"。此时，推销员运用顾客从众的心理，适当让顾客感受到一丝压力。

最终，推销员成功地让这位男顾客作出购买的决定。

指点迷津

不同的消费者，对商品的需求各不相同。一般来讲，老年人讲究方便实用，中年人讲究美观大方，青年人讲究时髦漂亮；工人喜欢经济实惠的商品，农民喜欢牢固耐用的商品，知识分子喜欢高雅大方的商品，文艺界人士喜欢别具一格的商品。

可见，消费者的类型多种多样，特定的人群有特定的消费行为。只有掌握了不同顾客类型的不同风格，我们才能够有针对性地去接待他们。因此，当顾客临近柜台时，我们就要从其年龄、性别和服饰推测其职业和爱好，有针对性地向其推荐介绍商品。

一、女性顾客购买动机的特点

当今社会，女性消费者已经成为商品的主要购买者，销售人员应该特别重视这一类顾客，给予她们耐心周到的服务。要知道，如果你赢得了一个女顾客的信心，那么带回来的将不只是一个回头客。因此，我们首先要了解女性顾客的购买特点：

1. 购买动机具有主动性

现在家庭中，女性已经成为购物的主力军。其有操持家务的客观需要，也有满足自己穿衣打扮的需要，还有把购物作为一种乐趣或消遣的主观需要，等等。所以说，女性消费者的购买动机具有较强的主动性。

2. 容易产生冲动性购买行为

逛街已经成为当今女性最主要的休闲活动之一，她们可以事先完全没有目的，没有任何计划而逛商店，而且受打折、现场展销等影响，她们常常会购买原本不需要或不打算买的东西。

3. 追求时髦，注意外观

女性在购买服饰时，首先想到的不是该商品是否对自己有用，而是能否使自己漂亮或时尚，因此她们在挑选商品时更加侧重商品的外观和包装设计。她们通常会凭着对颜色、式样产生的直觉而形成对产品的好恶感。

4. 喜欢炫耀，自尊心强

对于许多女性消费者来说，之所以购买服饰，除了满足基本需求之外，还有可能是为了显示自己的社会地位，向别人炫耀自己的与众不同。

5. 挑剔，精打细算

销售人员会发现，在购物时，最善于讨价还价的通常是女性消费者。虽然女性消费者更容易产生冲动性购买行为，但是在她们保持清醒头脑购物时，她们的挑剔心理就会强烈地表现出来。这一点在已婚女性尤其是中年妇女身上表现得更为明显。她们购买商品时会左思右想，对同类型商品会货比三家，对价格的变化也极其敏感，并对优惠打折的商品怀有浓厚的兴趣。

因此，当女性顾客走进门市店铺时，销售人员为了吸引顾客关注产品，应该热情地迎上去："今天刚到了几件最新的春装，请过来看看。"当顾客审视产品时，我们可以这样说："这件衣服的设计采用了这一季最流行的……设计，选用的面料……正好可以将您高挑修长的美好身材展示出来，您可以试穿体验一下。"当顾客在你的鼓励下体验产品时，销售人员要适时赞美顾客："您穿上这一款裙子既典雅又时尚……"

针对女性顾客精打细算这一特点，销售人员还可以用一些实用的赠品去打动她们，"好像贵了点儿"这类话是很多女性顾客的口头禅，对此，我们可以这样说："小姐，现在我们这款正在搞促销活动，让利××元的同时还有丰厚的礼品赠送。"

二、男性顾客购买动机的特点

相对于女性消费者，男性消费者购买商品的范围较窄，一般多购买"硬性商品"，如家具、电视机、洗衣机、电脑等大宗商品，一般很少承担家庭生活中日用消费品的购买任务。他们注重理性，较强调阳刚气质。其购买动机的特点主要表现为：

1. 购买动机具有被动性

就普遍意义讲，男性消费者的购买活动远远不如女性频繁，购买动机也不如女性强烈，比较被动。他们通常不喜欢逛街，而且一般是在非买不可的情况下才会去购物。

2. 目的明确，迅速果断

男性较强的独立性和自尊心直接影响到他们在购买过程中的心理活动。他们在购买商品时目的明确，能够迅速形成购买动机并立即导致购买行为。

3. 注重商品质量、实用性

相对女性而言，男性消费者的购买商品行为多为理性购买，不容易受到商品外观、环境及他人的影响，他们更加注重的是商品的使用效果及整体质量，并不会太关注细节。

4. 自尊心强，不善于讨价还价

男性消费者普遍具有强烈的自尊心，购物时喜欢选购高档气派的产品，不太注重价格问题，而且不愿讨价还价，忌讳别人说自己小气或所购产品"不上档次"。

针对男性顾客的特点，我们可以仿效下面的例子来处理。

有一次，一个男性顾客在一款地砖面前驻留了很久。

销售人员走过去对顾客说："您的眼光真好，这款地砖是我们公司的主打产品，也是上个月的销售冠军。"

男顾客问道："多少钱一块啊？"

销售人员："这款瓷砖，折后的价格是 150 元一块。"

男顾客："有点儿贵，还能便宜吗？"

销售人员："您家在哪个小区？"

男顾客："在东方绿洲。"

销售人员："东方绿洲是市里很不错的楼盘，听说小区的绿化非常漂亮，而且室内的格局都非常不错，交通也很方便。买这么好的地方，我看就不用在乎多几个钱了吧？不过我们近期正在对东方绿洲和威尼斯城做一个促销活动，这次还真能给您一个团购价的优惠。"

男顾客兴奋地说："可是，我现在还没有拿到钥匙呢。不清楚具体的面积怎么办呢？"

销售人员："您要是现在就提货还优惠不成呢，我们按规定要达到 20 户以上才能享受优惠，今天加上您这一单才 16 户，还差 4 户。不过，您可以先交订金，我给您标上团购，等您知道面积了，再告诉我具体面积和数量。"

这样，男顾客提前交了订金，两周之后，这个订单就算搞定了。

"您的眼光真好，这款砖是我们公司的主打产品，也是上个月的销售冠军。"这句话蕴涵顾客够眼光的意思，顾客当然喜欢。每个人都需要被认同，顾客更加需要。"上个月的销售冠军"、"我们公司的主打产品"就是对顾客选择最好的也是最有力的认同。"东方绿洲是市里很不错的楼盘，听说小区的绿化非常漂亮，而且室内的格局都非常不错，交通也很方便。"先赞美顾客购买的小区非常漂亮（实际上是夸客户的选择），告诉客户"不该省钱，让客户感觉到住这么好的小区再谈价钱有点惭愧，然后，告诉客户"我们正在做促销，即使您不谈，我们也可以给您打折的"。这等于给客户额外的惊喜。

三、青年顾客购买动机的特点

青年顾客是紧跟时代步伐的一类顾客。他们是随着新时代的潮流前进的顾客，他们有赶时代、赶潮流、爱凑热闹的特点，只要是现代流行的商品，他们就要买。其购买动机的特点主要表现为：

1. 购买动机具有时代感

青年顾客的购买行为趋向求新求美，喜欢购买富有时代特色的商品，来装饰自己和家庭，展现其现代化的生活方式，以博得他人的赞许和羡慕。因此，投放市场的新产品，社会流行的某一商品，都会引起他们极大的兴趣和购买欲望，购买动机也会随之形成。

2. 购买动机具有明显的冲动性

青年人感情冲动，因此，其购买动机具有明显的冲动性特点。他们首先讲究商品美观、新异，其次才注意质量、价格，而不能冷静地分析商品的各种利弊因素，许多人凭对商品的感情与直觉判断商品的好坏、优劣，形成对商品的好恶倾向。因此，动机的随机性、波动性较大。

3. 购买动机易受社会因素的影响

商品的社会流行性，直接决定了青年人的购买行为。如流行穿西装时，青年人首先成为西装消费的带头人。影视明星、体育明星的发型、服装以至鞋帽，都会成为他们模仿、消费的对象，形成旋风式的购买热潮。

针对青年顾客的这些特点，我们可以这样说："这款手机带有现在最流行的蓝牙功能，金属外壳很酷，最近热播的韩剧《××》的男主人公××拿的手机就和这款很相似……而且这款手机我们是限量供应，我们店铺只有四台，昨天刚到货，刚才有位帅哥就买了一台。"我们还可以这样说："这盏水晶吊灯华丽大方，在客厅中装上这样的灯饰一定更添浪漫温馨，每个到访的客人看到这盏灯时都会感受到主人与众不同的生活品味。"

四、中年顾客购买动机的特点

中年人的心理已经相当成熟，个性表现比较稳定，他们不再像青年人那样冲动、感情用事，而是能够有条不紊地、理智地分析处理问题。中年人的这一心理特征在他们的购买行为中也有同样的表现。

1. 购买的理智性胜于冲动性

中年人在选购商品时，很少受商品的外观因素影响，而比较注重商品的内在质量和性能，往往经过分析和比较以后，才作出购买决定，尽量使自己的购买行为合理、正确、可行，很少有冲动、随意购买的行为。

2. 购买的计划性多于盲目性

由于中年人上要赡养父母，下要养育子女，肩上的担子非常沉重。他们中的多数人懂得量入为出的消费原则，不会盲目购买。因此，中年人在购买商品前常常对商品的品牌、价位、性能要求心中有数，对不需要和不合适的商品他们绝不购买，很少有计划外的开支和即兴购买。

3. 购买求实用，节俭心理较强

中年人不再像青年人那样追求时尚，生活的重担、经济收入的压力使他们越来越实际，买一款实实在在的商品成为多数中年人的购买决策心理和行为。因此，中年人更多的是关注商品的结构是否合理，使用是否方便，是否经济耐用、省时省力，是否能够切实减轻家庭负担。当然，中年人也会被新产品吸引，但他们更多的是关心新产品是否比同类旧产品更具实用性。商品的实际效用、合理的价格与较好的外观的统一，是中年消费者购买的动机。

4. 购买有主见，不受外界影响

由于中年人的购买行为具有理智性和计划性的心理特征，使得他们做事大多很有主见。他们对商品的鉴别能力很强，大多愿意挑选自己所喜欢的商品，对于销售人员的推荐与介绍有一定的判断和分析能力。

5. 购买随俗求稳，注重商品的便利性

中年人更关注别的顾客对该商品的看法，宁可压抑个人爱好而表现得随俗，喜欢买一款大众化的、易于被接受的商品，尽量不使人感到自己花样翻新和不够稳重。

针对中年顾客的这一特点，我们可以多鼓励他们体验产品，同时还可以这样说："我们这款新一代的巧手牌魔力洁地擦既可以扫地也可以拖地，还可以用来清洁窗户和天花板；微纤圈绒拖把布，超强吸水，强力吸附毛发灰尘……一件工具让您轻松完成居室清洁。这也是我们最受欢迎的家居清洁用品之一，很多家庭都在使用。现在正促销，同样的价格，我们还多送您一块替换绒布，很实惠。"

五、老年顾客购买动机的特点

随着人口的老龄化，老年顾客越来越多。由于子女已成家立业，老年人的家庭负担已大为减轻，他们有一定的储蓄可供消费支出。庞大的人口基数和一定的消费能力表明老年消费群体是一个潜力巨大的"银色市场"。销售人员要很好地把握这一巨大的市场，就要先了解他们的购买动机的特点。

1. 追求舒适与方便

老年人消费品的需求多集中到他们最需要、最感兴趣的商品上。而这些商品主要是指能够弥补老人身体方面的某些缺陷与不足，有助于老人身体健康，给老人的生活带来更多的方便与舒适的各种商品。购买动机形成与否常取决于达些商品给他们带来的方便与舒适的程度。

2. 购买动机具有较强的理智性与稳定性

老年人在选购商品时，他们喜欢凭过去的经验、体会来评价商品的优劣，并对老牌子的商品、名牌商品有深刻的记忆，多年养成的固定消费习惯行为，使购买动机有较强的理智性与稳定性，不易受外界因素的干扰，也不为商品的某一特点所打动；而是全面评价、综合分析商品的各种利弊因素后，再作出购买决策。动机一旦形成，不轻易改变，或迟或早总会导致购买行动。

针对老年顾客的特点，我们可以依效以下例子：

一对老年夫妇进入某电器商场径直向松下洗衣机的专柜走来。

销售人员迎上前："老伯，阿姨，你们好！两位一定是用过我们产品的老客户了，今天想买什么？"

老太太自豪地说："我们家大部分产品都是你们松下的，我们原来那台洗衣机用了十二年了，一直很好，最近坏了，我们想买台新的洗衣机，最好能和原来的一样，质量好，耐用。"

销售人员："你们可是我们的忠实用户，真感谢你们这么多年来对我们品牌的信任。现在我来给你们介绍一下新的产品吧，这款带电脑板的……"

老大爷："电脑板的比较复杂吧，而且电脑板也比较娇贵，你还是给我们介绍功能简单点的，方便我们老人用的吧。"

销售人员："你们放心，我介绍的这一款操作是很简单的，只要你把衣服放进洗衣机，启动机子，机子会自动称量衣服的重量，自动调节水位，并且能提示您该放多少洗衣粉。电脑板中给出了多种洗衣程序，您选择好程序，洗衣可以自动完成；如果您想自选步骤洗衣，也很方便，根据电脑板的显示按键就行。至于电脑板的质量问题，相信你们用过我们这么多产品，应该了解松下的质量是非常过硬的，对吧？"

老太太半信半疑："用法真的这么简单吗？"

销售人员："阿姨，您就到样机前体验一下。我不说，根据电脑板操作一下，您就知道了。"

两位老人试用完样机，很满意，老太太："好，我们就买这一台了。"

除了性别、年龄会影响顾客的消费心理外，人的不同性格也会在购买产品时有不同的表现，因此，作为销售人员只有在销售过程中多观察、多思考，才能更好地为顾客服务。

请你点评

一

在一家百货公司里，一位女顾客在替小孩选购书包，在她面前已经堆放了几个同一款式的书包。

女顾客："小姐，麻烦你再拿多几个，让我好好挑选。"

推销员嘀咕："阿姨，都换了好几次，还没挑好？"

推销员不太情愿地拿出书包让顾客继续挑选。终于，顾客选好了其中的一个。

女顾客顺口问了一句："质量应该没问题吧？"

推销员："您都检查这么多遍，应该不会有问题。"

女顾客反问了一句："如果有问题呢？"

推销员不耐烦地说："还会有问题？有问题我们也不换。"

女顾客不甘示弱，她也提高了声音："你是什么态度？"

虽然推销员没再吱声，但顾客、推销员心里都觉得不舒服。

二

乔娜女士在商场漫无目的地闲逛，最后她停在一组新颖的音响面前。

推销员罗密欧迎了过去："小姐，您是否喜欢听音乐？"

乔娜女士："嗯。"

罗密欧："好音乐和好歌曲只有通过优秀的介质把它们传送出去，我们才知道它们的美好。音乐让生活更加丰富多彩，您说是吗？"

喜爱音乐的乔娜女士似乎也有同感，她说："音质的确很重要。"

罗密欧："您家的音响一定不错吧？您一定很喜欢欣赏音乐吧？"

乔娜女士："是有一组小音箱，一般吧。是连接电脑播放的。"

罗密欧紧接着问："要打开电脑才能欣赏到美妙的音乐？这是不是有点儿不太方便？"

乔娜女士："还好，只不过孕妇不能经常面对电脑屏幕，现在听音乐有点儿麻烦。"

罗密欧："恭喜您！但您需要少用电脑。如果有一款音响，能够不连接电脑，直接插上U盘就可以播放歌曲，您有兴趣看吗？"

这时，乔娜女士潜在的需求已经被推销员罗密欧唤醒了，她正需要这样一款音箱设备。

……

请问推销员罗密欧是如何唤醒乔娜女士的潜在需求的？

实战训练

一位顾客走进了索普手机专卖店。

推销员马上迎了上去："王小姐，看到您真高兴！今天刚进了新款211型，您肯定喜欢。我拿给您看看。"

……

最后，顾客选中了211型。

推销员："我帮您开单。请问是刷卡还是付现金？"

顾客慢吞吞地说："再便宜点儿，我就买。"

推销员："您是我们的老主顾，给您的当然是最优惠的价格。"

顾客："我还是觉得贵，你再想想办法。"

推销员："送赠品吧，打折真的不行。"

顾客："先打折，再送赠品，我就买。"

推销员："小姐，我真的很为难。"

顾客："不行，我就不买。"

如果你是推销员，面对着这位贪小便宜型的顾客，你该怎样说？

二

索普专卖店里，一位中年男顾客想买一台笔记本电脑。推销员根据顾客的需要，介绍了一款笔记本电脑。

推销员："这款电脑有高清显卡和内置图形技术，将为您带来更清晰的图像、更丰富的色彩和更逼真的音频和视频。超轻薄机身，符合您的需求。"

顾客点了点头："功能多、轻巧，不错。多少钱？"

推销员："6 800 元。"

顾客："适中。"

推销员："先生，请问是刷卡还是付现金？"

顾客："别忙着开单。这款电脑我比较满意。不过买东西就要货比三家嘛，我还想到别家看看。"

如果你是推销员，面对这种情况，你会怎样说服这位中年男顾客？

三

家电区里，一位顾客驻足良久，推销员认出这是第二次光临的顾客，他快步迎上去。

推销员："李先生，这套音响您考虑得怎么样？"

顾客："嗯，我再考虑考虑。"

推销员："这款音响卖得火！再考虑可能就没有啦！"

顾客："我还要跟太太商量商量。"

面对的是一位不能决策的顾客，你如何坚定顾客购买的信心？

四

乔治先生想要购买一部车载电话，以便及时地把握每一个生意上的机会。顺风牌车载电话的推销员罗密欧再次找上门来。

乔治先生毕竟是生意人，他已经对车载电话市场有一个大致的了解。顺风牌车载电话也是他心仪的对象。

乔治先生迟迟没有作出购买的决定，只不过是想再压低价钱。

推销员应该怎样说，才能说服顾客购买顺风牌车载电话？

第六节 常见错误

错误事例一

在一家大型家电卖场里，一位顾客对推销员说："我跟你们老板是朋友，你再不多给点儿折头，我只能打电话给他了。"

推销员："好啊，您直接找老板吧。"

正确做法

推销员："哟，原来是我们老板的朋友啊！怪不得跟我们老板的品位一致！老板怕招待朋友不周，特意交代我们：朋友来就给这个优惠价，这点请您放心。"

评点：如何做到老板有钱赚、顾客心里也爽快，这才是推销员要慎重考虑的问题。案例中的顾客想要更大的折头，并且说是老板的朋友。诸如"这个不行，我没有办法"、"好啊，您直接找我们老总吧"这些说法都是错误的应对方法，是推卸责任，会给老板制造不必要的麻烦，同时会降低顾客的购买热情。

案例中，顾客是否认识商场的老板不重要。重要的是推销员应该知道：顾客是想通过这种"朋友关系"获取更大的优惠。推销员要读懂顾客的心理，并且要顺势认同顾客、恭维顾客。推销员可以这样说："哟，原来是我们老板的朋友啊！怪不得跟我们老板的品位一致！"

最后以"朋友价"予以优惠。做生意讲求的是双赢，在追求双赢的过程中，推销员应该在自己的权限内给予顾客优惠。

错误事例二

在美美服装店里，顾客对推销员说："如果这件羽绒服的小绒毛跑出来，你们怎么处理？"

推销员："您不用担心，这种状况很少出现。"

正确做法

推销员："您的这种顾虑我可以理解。我们采用的技术是……不会出现您说的那种状况。这点请您放心。"

　　评点：认同顾客的感受。案例中的推销员可以说："您的这种顾虑我可以理解。"

　　"这种状况很少出现"，案例中的推销员没有准确回答顾客的异议——小绒毛跑出来的处理方法。也就是说，推销员没从根本上解决顾客担心的问题；并且推销员说话不自信，不自信反而加重了顾客的疑虑。

　　推销员需要以专业人员的身份、用自信的口吻，准确地解答顾客所担心的问题（包括质量和售后服务），消除顾客的异议，坚定顾客的信心。

错误事例三

　　顾客："雪花牌不光打折，而且还有赠品呢。"

　　推销员："哎呀，其实那些赠品不值钱。"

正确做法

　　方法一：推销员："我会向公司反映您的宝贵意见，尽量在赠品方面满足更多顾客的要求。小姐，这是我们这一季的新款，请过来体验体验。"

　　方法二：推销员："您这个问题提得非常好，这一点我们确实疏忽了。我们会立即跟总部反映，作出调整，谢谢您的建议。小姐，有两款衣服特别适合您，试试？"

　　评点：当顾客提出另一种商品不光打折还有赠品时，推销员千万不要说"赠品不值钱"、"赠品不重要，重要的是东西好"、"羊毛出在羊身上"，这些具有攻击性的话会给顾客传递一个不好的信息：顾客贪小便宜。这就容易引起顾客反感。

　　然后，推销员需要巧妙地转换话题，把说话的重心放在自家品牌的优点上。时机成熟时，建议顾客体验。

错误事例四

　　顾客对某款的纯棉衣服爱不释手。她问推销员："这款衣服难打理吗？容易退色、缩水和起球吗？"

　　推销员迟疑了一下："不会吧。"

　　推销员接着补充："纯棉应该会。它的固色性比较差。"

正确做法

推销员："太太，您还是挺在行的。您说的这种情况在多数的纯棉衣服上确实存在，但我们的衣服经过特殊的工艺处理，您不用担心。衣服的款式特别适合您，试试？"

评点：当顾客提出"纯棉衣服会不会容易退色、缩水和起球"时，推销员回答得非常不自信。后来意识到纯棉面料固有的不足，于是再补充："纯棉应该会。它的固色性比较差。"推销员说的是大实话，但这样的应对很难让顾客作出购买的决定。

错误事例五

顾客说："赠品和积分对我没用，要不换成折扣算了。"

推销员："不好意思，我没有这个权限。"

正确做法

方法一：推销员："很抱歉！赠品是我们公司送给顾客的小礼物，物轻情义重，更希望您能继续支持我们公司。"

方法二：推销员："很抱歉！以前也有顾客跟我提出这种想法，后来还是接受了赠品。赠品只是起到锦上添花的作用。我想您更注重商品的品质，对吧？"

评点：案例中的推销员说"不好意思，我没有这个权限"，使用了直接攻击法。这种攻击法是一种推卸责任的说法，没从根本上解决顾客的异议，反而会增加更多不必要的异议。推销员应该运用优点突出法，向顾客强化商品的优点，解释清楚商品价格与赠品、积分的关系。通过推销员的解说，相信多数顾客是明白事理的，顾客也不会在这个问题上过多纠缠。

错误事例六

顾客："隔壁店和你们店的衣服都是同一面料，怎么你们的那么贵？"

推销员："是吗？买衣服不能只看面料，您还要看款式啊。"

正确做法

推销员："我们的价格确实是稍贵一点儿。其实影响价格的因素有设计、工艺、质量等。我们品牌的特点是……小姐，您来感受感受。"

评点："买衣服不能只看面料，您还要看款式啊"让顾客有被教训的意味，感觉不舒服。"我们是品牌货，质量有保证"，这样的语言有攻击性，有贬低其他品牌的嫌疑。

推销员首先要认同顾客的感受。接着运用先顺后转法和优点突出法，突出自身品牌的亮点。时机适当时，建议顾客体验购买。

错误事例七

顾客对商品的质量、款式、功能都比较满意，顾客问："多少钱?"

推销员："1 800 元。"

顾客："算了，太贵了。"

推销员："阿姨，那边有便宜一点儿的，只需要 1 000 元。"

正确做法

推销员："阿姨，您刚才看中的商品风格非常适合您。我们这里还有几款风格类似并且经济实惠的。我拿给您，好吗?"

评点：案例中的顾客对商品的质量、款式、功能都比较满意，只是觉得价格可能超过其预期。推销员不得体的回答"那边有便宜一点儿的"，带有羞辱性的语句让顾客感觉不舒服，顾客为了面子会选择离开。

遇到这种情况，推销员首先要顾及顾客的面子，再向顾客推介价格稍低、但风格类似的商品。

错误事例八

顾客："这衣服挺普通的，化纤面料吗? 怎么价格那么贵!"

推销员："太太，化纤有好多种，我们这里种与别人不同。不算贵，我们可是品牌货。"

正确做法

推销员："是的，如果单纯是化纤面料的话，价格确实不会那么高。但我们在化纤中加入××成分，除了保留化纤……的优点之外，还增加了……的优点。光看是看不出效果的，太太，来试试。"

评点："太太，化纤有好多种，我们这种与别人不同"，如何不同，推销员并没有解释清楚。推销员需要运用先顺后转法和比较法，突出两种化纤成分的不同之处。再运用优点突出法，突出自家化纤面料的独特，从而解决顾客提出的异议。

错误事例九

顾客："折扣我可以不要，我只要模特身上的饰品。"

推销员："不好意思。那是非卖品。"

推销员接着说："如果给您，我会被老板骂。"

正确做法

推销员："小姐，您真有眼光。很多顾客都喜欢这个饰品，所以我们建议公司把它变成赠品送给顾客。如果公司同意了，我第一时间通知您，好吗？您看中的这款裙子非常适合您，我给您打包。"

评点："不好意思，那个是非卖品"，推销员说的可能是事实，但顾客接收到的是不良的心理信息。为此，顾客可能会放弃购买。而"如果给您，我会被老板骂"属于推卸责任的解决方法。

面对上述情况，推销员应该认同顾客的感受，然后向顾客讲清楚情况，相信多数顾客是宽容的。

错误事例十

顾客："别的地方都会主动给老顾客打折，我是这里的常客，你们一点儿优惠都没有吗？"

推销员："不好意思，我们这里新老顾客都是一个价。"

正确做法

推销员："这一点确实是我们疏忽了，我一定会将您的建议跟老板反映，谢谢您对我们的厚爱，公司的发展离不开你们这些老客户啊！太太，我们刚进了新款，试试？"

评点：老顾客是商家最宝贵的资源，推销员有责任维系与顾客的良好关系。老顾客希望得到的是理解、尊重、与众不同的待遇。推销员要用语言和行动传递给顾客这样一个信息：她是最重要的顾客。如果感受到"以己为尊"，顾客就会很容易满足，对该店不离不弃。

小 结

顾客异议是推销员在销售过程中遇到的一种正常现象，是不可能避免的。

顾客提出异议后，推销员切不可轻视顾客的异议。推销员要做好"一听二问三应答"。

一听：要听出顾客异议背后的真正意思，了解顾客的真实想法。

二问：推销员通过询问，引导顾客谈话，逐步摸清顾客的真实想法，然后仔细分析，对症下药，消除顾客的异议。

三应对：对顾客提出的异议得体地应答。推销员可巧用以下技巧：

（1）引导顾客回答自己的异议。有一句销售名言："如果你说出来，他们会怀疑；如果他们说出来，那就是真的。"当顾客说出异议后，推销员要应对："您是说……是吗？""您的意思是……我可以这样理解吗？"看看是否真的理解顾客的意思。另外也要摆出尊重顾客的姿态，有利于消除异议。

（2）巧妙地转移异议。推销员可以用以下的应答方式，转移顾客关注的焦点。"我很认同……这一款产品的优点是……""如果不适合买回去反而浪费，您说是吗？这一款产品的优点是……"

总之，顾客的异议多种多样，推销员要因时、因地、因人、因事地采取灵活多变的处理方法。

第四章 转危为安
——处理投诉的技巧

在商贸活动中，没有谁喜欢被投诉，但投诉却不可避免地发生，因此，如何处理好投诉，在营销过程中就显得十分重要了。

研究结果显示：只有4%的不满顾客会提出投诉，而其他96%的不满顾客你再也无缘和他们相见；如果投诉的问题得到及时解决，95%的投诉者会成为回头客。

以上数据表明，如果有一位顾客向我们投诉，意味着约有200～500位的顾客对我们有同样的不满，不过他们并没有告诉我们，但他们会在自己的交际圈中对产品进行广泛的"宣传"，从而带动越来越多的人对产品的恶劣产生认同。这就如烂苹果效应一样，由一位顾客的投诉引发，最后造成市场的不良连锁反应。这种没有声音的控诉最为恐怖，恐怖在于销售人员无法觉察，而且效应一直在延续，如果销售人员没有及时处理好，最后常会爆发出不可收拾的局面。

由此可见，向我们投诉的顾客是非常珍贵的，正是由于他们的直言不讳，才使我们发现了工作中的问题，才能不断改进工作。因此，对待这些顾客，我们要给予高度的重视和尊重，并表示对他们的感激。

被投诉的情形有很多，其中不乏过激的投诉，因此，我们应学会应对过激反应的技巧；避免与顾客的正面冲突；得体地评价竞争对手；掌握道歉的方式、方法；让顾客保持对产品的信心；处理好顾客的退换货以及避免一些其他类型的错误。

下面就让我们通过这一章的演练，更好地掌握处理投诉的技巧吧。

第一节 应对过激反应的技巧

过激的投诉是在营销过程中经常碰到的，它是顾客把一个问题加重和强化的表现，通常由脾气暴躁的顾客提出，或者由别有用心的顾客有意提出。过激的投诉是必须要解决的，如果不能解决，不但会失去这一个顾客，还会影响其他人的购买选择。但在处理过激反应时，销售人员

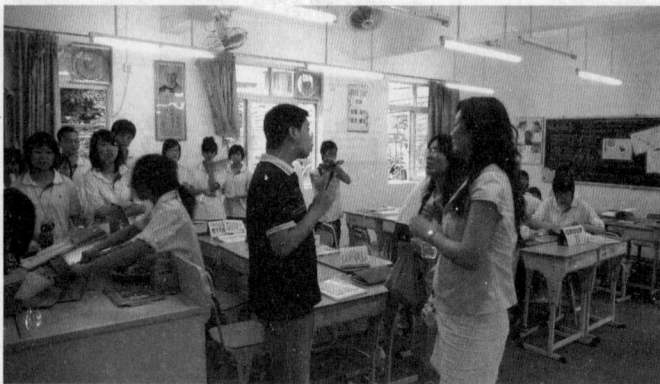

首先不能被这种投诉的攻势所吓倒，不要表现出因紧张而不知所措，也不要因此而愤怒，或有其他不良情绪表示。销售人员要不断告诉自己，顾客骂的不是销售人员，因为销售人员只是一个服务人员，顾客只不过是对产品有意见，是对公司的服务有意见，不要把顾客的辱骂，或者一些不太恰当的语言理解成对销售人员个人的人身攻击。销售人员要完全站在顾客的立场上为顾客着想——假如是你，也许你会更生气，采取更为过激的行动——这样，销售人员就能够理解顾客，从而保持一种很平和的心态，之后才能更自如地处理问题。

情景回放

吴经理是专卖某品牌沐浴露的经销商，他在拿到货后，在抽样检查中发现有一瓶分量不足的产品，于是想趁机以此为筹码，采取不依不饶的态度，坚决和厂方的销售人员小丁讨价还价。

吴经理（激愤）："你看你们的沐浴露，就这么一丁点儿，你说我们怎么卖得出去，你说，你说啊！"

小丁（镇定）："吴经理，能详细说说情况吗？"

吴经理（气冲冲）："没什么好说的，你一看就知道了，你们的货缺斤短两！"

小丁（镇定）："不知道吴经理发现多少瓶有这样的情况呢？"

吴经理（气愤）："还多少瓶，一瓶就够了！"

小丁（诚恳）："不知道吴经理想我们怎么处理呢？"

吴经理（坚决）："你们的货不行，降价给我吧！"

小丁（耐心）："吴经理，有这么一个故事，不知道您听说过没有。美国有一个专门生产军用降落伞的工厂，产品的不合格率为万分之一。虽然很低，但同样意味

着，一万名士兵中会有一个因为降落伞的质量问题而牺牲，这是军方不能接受的。于是，他们在抽检产品时，让工厂的主要负责人亲自跳伞做试验，从那以后，产品的合格率全为百分之百。如果吴经理提货后，能将那瓶分量不足的沐浴露赠送给我，我将和公司的负责人一起分享。这可是我公司成立 10 年以来，首次使用免费产品的好机会啊！"

吴经理（无言）："这……"

点评分析

遇到反应过激又不依不饶的顾客时，销售人员要注意的最重要一点便是：冷静、平和地面对并处理，千万不要被顾客的情绪牵着鼻子走。如果他反应过激，你也随之激动起来，双方必然进入无休止的骂战中，这样不但无法解决问题，还会流失更多的顾客。

在上面的案例中，销售人员小丁就处理得很好。他一直保持着平和的心态，引导顾客把不满说出来，并在这个过程中更深入地了解顾客的需求，从而作出进一步的处理。小丁的回答很有水准，尤其是他讲的那个小故事，这个有一定幽默性的故事不但可以缓和气氛，还可以减少顾客的烦躁心理。在后面的解说中，小丁巧妙地阐述了拒绝降价的理由，"这是十年中唯一的不足量产品"，从合格率上告诉顾客这份不合格产品存在的合理性，从而说服了顾客。

通常来讲，在处理过激反应时，销售人员要立刻作出反应，拖的时间越长、反应得越慢，越不容易控制局势的发展。可见，处理过激反应是对销售人员的一个严峻挑战。

指点迷津

有的时候，顾客的投诉是过激的，但问题的原因是顾客心情不好，可能刚和老婆吵了一架，或者刚被领导批评过。在这种情况下，顾客提出的投诉本身只是小问题，销售人员要想控制局面，就不能和顾客争执，而是想办法引导顾客冷静下来，并理清思路。想想顾客提出投诉的动机是什么，顾客提出投诉的真假，顾客投诉的关键在哪里，这种投诉实际的重要程度如何。有了这些判断后，销售人员就可以更准确地对待顾客的投诉了。

一、处理顾客过激反应应坚持的原则

1. 先处理情感，后处理事件

美国有一家汽车修理厂，他们有一条服务宗旨很有意思，叫做"先修理人，后修理车"。什么叫"先修理人，后修理车"呢？一个人的车坏了，他的心情会非常不好，你应该先关注这个人的心情，然后再关注汽车的维修，"先修理人，后修理车"讲的就是这个道理。可是这个道理很多服务代表都忽略了，往往是只修理车，而不顾人的感受。

因此，正确处理顾客投诉的原则，首要就是"先处理情感，后处理事件"。

2. 耐心地倾听顾客的抱怨

（1）专心聆听顾客的抱怨。销售人员在倾听时，应真诚地注视顾客的眼睛，与顾客的眼光交汇。如果聆听时，眼神飘忽不定，首先意味着心虚，还会让顾客认为销售人员不专心，不喜欢听顾客的言语，对顾客不尊重。专心聆听可以传递出"我懂，我了解，我能体会，我能感受"的信息，只有这样才能真正缓解顾客的不满，才能与顾客达成共识。

（2）耐心分析顾客抱怨的原因。比如，一个顾客对产品基本满意，不过他发现了一个小问题，提出替换，但是销售人员不太礼貌地拒绝了他，这时他开始抱怨，投诉产品质量。事实上，他的投诉中，更多的是针对销售人员服务态度的问题，而不是产品质量问题。所以，销售人员必须耐心地倾听顾客的抱怨，避免与其发生争执，先听他讲，并遵循多听少说的原则，这样才能发现事件的实质性原因。只有化解了顾客的不满，才能够增加与顾客和谐沟通的机会。

（3）认真记录顾客的不满。这样做的好处有：一是舒缓情绪，保持理智。销售人员可以将心中的情绪贯注在笔上，化为文字表达，而不是反弹到与顾客之间的冲突上。二是表达对顾客的尊重。在顾客表达不满时，一旦销售人员开始记录，顾客的语言会越来越谨慎小心，不会乱说，更不会随便骂人，这是因为，做笔记表达出了销售人员对顾客及其意见的尊重，这就是"投之以桃，报之以李"的道理。三是避免遗忘。由于销售人员并非能做到过耳不忘，若遗忘了顾客的问题，再求证则会再次引起顾客的不满并深化矛盾。

3. 想方设法地平息顾客的抱怨

由于顾客的投诉多属于发泄性质，只要其得到销售方的同情和理解，消除了怨气，心理平衡后事情就容易解决了。所以，对于顾客的抱怨应及时正确处理；拖延时间，只会使顾客因感到自己没有受到足够的重视而使抱怨变得越来越强烈。例如，顾客抱怨产品质量不好，如果销售方通过调查研究，发现主要原因在于顾客使用不当，这时应及时地通知顾客维修产品，告诉顾客正确的使用方法，而不能简单地认为与销售方无关，不予理睬。在这种情况下，虽然销售方没有责任，但这样也会失去顾客。如果经过调查，发现产品确实存在问题，销售方应该给予赔偿，并尽快告诉顾客处理的结果。

4. 要站在顾客的立场上将心比心

漠视顾客的痛苦是处理顾客投诉的大忌。销售人员必须站在顾客的立场上将心比心，诚心诚意地去表示理解和同情。因此，对所有顾客投诉的处理，无论是已经被证实的还是没有被证实的，销售人员要做的不是先分清责任，而是先表示同情和理解，这是很重要的一点。

5. 迅速采取行动

体谅顾客的痛苦而不采取行动是一个空礼盒。与其说"对不起，这是我们的过失"，不如说"我能理解给您带来的麻烦与不便，您看我们能为您做些什么呢?"面对顾客的投诉，不能单纯地同情和理解，而是要付诸行动，迅速地给出解决的方案。"是的，我马上为您处理……"的回答才能展现出销售人员愿意负责的态度，这会在短时间内稳定顾客的不满情绪。在解决顾客投诉的过程中，销售人员应该明确顾客的期望：问题能够得到恰当的处理，让顾客拥有选择权，而不是强迫顾客接受唯一的解决方法。

二、处理顾客过激反应应掌握的技巧

1. 太极法

不要以为"太极"就是推，这里讲的太极，就是借用其精髓——借力使力，利用对方问题本身来攻击问题。太极法运用到销售上，就是当顾客提出不购买时，立即回复说："我认为，这正是您应该购买的理由。"这样就可以将顾客的反对意见，直接转换成他为什么必须购买的理由。

如顾客说："你这个东西太贵了吧?"销售人员可以回答："是的!老板，我们的东西比较贵。但是，世界的一流商品哪有便宜的道理呢?"顾客说："收入少，没有钱买保险。"销售人员可以回应："就是收入少，才更需要购买保险，以获得保障。"顾客说："我这种身材，穿什么都不好看。"销售人员可以说："就是身材不好，才需稍加设计，以修饰掉不好的地方。"顾客说："我的小孩，连学校的课本都没兴趣，怎么可能会看课外读本?"销售人员可以说："我们这套读本就是为激发小朋友的学习兴趣而特别编写的。"

2. 忽视法

当顾客的投诉本身并不重要时，这是常用的方法。比如，一个销售人员拜访经销商时，经销商一见到他就抱怨："你们这次的广告拍得太烂了，怎么找个那么不出名的人啊，谁看了也不认识，那能有什么影响?怎么不找李连杰或者张曼玉?广告拍成那样，我对以后的销售也没有把握了!"

遇到诸如此类的反对意见，虽然经销商是怒气冲冲的，但销售人员并不需要详细解答，因为这种问题本身也不是销售人员能够解答好的，并且解答势必会说出一些公司的机密问题。而且经销商这么说，他真正的投诉应该是另有原因，所以，对于这样的问题，销售人员只需要面带微笑，同意他就是了。

忽视法的真正用意就在于此，当顾客提出的投诉和眼前的交易扯不上直接关系时，销售人员不要多加解释，避免节外生枝，相反可以同意对方的看法，或者对对方的看法表示赞赏，只要让顾客满足了表达的欲望，就可以迅速引开话题。

3. 欲擒故纵法

顾客："这种产品太贵了，我压根就支付不了，你别缠着我了。"

销售人员："是的，我想大多数人都和您一样，不容易立即支付。我们也考虑到了，所以可以采用分期付款的方式，每个月支付一点儿，这样您一点儿也不会感觉费力。"

被别人反驳感到羞怒，这是人的通性。当自己的意见直接被人驳斥时，内心总是不痛快的。所以，销售人员应该注意，不能直接反驳顾客，但可以采用欲擒故纵法，在表达不同意顾客说法时，尽量运用"是的"先肯定顾客的想法，再用"如果"来软化自己的不同意见，这样顾客接受起来就容易一些。"平心而论，在一般情况下，您的意见是正确的。如果情况变成眼前这样，您看我们是不是该……"

4. 补偿法

顾客："你这个皮衣的设计和颜色都还算不错，不过这种皮的质量真的不怎么样！"

销售人员："您真是好眼力，这个皮料确实不是最好的，因为要是选用最好的皮料的话，价格肯定是现在的8倍以上。"

当顾客的投诉有事实根据时，销售人员应该承认并欣然接受。否定事实是最不明智的举动，只会让顾客恼羞成怒。这时，销售人员应该给予顾客一定的补偿，让他获得一种心理平衡。让他感觉到产品的价格和性能是一致的，或者产品没有的功能对顾客而言是不必要的。比如，顾客看中了一辆车，但嫌车身过短，销售人员可以这样告诉顾客："车身短可以让您停车更方便，要是您的是大型的停车位，还可以停两辆车呢。"

在顾客的过激反应面前，销售人员要表示理解和同情，争吵只会使事情更加糟糕；对顾客过激的反应，销售人员要首先能够平息顾客的怒火，并在顾客说完话时及时回应；此外，在应对顾客过激反应时，销售人员要抱有自信的态度，反驳顾客的意见要在肯定的基础上软化处理。

综上可知，积极地处理抱怨的方式有道歉、说明、说服三种，但具体方式的选用必须配合适当的态度、语调和措辞。

请你点评

一

请你点评一下销售人员的三句不同回应：

顾客（激动）："我不管，我要你马上道歉！"

销售人员："先生，您能不能冷静一下！"

顾客（激愤）："你的态度这么糟糕，你敢再说一遍！"

销售人员："你不用对我吼……"

顾客（激愤）："你说什么，这样的产品不能换？！"

销售人员："这是公司的规定……"

二

在一家餐馆里，只有三三两两几个顾客，服务员清闲地在旁边低声聊着天，气氛显得有点沉闷，但一声突如其来的尖叫，却让整个餐馆顿时有了"生气"……

顾客（惊恐）："呀！虫子！我居然在你们的菜里吃到了虫子，岂有此理！"

服务员（不屑一顾）："有什么大惊小怪的，有虫子证明我们的菜没有农药！"

顾客（生气）："你们是怎么做生意的，以后我不来了！"

服务员（不以为然）："不来就不来，也不差你一个！"

顾客（激愤）："好啊，你们等着！我不但要告你们，也会让所有人知道，你们的饭店卫生状况糟糕透了，看你们以后还怎么做生意！"

实战训练

一

经销商和一位销售人员在闲聊着……

经销商（责难）："你看你们公司，把那么多钱都花到广告上去了，有个屁用，还不如把钱省下来，作为我们进货的折扣，这样让我们的利润高一点儿，我们也会更尽力给你们卖货。"

如果你是销售人员，你会如何用太极法来回答呢？

二

有一位顾客在听完销售人员现场说明后说："你们这个项目，可并不如你说的那么完美！"

如果你是该销售人员，你觉得怎样回答更好呢？

三

电脑城里，在许多小私人店面中，有一间看上去很显眼、装修很新潮的正规公司的门市部，就在所有店员忙碌着的时候，来了一位不速之客……

顾客（生气）："这部 MP4 坏了，你看看怎么办？"

销售人员（冷淡）："对不起，你的这部 MP4 已经过了保修期，你得自己拿到维修部修理，费用自理。"

顾客（激愤）："什么叫过了保修期，我这才刚买没多久，是你们的产品有问题，你们得给我换一部新的。"

销售人员（生气）："先生，这白纸黑字的，过期了就是过期了，这不归我们管。"

顾客（更激愤）："我管你，质量有问题就得换新的！否则我去告你！"

如果你是该销售人员，遇到这种情况，你会怎样处理呢？

四

阅读以下事件，分析物业人员错在何处。

黄先生在广州因为有许多业务往来，所以租了一套房子应急，结果钱都付清了，原本说好的空调、床，甚至小区大门的钥匙等该到位的东西却都没到位，更过分的是承办的物业人员竟然推三阻四避而不见，几经协商后仍未改善，所以只好到门市去理论。黄先生原本以为事情会有一个好的处理，谁知到了门市之后……

黄先生："你们是怎么做生意的？这样欺骗顾客你们生意还想做下去吗？"

物业："先生，你不要在这里无理取闹！"

黄先生："我无理取闹？是你们先欺骗我，然后又避而不见，居然说我无理取闹！"

物业："你想怎样？再闹下去我就对你不客气了！"

黄先生："没想怎样，只要把东西给我处理好，床、钥匙都弄好就行。不然我倒想看看你如何对我不客气！"

物业："要钥匙就再加钱，我们不可能白白给你钥匙的，这是公司的规定，要不你就自己找人去配把新锁！"

黄先生："你们真是太过分了！欺负我们是外地人，拿你们没办法是吧！"

物业："无理取闹！不然就别租呀！"

黄先生一拍桌子大声说："搞什么鬼！生意是这样做的吗？"

这句话还没讲完，黄先生就被物业人员一拳打到脸上了，顿时黄先生突然清醒过来，马上打电话报公安局处理！

物业："好，那请公安局来处理！"

黄先生："打人还这么嚣张，真是太过分了！"

最后，物业人员以补齐屋内应有的设备及对黄先生的伤害作出赔偿才了事。

第二节　避免与顾客的正面冲突

俗话说：有理不在声高。当人与人之间有了摩擦时，要力求在温和的氛围中解决问题，而不要动辄就剑拔弩张。

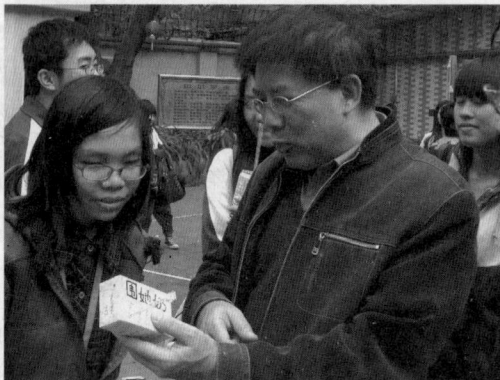

不管发生什么事情，不论顾客如何批评销售人员，无论批评是没有理由的还是观点是错误的，销售人员都不应该和顾客发生争执。因为一旦发生争执，无论你的产品有多好，顾客都不愿意从你这里购买，要知道争辩不是说服顾客的好办法。虽然在争执过程中，销售人员可以拿出各种各样的理由压服顾客，在争论中取胜，但这也将彻底失去了成交的机会。与顾客争辩，失败的永远是销售人员，一句销售行话是这么说的："占争辩的便宜越多，吃销售的亏越大。"

所以，销售人员应该尽可能不和顾客争辩，争辩只会导致问题恶化，相反，销售人员应该拿出真诚和耐心，心平气和地与顾客沟通，这样才会让推销变得顺利。

情景回放

王小姐是上九路一家商店的促销员，今年冬天这家商店从北方购进一批名牌羽绒服，由于是品牌货，价格比其他的店铺高出了很多，一群顾客在他们的店铺里，边挑边抱怨。

很多顾客拿着羽绒服里里外外、反反复复地看，总觉得心里不踏实，有些性格率直的或脾气急躁的顾客就嚷起来："要那么贵吗？一件羽绒服就800多元？"也有些顾客质问王小姐："你这里的羽绒服特贵！是野生动物的毛做的？白天鹅绒还是丹顶鹤绒啊？这么贵！现在的羽绒服越卖越便宜了，隔壁的最贵的才卖400多元！"还有的话更使人气恼："应该是80元一件吧，现在很多人就是把价格往10倍里夸，以次品充名牌，怎么样，80元卖不卖？"

王小姐（没有表现出恼怒）："您可以告诉我，什么地方让您不满意？"

顾客一："这个价格也太离谱了吧。"

王小姐（平和）："您是想说，什么样的羽绒服的价钱都是一样的，是吗？不管它的质量好坏，也不管它是不是名牌，价钱都应该是一样的，都很低。各位，你们觉得合理吗？"

顾客二："也不是要把价定死，只是你这里的价钱实在太高了。"

王小姐（平和）："您的意思是不是说，即使质量比别人的高出很多，产品的材料比别人的好，性能优良，还有其他的附加功能，诸如面料不沾油腻，款式新潮，但是价格也不能变，保持和大家一样的水平，是吗？"

顾客三："当然也不能这样说，有的产品性能特好，价格高也是可能的。"

王小姐（平和）："那么大家的意思是不是觉得我们的产品不是你们认为的那种高价格的正宗货呢？"

顾客四："这真是名牌货？广州市面好像没见过这牌子的产品。"

王小姐（平和）："那您的意思是不是说，800元的质量高的名牌羽绒服还是有的？值的？"

顾客四："那当然了！"

王小姐（耐心）："我明白了，现在大家的问题只有一个，就是我们的价格并不离谱，也并不高得吓人，而是因为大家不能确定它是否是正宗的产品，那么我能理解大家这种心理。说实话，我们进货的时候也犹豫，也担心这么贵的品种是否是真货，但是我们做过实地考察，确实是真的。这是北方的牌子，在当地销量很大，所以，我们做了他们的南方地区总代理。这个品牌刚进入广州市场，所以大家比较陌生。"

顾客一："是啊，我们该如何确定这羽绒服是真是假呢？"

王小姐（耐心）："来，大家看，首先是纽扣，看纽扣的花纹，然后看它的面料，它不沾油腻，你们可以试试。另外，这种款式也是很新颖的，活动式的束腰带上两颗纽扣上的距离是特定的……"

顾客一："哦，是这样啊，其实我挺喜欢这个款式的，只怕不是真的。"

顾客二："我摸面料和羽绒的时候，也觉得挺好的，不像冒牌货，只是不放心……"

点评分析

真正的推销精神不是争论，甚至最不露痕迹的争论也要不得。人的意愿是不会因为争论而改变的。争论的结果，十之八九会使双方比以前更相信自己绝对正确，销售人员赢不了争论。要是输了，当然销售人员就输了；即使赢了，但实际上销售人员还是输了。为什么？如果销售人员的胜利使顾客的论点被攻击得千疮百孔，证明他一无是处，那又怎么样？销售人员会觉得洋洋自得，但顾客呢？他会自惭形秽，销售人员伤了顾客的自尊，顾客会怨恨销售人员的胜利；而且顾客即使口服，但心里并不服，销售人员的销售最终也会失败。

在上例中，面对顾客的猜疑和指责，王小姐没有发怒，更没有同顾客吵架或者对顾客冷嘲热讽，而是很礼貌耐心地问顾客："您可以告诉我，什么地方让您不满意？"一句善解人意的话立即化解了顾客内心的不满和怨气，顾客也逐渐地理智起来。然后，王小姐一步一步地询问："您的意思是不是……"通过这样有礼貌的问话一步一步地确定了顾客真正的不满，原来顾客不满的是无法知道羽绒服是否是正宗产品，而并不是如他们嘴上说的价格太贵。最后，王小姐对症下药，使顾客的担心得到解除。这样，王小姐的推销就成功了。

指点迷津

销售人员每天都要面对各种各样的人，而且这些人的文化层次是不一样的，即使文化层次较高的人，当他们作为顾客站在销售人员的面前时，他们的文化层次也不再起作用了，跟其他顾客没有什么两样。此时如果他们说出一些令销售人员生气的话，销售人员最好不要关注，更不要动怒，甚至对顾客冷嘲热讽，而是要把自己的注意力转到销售上，忍耐，忍耐，再忍耐；耐心，耐心，再耐心；平静，平静，再平静。

"顾客永远是对的"，其核心问题是顾客是不可得罪的，这是每个销售人员都要牢记的话。但怎样才能避免和顾客发生正面冲突呢？

首先，销售人员要冷静分析顾客提出的投诉。

如果顾客的观点和销售人员的观点相抵触，销售人员要判断这种投诉产生的原因，并认真倾听顾客的投诉，从这些投诉中获得更多的信息，然后再根据这些信息作出判断和应对策略。有时顾客提出的投诉虽然很刺耳，但并不是他们真正在意的地方，因为任何产品都不是十全十美的，顾客对产品的挑剔也是情有可原的。对顾客不在意的投诉，如产品的款式和色彩等，销售人员大可不必放在心上，一言带过即可。

如果顾客提出的投诉是真实的，顾客表明确实对产品的某些功能不太满意。销售人员就要有意强化产品的优点，淡化产品的缺点。如果顾客对产品不满意的地方过多，销售人员就应该向顾客介绍一些别的型号的产品。

其次，销售人员要让顾客多说。

顾客有投诉时，如果销售人员拒绝倾听顾客的投诉，或者妄加揣测，自行处理，就会触发和顾客的争执，因此，销售人员要多听顾客的意见，从而进一步判断顾客的需求状况。

其实让顾客多说，本身就是给顾客一个发泄的机会，这样做销售人员不但可以了解顾客的真实想法，还可以平息顾客的某些不愉快的情绪，这样双方再沟通起来就简单多了。

相反，如果顾客还没有说多少话，销售人员就赶紧表态，说出一大堆解决问题的办法，这些办法可能与顾客的意见相左，不仅因为打断顾客的讲话而让顾客感到生气，还会向顾客透露更多的情报。当对方掌握了这些情况后，销售人员就处于不利的位置。如果顾客不愿意购买，他就能找出更多的理由来拒绝；如果顾客愿意购买，他就会拿这些情报做筹码，要求降低成交价格。

最后，销售人员要注意语言措辞。

销售人员在措辞上要特别注意，尽量回避一些过硬的词语。在对顾客说话时，也要注意态度诚恳，对事不对人，切勿伤害了顾客的自尊心。如果顾客所说的话是错误的或不真实的，销售人员也要尽量避免直接反驳顾客，即使反驳顾客也必须注意在特定条件下有分寸地进行。如果顾客所说的话是无关紧要的，销售人员可以一笑置之，不予理会；如果必须反驳顾客的理由，尽量采用间接反驳的方法，先肯定顾客的部分观点，然后再反驳问题的本质，尽量照顾到顾客的感觉和自尊心。

作为销售人员，既要揣摩顾客的心理，也要理解顾客的心理，我们可以通过询问顾客一些问题，缓和双方的关系，调节双方的情绪。以下三个句式，我们应学会使用：

（1）可以告诉我，什么地方让您最不满意吗？您是不是说……

当顾客表示不满时，作为销售人员千万不能发脾气，"你想买就买，不买就拉倒，啰唆什么！"当销售人员说完这句话，往往顾客就会吵起来，"哪个要买你的东西？××牌子比你的好多了，去那里买！不就一个销售人员吗？有什么了不起啊！"你一来我一往，一定会吵得更厉害，耽误了生意不说，还会影响顾客对销售人员的看法。顾客拂袖而去，销售人员也老半天心里不舒服。作为销售人员一定要理解顾客，不妨自己把姿态放低一点儿，客气地问："您可以告诉我，什么地方让您最不满意吗？"想想，如果销售人员说出了这句充满人情味的话，即使再刁蛮的顾客也不好意思跟销售人员吵了吧。

（2）您是否需要多几分钟再考虑一下？

很多顾客在与销售人员意见不一致的时候，常常很固执，甚至会冲动，意气用事，说出一些事后自己也会感到尴尬的话。这时候，销售人员应当大量，不计较顾客失去理智的状态下说出的冲动话，就当给顾客台阶下。此时使用"您是否需要多几分钟再考虑一下"一句，更是为顾客从冲动中冷静下来，寻找台阶准备的。很多聪明的销售人员会等待这几分钟，而顾客也会很聪明地顺着销售人员为他设置的台阶走下去。因为这种情况的发生多因两者在某种利益或者对某个问题的看法发生了大分歧而产生，但是分歧归分歧，协议还是可以达成的。

（3）希望我还有机会为您服务。

当顾客已经选择了他所需要的产品，而且一直十分坚决，且对自己的选择十分满意的时候，作为销售人员一定要站在顾客的立场想问题，不要翻脸，也不要内心不满。不是嫉妒，而是要真诚地为顾客找到了自己所喜欢的东西而高兴，无论销售人员是出自内心还是出自做生意的目的，真诚地为顾客道贺，并且潇洒而热情地对他说一句："祝贺您，希望我以后还有机会为您服务！"别小看这句话的作用，很多时候就是这小小的一句话赢得了顾客的信任，使得销售人员赢得了很多回头客。因为当你热情地为顾客介绍，辛苦地推销自己的产品而顾客却没有买你的产品，反而买了你的竞争对手的产品时，顾客虽买到自己喜欢的东西内心高兴，同时也因为没有买你的产品而心存内疚。如果你不但分享了他的快乐而且还对他毫无芥蒂，那么他内心对你的好感可想而知。

从顾客的类型和顾客的转换我们可以看到，很多时候顾客不是固定不变的，老顾客会变成新顾客，所以，抓住顾客的心理是很重要的。

20 世纪最伟大的心灵导师，美国人戴尔·卡耐基就曾说过："天底下只有一种能在争论中获胜的方式，那就是避免争论。避免争论，就像你躲避响尾蛇和地震那样。"

所以，当与顾客意见相左时，应该认真分析顾客的投诉，并采取相应的对策；与顾客沟通时不管发生了什么情况，都不能与顾客发生冲突；要学会让顾客多说，销售人员多听，充分了解顾客的想法，而不是跟顾客起正面冲突。

请你点评

一

A 先生是一家橡胶厂的推销员，准备到一家轮胎厂去推销他们的橡胶。他跑了几次，这次终于逮着了经理 B 先生。B 先生漫不经心地听 A 先生介绍。

B 先生很冷漠是有原因的，他去年采用一家橡胶厂的原料制作轮胎，那是他一个极好的朋友的小舅子推销的，结果制造出的轮胎经过质量监督局检测后，合格率不到 30%，大部分产品报废，给工厂带来了巨大的损失，幸好他及时从国外购进一批橡胶赶制了一批产品来满足出口要求。

B 经理（傲慢）：“说实话，国内的橡胶厂信誉太差劲，质量也很差劲，我们已经决定不再采用国内的厂家生产的橡胶了。”

A 先生（责怪）：“您不觉得您的话有点儿以偏概全了吗？并不是所有的厂家都是这样的。”

B 经理（反问）：“不是吗？”

A 先生（气愤）：“是的，并不是所有的厂家都是不讲求信誉的，只有某些不顾自己的前景，鼠目寸光的人才会这么做。”

B 经理（生气）：“是吗？那你是属哪一类的呢？我去年的血的教训还不够大吗？差点倾家荡产了。推销员的嘴巴就像媒婆的嘴巴，我信不过。人的一生能经得起几次颠簸？还是谨慎点儿好。”

A 先生（责难）：“但是，您觉得从国外购进原材料就一定十分可靠？您认为国外的产品一定胜过国内的吗？您没有用过我们的橡胶材料，为什么一定要断定我们的产品是没有信誉和质量不好的产品呢？您为什么要因噎废食呢？”

B 经理（生气）：“先生，请你不要浪费自己的时间了，我是不会答应你的要求的，也不会轻易改变自己的决定的。”

A 先生（激愤）：“老顽固！崇洋媚外！”（气冲冲走了）

二

请根据以下对话，分析点评这位电话销售人员所使用的技巧。

电话销售人员：“您好，我是 S 公司的销售人员，请问你们需要 Y 产品吗？”

顾客：“不要再打电话来了，浪费我时间，我们现在不需要。”

电话销售人员:"我知道给您打电话有点儿唐突,我可以理解您现在的想法。"(这里电话销售人员所使用的技巧是什么?)

顾客:"知道就好。"

电话销售人员:"那可以耽误您一会儿,请教您几个问题吗?"(这里电话销售人员所使用的技巧是什么?)

顾客:"讲吧。"

电话销售人员:"您说您现在不需要,那肯定有自己的想法,可以谈谈原因吗?"(这里电话销售人员所使用的技巧是什么?)

顾客:"哦,主要是我们现在没有要的打算。"

电话销售人员:"我理解您,您是公司的采购部主任,您有这样的想法很自然。但是,如果我们今天讨论的产品能为贵公司带来直接利润,您认为如何呢?"

顾客:"哦,是这么回事。"

电话销售人员:"那您现在认为?"

顾客:"你给我发一份详细的资料过来吧。"

电话销售人员:"好的,您的邮箱地址是……"

实战训练

一

T小姐是商场里某家商铺的化妆品促销员,一天一位女士来看化妆品,T小姐认真地为她介绍化妆品,而且还为她讲解了许多化妆的知识。恰巧这位女士要买的品牌T小姐这里刚卖完了,T小姐建议她买另外一个品牌,而且这个品牌在顾客中的口碑也好,正当女士准备买时,她的同伴跑来,跟她低声说了几句,这位女士忽然不打算买了,说到那边去看看,原来女伴告诉她另一家有她要买的那个品牌。当这位女士买到自己想要的产品欢天喜地地往回走时,正好又经过T小姐的商铺,她觉得尴尬,便随口说了一句抱怨的话:"你那里货不全,要不我也会在你那儿买的。"

如果你是T小姐,你会对顾客说什么呢?

二

陈先生买了件西服,因为退色,把他的衬衣领子给染黑了,他来商店要求退货。谁知道他的话还没有说完,就被销售人员打断了:"这种西服我已经卖了几百套了,这还是第一次有人来挑毛病。"陈先生听了这话很难接受，就和销售人员吵了起来。

如果你是商店经理，你会怎样处理呢？

三

在一间百货公司的三楼，有一家专门销售按摩椅的铺面，销售人员非常热情地招呼着来往的顾客……

销售人员（微笑）："先生，请您试试我们公司的产品。"

顾客（肯定）："你们公司的产品质量有问题！"

销售人员（生气）："你这么说很不负责任啊，我们公司的产品是一流的。"

顾客（生气）："我们没什么好说的，再见！"

如果你是这位销售人员，你会怎样避免和顾客发生正面冲突呢？

四

电话销售人员（亲切）："先生，您好！我是 H 公司的销售人员……"

顾客（生气）："你烦不烦，我说过我现在不想买，还要再考虑一下。"（顾客还在犹豫）

电话销售人员（急躁）："可是，您已经考虑很长时间了，不如现在给我一个答复吧。"

顾客（生气）："考虑好了，不买了！"

如果你是这位电话销售人员，你该怎么做才能避免与顾客发生冲突并使交易能顺利完成呢？

第三节　得体地评价竞争对手

　　和竞争对手有关的话题是每个销售人员都无法避免的问题。当顾客询问竞争对手时，销售人员可以不回避竞争对手的信息，但不能随意贬低对方。一般来说，对竞争对手的评价要欲言又止、含而不露，如果直接评价对手会给顾客一种你在诋毁竞争对手的感觉，甚至他会认为你的人品有问题，不可信。贬低竞争品牌以抬高自己的做法无法赢得顾客的信任，更无法推动顾客的购买行为，无论在眼前还是未来都是一个不明智的行为，因此，销售人员要学会得体地评价竞争对手。

情景回放

　　小李是 A 品牌足浴器的销售人员。一天，他看见一位中年妇女在很仔细地看着他们公司的产品，于是他马上走上前去介绍。

　　小李（微笑）："您好！这是我们的最新产品，质量好，价格实惠，您看中了哪一款，我可以详细地为您介绍。"

　　顾客："那边的 B 品牌、C 品牌、D 品牌都不错，我还要再看看，不知道哪个更好？"

　　小李（微笑）："您真是好眼光，您选的这几个牌子其实都很有自己的特色，都是很好的品牌，因此，不是哪家比哪家好的问题，关键还是要根据每个人各自的需求来决定。请问您一般在选择的时候是比较注重功能，还是……"

　　顾客："质量一定要好，功能要实用一些，太多功能看得人眼花缭乱。"

　　小李（诚恳）："如果是这样，我认为我们的品牌特别适合您的需求，因为我们品牌首要强调的就是质量，产品已通过了国家认证，您绝对可以放心使用。我们的特点就是功能齐全实用，操作简便。小姐，东西一定要自己来体验才知道。来，这边是我们的体验区，您亲自体验体验就知道了。小姐，这边请！"

点评分析

　　遇到顾客称赞竞争品牌，销售人员首先要注意自己的表情，因为表情会透露你的想法，而顾客一直都在观察你，这点小李处理得很不错。其次，千万不要极力贬低竞争品牌，销售人员可以强调各自的特点，对竞争品牌要一笔带过，对自己货品的优点应详细说明，并将自己品牌的优点与顾客的个人需求结合起来以激发顾客的购买欲望。

　　案例中，小李的处理方法很恰当。他首先赞美顾客的欣赏眼光，告诉顾客这几个牌子都不错，这样既可以简单处理顾客提出的问题，又让顾客对小李的个人品格刮目相看。其次，告诉顾客买东西不在于谁好谁坏，关键在于符合自己的特定需求，并以此为跳板询问顾客需求，引导顾客说出自己的购买偏好。然后再根据顾客的特定需求推荐自己的产品，最后，引导顾客体验自己的产品。

指点迷津

顾客买东西难免会货比三家，但当有些顾客拿我们的产品与竞争对手的产品比较时，确实令人不好处理。没有经验的销售人员或者会直接贬低竞争产品，或者会被问得哑口无言，因自己缺乏自信从而抑制了顾客的购买热情。其实，遇到类似情况，作为销售人员一定要明白，自己根本没有必要与顾客一起去比较两家产品的好坏，只需要将公司产品的优点充分展示出来，同时弱化但不贬低竞争产品就好。可以多用这样的语句："我们品牌强调的是……我们的特点是……"

销售人员若回答"这很难说，都还不错"、"各有特色，看个人的喜好"给人的感觉就是相当于没说一样，顾客反而更加困惑，这样往往容易激怒顾客；若回答"我不太了解其他牌子"只能说明销售人员不专业，对自己竞争对手的产品都不了解，这样不专业的销售人员很难取得顾客的信任；若回答"他们就是广告打得多而已"，言语中有贬低竞争品牌的意味，这样做可能在贬低竞争对手的同时也降低了销售人员自己的形象，使所经营的品牌遭受贬值，实不可取。

18世纪美国著名的实业家、社会活动家、思想家和外交家本杰明·富兰克林就说过："不要说别人不好，而要说别人的好话。大多数情况下，不失时机地夸赞竞争对手可以令人们取得意想不到的效果。"

总体而言，在涉及竞争对手的话题时，销售人员要注意以下三点：

第一，不回避竞争对手的信息。

销售人员应该掌握尽可能多的信息，其中，竞争对手的信息就是一项非常重要的内容。销售人员掌握这些信息除了可以为自己的销售活动提供一定的参考和借鉴作用外，也可以应付顾客的询问，使顾客的信息需求得到满足。如果销售人员对竞争对手的相关信息了解得不够充分，顾客就会认为销售人员不够专业，或者认为其所销售的产品不如竞争对手的更有优势，这很可能会让顾客放弃购买。但是在回答顾客有关竞争对手的问题时，即便销售人员掌握了再多的信息，也应该尽可能地学会淡化、弱化竞争产品而突出自己的产品优势。

第二，要客观、公正地评价竞争对手。

当评价竞争对手时，一些销售人员往往带有一定的主观感情色彩，这种感情色彩自然是消极和贬义的。贬低竞争对手难道真的就可以抬高自己吗？全美推销高手汤姆·霍普金斯告诉我们："这种想法最好不要产生，因为那是非常愚蠢的。"

对竞争对手的评价，其实最能折射出销售人员的素质和职业操守。销售人员最好保持客观公正的态度评价竞争对手，不隐藏其优势也不夸大其缺点，让顾客从销售人员的评价中既可以了解相关的信息，也可以感受到销售人员的素质和修养。

带有明显主观色彩地贬损竞争对手并不能使销售人员的身价抬高，相反，这更表明了销售人员对竞争对手的嫉妒和害怕。顾客很少会因为销售人员的贬损而购买其推销的产品，即使他们会暂时相信此销售人员的话，等到发现事情真相之后，他们也会更加鄙视和远离这个推销人员及其产品。

第三，和竞争对手共享顾客资源。

竞争对手和你的关系并不是如同水火般势不两立，由于顾客需求和自身产品特点之间的差异，竞争对手之间常常可以取长补短、互通有无。

把那些需求特点更符合竞争对手产品的顾客大大方方地"出让"，这绝对不是给自己拆台，更不是"长别人志气，灭自己威风"，而是真正站在顾客的立场上为满足顾客的实际需求而服务，你的这种付出一定会获得相应的回报——顾客会充分感受到你的好意，当他们下次有需求时一定会首先考虑你，而且他们还可能为你带来更多的顾客资源；竞争对手也会因为你的大度而不再吝惜那些不适合他们而却非常适合你的顾客资源。可以说，这是一种多赢的良好结局，但这一切都必须建立在真心诚意为顾客着想、为顾客服务的基础之上。

总之，如果你想从竞争对手那里获得顾客资源，那就要将不适于你、更适合他们的顾客介绍到他们那里，这无论对你自己、对顾客还是对竞争对手来说都具有非常积极的长远意义。

在处理与竞争对手的问题时，明智的销售大师们提高销售业绩的重要方式包括：平常多搜集一些竞争对手的相关信息，搜集得越多越利于其销售；对顾客提出的同行产品信息要予以客观公正的回答，不要刻意隐瞒竞争对手的信息，更不要歪曲事实；对于竞争对手的缺点和问题不要幸灾乐祸，也不要夸张放大，而应该实事求是；与竞争对手取长补短、互通有无。

请你点评

—

销售人员小陈今天又不辞劳苦地跑到 M 公司，游说他们的总经理购买自己推销的产品，但意想不到的是，M 公司的总经理和他说……

王总（肯定）："我想买 F 公司的产品。"

小陈（急切）："王总，你可千万别买他们的产品，他们的服务非常差，你买了肯定后悔。而且他们的产品质量也有问题，不是我说，他那设备简直是没法说……"

王总（不悦）："真的吗？你们的就好了？"

二

电话销售人员："您好，我是 W 公司的小王，今天打电话是想和您讨论一下 Q 产品的，不知道您有什么想法？"

顾客："我们已经有其他供应商了。"（对方已经有供应商）

电话销售人员："这个我知道，但那间供应商和我们公司比起来差太远了……"

顾客："我还有事，再见！"

实战训练

—

"六一"儿童节快到了，一位年轻的爸爸兴高采烈地来到商场选购玩具。他左看看、右摸摸，A 品牌玩具销售人员走上前，亲切地询问："先生，有什么可以为您服务的？"

年轻的爸爸问："听说这家 B 品牌的玩具质量很不错，我想买他们生产的玩具。"

如果你是这家 A 品牌玩具的销售人员，你会如何回答呢？

二

一位销售人员带着自己公司的产品，专门开了两小时车，赶到 V 公司，找到了该公司的负责人，但对方的回复却像一盆冷水一样泼过来……

销售人员："请您看看我们公司的产品。"

顾客："不用看了，我们已和其他厂家订了合同，等合同到期了再说吧。"

如果你是这位销售人员，你会如何争取该客户呢？

三

由于历史原因，L公司经营失败了，现在重新启动市场时，顾客对该公司缺乏信心。

顾客："比起H公司，你们公司的产品做得并不成功啊！"

如果你是L公司的销售人员，你会如何应对呢？

四

苹果公司的iPhone横空出世后，竞争对手的股价应声下跌。如果你是竞争对手诺基亚公司的高级主管，在被问及如何看待苹果的新玩意儿时，会作何回应？

第四节　道歉的方式和方法

大家普遍认为"道歉"只是用于承认错误，但实际上一些商场或者企业会针对顾客的抱怨，通过向广大顾客郑重道歉的方式，来扩大自己的知名度，提高信誉度。这也是一种宣传的策略和手段。对于销售人员来说，不管是为了向顾客表示歉意而道歉，还是为了对商品本身的宣传，了解"道歉"都是很有用的。

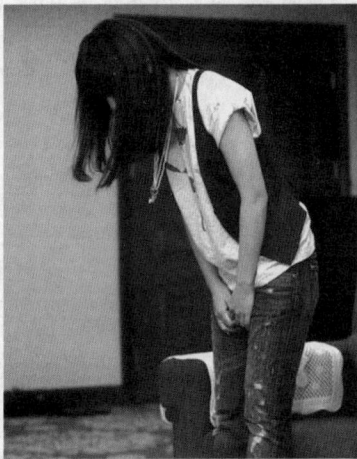

情景回放

一位妇女走进一家超级市场，对收款处的营业员说："小姐，今天早上我买了一幅油画，您在找钱时算错了30元……"

妇女的话还没有说完，营业员就微带愠怒地说："那你当时付款的时候为什么不向我声明？"

那名妇女平静地说："我本来是想告诉你，你找多了30元钱给我，打算把这30元钱退还给你。既然你这样说，那我就只好收下这30元钱了！"

营业员愣住了，哑口无言。

点评分析

这位营业员对顾客的态度有以下两点做得不够好：

第一，态度不好，没有表示歉意，还埋怨顾客。

第二，缺乏耐心，先入为主，没有听完顾客的情况陈述，就妄下断语。

营业员这种不详细了解情况的服务态度，会对商家的声誉带来极坏的影响。其结果有负客人一片好心，给客人留下很不好的印象。面对这种情况，销售人员首先必须礼貌地先向顾客解释、致歉，并立即更正。如当顾客指责货款算错时，应该这样说："实在抱歉，我立刻帮您查一下，请您稍候！"已确定没有算错时，应该这样说："让您久等了，我们刚刚算过，经办人说，收了200元没有错，能否请您再查一下。"找错钱时，应该这样说："让您久等了，实在对不起，是我们算错了，请您原谅。"

指点迷津

面对顾客的指责，销售人员要使用正确的道歉方式。

（1）以个人名义道歉。

以个人名义道歉是一种非常好的道歉方式。如对顾客说"不好意思，对您造成困扰，我向您道歉……"这句话表明了销售人员的个人立场以及愿意负责的态度，销售人员在表达"我向您道歉"之后还应该跟进，提出问题的解决方法，这样才能够真正解决顾客的不满。

（2）站在顾客的立场道歉。

站在顾客的立场道歉，可以对顾客说"哎呀，真是太糟糕了"，表现出与顾客在同一战线，安慰顾客的不幸。"哎呀，真是太糟糕了！"这句话不仅表达出销售人员对顾客的诚意，还表现出销售人员的同情心，表明销售人员在乎顾客的感受，从而表现出诚意。销售人员在安慰顾客之后，接下来还应该提出解决问题的方式，帮助顾客解决问题。

在表达"哎呀，真是太糟糕了"时，销售人员需要注意自己的肢体语言，嬉皮笑脸地表达容易让顾客理解为幸灾乐祸，激怒顾客，这样不但不能解决问题，反而会扩大问题。

（3）适当表达谢意。

在道歉的同时，销售人员也可以在适当的时候表达谢意。例如，"谢谢您告诉我这件事"、"谢谢您让我注意这件事……"这些都是正确道歉时最好的开场白。当"谢谢"出现的时候，销售人员抱歉的意味已经传达给顾客，而且有效地避免了应用"对不起"、"真的很抱歉"等歉意的语言。

请你点评

一

深夜，一名顾客因为家中的妻子发烧，急匆匆地到一间民生药店购买体温计。这名顾客使用刚买回来的体温计后，发现体温计内的水银柱无法降下去，于是打电话给民生药店。

顾客："民生药店吗？我刚才在你们那儿买的体温计，怎么我太太量完体温后，表内的水银柱就降不下来呢？我太太的体温是摄氏38.8度，可是我摸我太太的头，好像没那么热嘛！你的体温计，好像有点儿怪，是不是？"

药店客服："很抱歉，让您这么担心！不过照您的话听起来，大概是体温计内的水银里有气泡的原因。"

顾客："是吗？怎么甩也甩不下去。"

药店客服："先生，请您把体温计上水银降不下去的地方，用火烧一烧，但不要把火靠得太近，您先不要把电话挂掉，试试看怎么样？看水银柱会不会连在一起？"

顾客："喂！连在一起啦，这是怎么回事啊？"……"好啊，完全下去啦，这样以后还能用吗？"

药店客服："可以，以后还可以用的，既然好了，就请您太太多保重吧！"

二

林先生准备回乡探亲，他路上经过一间商场，里面摆满了各式各样的旅行箱，他就买了一个旅行箱。但是他用这个旅行箱装了行李后，结果还没有下火车，箱子的轮子就烂了。无奈的林先生只好扛着沉甸甸的行李回家乡了。回程时，林先生特意用这个箱子装东西，一回来就直接到商场，找有关销售人员处理。

林先生原本打算重新更换轮子或者换回一个新箱子就算了，而且商场门口有大大的标语：顾客至上，三天可退换货。林先生认为处理起来会很容易，结果却令人吃惊。

林先生："这个箱子的轮子坏了，买回去还用不到几天，人一下火车，箱子就坏了，麻烦帮我换一个好吗?"

销售人员："是吗? 不会吧，我们的质量还不错，应该是你东西装得太重才会把轮子弄坏，跟质量不会有关系啦。"

销售人员："而且你看箱子的表面都划花了，加上你使用的时间也超过三天了，我们不可以给你换的。"

林先生："可是我回老家才五天呀，总不能叫我又坐火车来换完箱子再回去吧。"

销售人员："这跟我们无关，公司是这样规定的。"

林先生心想，东西坏掉造成的不便已经很让人恼火，没想到东西没换成反而还被训了一顿，虽然林先生没发火，但脸色已经不再和悦，后来服务员说的一句话令林先生真的恼火了。服务员彼此用广东话交谈："谁都别承认卖过这箱子，反正一样的款式到处都是。"

林先生淡淡地说："我完全听得懂广东话，你们这种欺骗顾客的行为真的很过分，加上买东西还没开发票，我想，还是请工商局来为我们当裁判，我真的想知道事情真正的处理方式是什么。"

这时销售人员才开始紧张，道歉说："有事好商量，别生气，我们一定给你一个交代。"后来经过老板娘出面协商，事情才告一段落。

实战训练

一

在本节的"请你点评"案例二中，如果你是销售人员，你该怎样处理顾客林先生的投诉，让他满意呢?

二

顾客是一家大型服装公司，其生产的产品畅销海内外。他们与市内一家化纤厂有长期业务往来。这天，化纤厂的销售人员要送一批化纤原材料给顾客，因为车子在半路上出了故障，货物没有按约好的时间送到顾客手里。顾客左等右等，等了许久都没有等到货物，因为临近年底，要赶国外的订单，如果耽误了供货日期，不但货物无法及时装运，还会因为违反合同，得赔一大笔违约金，所以，顾客很焦急，也很生气。如果你是销售人员，面对这种情况，你会怎么处理?

三

因为天气寒冷，张先生在自家附近的某大型超市买了一个电暖器，张先生心里喜滋滋的，想着终于可以烤着电暖器看电视了，谁知回到家发现发热管不发热。张先生窝着一肚子的火，马上抱着电暖器找超市客服去了。因为临近春节，柜台特别忙，客服忙着给顾客开发票、保存行李、给大件物品打包。张先生好不容易挤到台前，叫服务人员退货。服务人员因为忙不过来，口里虽然应着，却头也不抬，继续忙自己的活。张先生气炸了，大闹柜台，要讨个说法，直到超市经理出来调解，问题才得到解决。如果你是柜台服务人员，你会如何处理这个问题？

四

一天，一名妇女走进百花商店，来到针织品柜台，向女销售人员问道："小姐，我想买一双手套，请问这里是否有灰色手套呢？"

"抱歉，已经没有了。"销售人员语气冷淡地回答。

女销售人员虽然表示了抱歉，但态度很生硬、不诚恳，有点儿言不由衷。这位妇女听了以后，对销售人员的服务态度很失望，于是离开了商店，往另外一家商店走去。

如果你是销售人员，你会怎么处理？

第五节　让顾客保持对产品的信心

有一句商业名言说：满意了的顾客是最好的广告。任何一个顾客在购买某种商品之后，都会把自己的体会告诉别人，形成购买商品的连锁反应。如果销售人员能够把握这种连锁反应的规律，好好地让顾客保持对商品的信心，就会增加许多新顾客。

情景回放

有一个顾客对自己的居室追求尽善尽美，一切装饰都布置好了，就差一张沙发，

于是想买一张真皮沙发。

　　来到一间商店的家具中心时，他看到了一张很漂亮的沙发，颜色淡雅，款式新颖，很是吸引他。他向销售人员问沙发的价钱，销售人员把价钱告诉了他。顾客对这款真皮沙发的价格如此之低.（仅及他预算的一半）表示吃惊，销售人员向顾客保证说这确实是物美价廉，所以很畅销。

　　顾客在沙发上坐下来，感觉良好，对自己找到了这么一张价格如此便宜的真皮沙发表示惊喜，于是决定买下它。

　　随后，顾客告诉销售人员他还要买一张优质的咖啡桌放在这张沙发前。在看咖啡桌的途中，顾客看到了另外一张与刚才类似的皮沙发，这位顾客拿不定主意自己究竟喜欢哪一张。他又向销售人员打听价钱，当销售人员把价格告诉他时，他又吃了一惊：这张沙发的价钱是刚才他订购的那张沙发的两倍。

　　顾客问："为什么这张这么贵呢？"

　　销售人员说："这完全是真皮的。"

　　顾客说："那我刚才想购买的那张是什么料子的呢？我当时以为它也是真皮的。"

　　销售人员说："那张沙发，凡是与人接触的部分，即坐垫的顶部、靠手以及靠背都是真皮，不过，靠手的底部、沙发的底部与后背部是人造革的。我向您保证，没有人会看出二者的区别，而且，人造革的耐用性与外观造型也不亚于真皮。"

　　顾客说："朋友，你为什么不在一开始就告诉我那张不全部是真皮呢？"

　　销售人员说："我是想说的，可那时转了话题。不过，我可不是那种故意向顾客说假话的人。"

　　可是，不管销售人员怎么解释，顾客还是觉得销售人员存在欺诈嫌疑，于是取消了他原来的订购。而且，他不仅在那天不在那家商店买任何东西，在此后十年间，也不再问津那家商店，因为他已不信任那里的销售人员和商品。

点评分析

　　不要用隐瞒实情的说法使顾客上当。

　　在这个案例中，顾客在购买真皮沙发之前，做了一个价格预算，说明这个顾客对真皮沙发的价格是有所了解的，可以说是有备而来。

　　顾客对真皮沙发的价格如此低廉表示吃惊，因为价钱只有他预算的一半。这时候销售人员说："因为这是一款物美价廉的货，所以很畅销。"这个回答是答非所问，顾客吃惊的原因是怀疑这不是真皮，而销售人员则故意回避了这个问题，只说是畅销货，销售人员这样回答的目的是怕说出实情后，顾客不会购买这张沙发。

顾客听了这个回答，以为是真皮，所以决定购买。在这个交谈过程中，销售人员有意答非所问，隐瞒实情，存在欺骗行为。当顾客发现了另一张类似的沙发，价格与第一张相差巨大，问为什么那么贵时，销售人员说："这完全是真皮的。"这句话就相当于承认了隐瞒第一张沙发的实情。顾客质疑为什么销售人员一开始不告诉他实情。而销售人员对此的解释是："我是想说的，可那时转了话题。不过，我可不是那种故意向顾客说假话的人。"这个解释牵强附会，没有任何说服力，顾客被欺骗的感受可想而知。

此案例中，销售人员的做法是很不明智的，顾客一旦知道实情，肯定有上当受骗的感觉，会彻底丧失对商家以及产品的信心。如果一开始，销售人员就告诉顾客，这张沙发便宜，是因为关键部位用真皮，其余部位用人造革，但是丝毫不影响舒适与美观，顾客很有可能就会决定购买。

诚实是销售人员建立自己信誉、与客户保持长期稳固关系的最佳策略。说谎不但会使顾客损失了金钱，也会丧失对销售人员的信任，进而对整个产品以至企业失去信心。

指点迷津

怎样让顾客保持对产品的信心？我们可以从以下几方面入手：

1. 保持友好亲善

销售人员在整个销售过程中都要保持对顾客的友好亲善，学会站在顾客的立场上考虑问题，寻找解决问题的方法，而并非是站在销售立场上考虑问题。所谓站在顾客立场上，就是销售人员以顾客的需要为前提，吸引顾客对商品的注意力，最后使顾客满意。

当顾客进入门市时，销售人员应使用如"欢迎光临××品牌"、"欢迎再度光临××品牌"等应对用语。这些用语不但会起到广告作用，而且会不断地强化顾客的潜意识。当顾客召唤销售人员时，销售人员需要用"好的，是的"、"能不能麻烦您稍等一下"、"很抱歉，让您久等了"等应对用语。随时使用"谢谢您，很抱歉"、"不好意思，没有帮什么忙"等用语，使之成为一种良好的习惯，通过语言的表达充分显示出销售人员对顾客的尊重，以维持与顾客之间良好的互动。

2. 保证顾客满意

顾客经常对他们的购买决定不坚定，尤其是对高价位的商品，如果销售人员能提供保证会使顾客坚定信心，消除疑虑。比如说："您放心，我们的产品是 ISO10004 认证，质量绝对有保证。""我们的产品价格虽然贵了一点儿，但绝对是物超所值，能够经得起时间的考验。"在随后商品的使用过程中，顾客如感到很满意，会感激销售人员的。

请你点评

一

一位老大爷要从商场买一个热水瓶。尽管一个热水瓶不值多少钱，但是销售人员小张还是十分耐心地给这位老大爷讲解热水瓶的使用方法和注意事项。

"老大爷，使用热水瓶时，您要注意安全，加热水的时候要特别小心。"

"倒热水时，要45度角倾斜，不要倾斜得太厉害。"

小张拿了一个热水瓶，将里面装上水，给这位老大爷当场示范："老大爷，我给您示范一遍，您看仔细了。"

老大爷看在眼里，喜在心头，连连点头，高度赞扬了小张的服务态度，并向小张保证："我以后只来这儿买东西，哪儿也不去。"

小张听了很高兴，向老大爷说："老大爷，以后这东西如出现问题，就叫我去给您修，这是我们公司的电话号码。"

小张把电话号码抄给了老大爷。

老大爷高兴地回了家，到家后，他一传十、十传百、百传千地帮助小张宣传。这样，该公司给顾客留下了很好的口碑，并收到了良好的经济效益，从此拥有了一大批固定的老客户。

二

伯雷是门罗复印机公司的著名推销员。有一天，他去拜访一位女房地产经纪人，她的公司曾经在门罗公司购进过一台复印机。当时，这位女经纪人曾坚持要让伯雷立下一张书面字据，说当她所购买的复印机运转不灵时，他们必须借一台新的复印机供她使用，以免她的企业在业务繁忙的周末因为机器故障而遭受损失。

伯雷当时便爽快地答应道："没有问题，只要您需要，您可以在全天二十四小时的任何时候打电话向我们寻求帮助。"

女经纪人当时并没有把这些话当回事。她想所有的销售人员都是一个德性，在你还没有决定买他们的产品时，他们总会作出一切美妙动听的承诺，一旦你抱着他们的东西出了门，那简直就是另外一码事了。

可是，有一天，女经纪人的复印机真的出了点儿毛病，不能正常工作。这下可把她急坏了，焦急之中她忽然想起伯雷曾经给她作出的承诺："只要您需要，您可以在全天二十四小时的任何时候打电话向我们寻求帮助。"

于是，这位女经纪人拨通了伯雷的电话："噢，是伯雷吗？我的复印机干不了活儿了，你能帮我的忙吗？"

伯雷立刻答道："当然，我半小时内赶到你们那里，我会带一台新复印机过去，这个周末就放你们那儿，周一上午等我们的维修人员把那台有毛病的修好后，您再还回来。"

"真是太感谢你了！"女经纪人由衷地感谢道。

自从伯雷摸索出这样一种售后承诺"只要您需要，您可以在全天二十四小时的任何时候打电话向我们寻求帮助"的推销方法后，许多顾客成为他的忠实客户，并自发地向别人推荐伯雷的复印机，他的销售成绩就更上一个台阶，逐渐走向事业成功的顶峰。

实战训练

一

刘先生是个生意人，平时很少在家吃饭，经常在外就餐。这一天他去一家经常去的东北菜馆吃饭。席间他点了一支青岛啤酒。服务员由于是新来的，第一次上班，动作还不熟练，开瓶时手忙脚乱，加上紧张，怎么也打不开瓶盖。如果你是这家菜馆的资深服务员，遇到这种情况，你会怎么办？

二

晚上11点，百货商场闭店的铃声刚刚响过，顾客已陆陆续续离开商店，销售人员也忙于做下班前的准备工作。这时一名顾客匆匆走进来，对销售人员说她要急着买一套儿童服装，第二天拿去送人，希望销售人员能帮她这个忙。如果你是销售人员，你会怎么办？

三

在本节的"情景回放"案例中，顾客来到这间商店购买真皮沙发，商店有两种质量和价格不一样的沙发，遇到这种情况，你会怎样向顾客推销这些真皮沙发呢？

四

黄先生是一家房地产公司的推销员，现在他要把一套位于木材加工厂附近的房子推销出去。这套房子除了附近那家木材加工厂造成的噪音这一劣势之外，还有许多优势，比如说房子所在小区环境优美、楼层少、密度低、绿化好，而且房屋设计简洁大方又实用，位于离火车站不远的地方，交通非常便利，价格也比较低廉。

张先生单身一人，以前跟自己的一个朋友合租一套房子同住，后来因故搬了出来。他想自己买一套新房子，要求是一要交通方便，二要价格偏低，三要环境优美。这三条要求正好适合黄先生想脱手的那套房子。但是，张先生还是有一点儿犹豫，因为自己这套房子最麻烦的一点就是位于噪音区附近，张先生是搞网络设计的，需要一个安静的工作、休息环境。如果你是黄先生，你怎么推销这套房子呢？

第六节　退换货的处理

商品退换，是销售工作中的一个重要环节。广大销售人员对于商品退换，应该树立起正确的认识。一方面，销售人员应当认真而负责地做好商品、服务行销过程中的各项工作，确保其在售出之时优质足量。在对商品、服务进行宣传介绍时，一定要实事求是，以求服务对象真正购买到适合自己需要的商品或服务。在售出商品或服务时，切记对规定不得退换的，向顾客加以必要的说明或提示，以避免或减少不应有的摩擦。另一方面，销售人员要认识到商品退换是售后服务非常重要的一环，直接关系到商家的信誉。做好商品退换这一环节的工作，有利于增强商家的信誉；反之，则有损于商家的信誉。

情景回放

顾客不耐烦地打电话给商场售后服务员："昨天还好好地，今天也不知怎么搞的，连灯都不亮了，拜托来修一下好不好，或者给我换一个新的？"

　　售后服务员很有礼貌地说："先生，您能把具体经过给我描述一下吗？"

　　顾客没好气地说："没什么好描述的，总之，我是买了个坏东西回来！"

　　服务员耐心地询问："请问，您插上插头后，有没有发出声音啊？"

　　顾客肯定地说："一点儿声音都没有。"

　　服务员接着问："您的电源在哪里呀？"

　　顾客气不打一处来："当然是插在插座上嘛！"

　　服务员仍然很有礼貌地说："好吧！请您把电话放着，再去看看插座和插头的情形，好不好？"

　　顾客烦不胜烦："其实看不看都一样啦！有什么好看的？"

　　过了一会儿，顾客看完回来后，很不好意思地说："哎呀！就是插头没有插上啦！也不知是谁把插头给拔掉的。真对不起啊！"

　　售后服务人员诚恳而热情地表示："没关系，弄清楚情况就行了。以后如果有什么事情的话，请您别客气，还是打电话给我们好了，非常谢谢您对我们生意的照顾。"

点评分析

　　此案例中，售后服务人员接到顾客的电话投诉，不急着解释原因，也没有马上答应顾客的要求，而是先问清楚原因，"先生，您能把使用的具体经过给我描述一下吗？"这种说法很好，首先了解商品使用出现的问题，而且语气和蔼，态度谦逊。顾客则回答："没什么好描述的，总之，我是买了个坏东西回来！"面对顾客的埋怨，售后服务人员仍然没有胡乱解释，而是保持冷静，也没有与顾客纠缠，以"请问，您插上插头后，有没有发出声音啊"继续引导顾客查找原因。在售后服务人员的一步步启发之下，顾客终于找到原因了，是自己使用的问题，而不是产品本身的质量问题；并且知道是自己错怪客服了，向客服道歉。

　　售后服务人员自始至终表现得冷静、热情，既没有因顾客的抱怨而辩解，也没有答应顾客的换货的不合理要求，而是非常耐心地一步步引导顾客自己发现问题、解决问题。面对顾客的错误，售后服务人员还诚恳地说"以后如果有什么事情的话，请您别客气，还是打电话给我们好了，非常谢谢您对我们生意的照顾"，既赢得了顾客的信任，又增加了商家的信誉。

指点迷津

销售人员售出商品之后，顾客不满意时可能会提出退换的要求，销售人员对此应有一定的服务技巧。

1. 有正确的认识，耐心听取顾客投诉

销售人员对顾客的真诚体现在给顾客满意的服务上。只要顾客满意，即使给商家造成某种程度的经济损失，也是值得的。面对顾客要求退换货时，销售人员可以这样说："先生，您先不要着急，让我来帮您处理这个问题。请问一下，您觉得××产品什么地方让您不满意了，您可以具体说明一下吗？"耐心听取顾客的投诉，了解清楚情况。

2. 站在顾客的立场考虑问题，当即采取措施，要诚心道歉，保证不会有类似的情况发生

顾客退换商品，意味着对商品不满意，也意味着销售人员未尽到给顾客满意商品的责任。所以，销售人员在为顾客办理退换商品服务时，一定要站在顾客的立场考虑问题，向顾客诚恳地致歉。同时，还要向顾客表示，以后一定注意不再发生类似的情况。销售人员可以这样说："先生，这是我的错，都怪我当时没有帮您把好关。这么热的天，让您来来回回跑了这么多趟，真是麻烦您了。"

3. 按商家的承诺给予赔偿

以新商品换旧商品作为补偿或免费换新商品，并送上一份小礼品，销售人员可以这样说："我们信守商场对消费者的承诺，给您免费更换新的商品，同时因为给您带来了麻烦，我们为了表示歉意，送一份小礼品给您。"如果顾客因为商品质量问题而受到精神上或物质上的损失时，商店应考虑实际情况，适当地给予赔偿以表安慰，此时，销售人员可以这样说："因为我们产品的原因，让您受到了伤害（损失），我们愿意作出适当的赔偿。"

请你点评

一

李先生18岁的女儿购买了某一公司的美容霜，使用两天后，脸上开始发痒、红肿，出现了一大遍红色的丘疹，导致女儿无法出门，李先生就去生产产品的公司投诉。

张经理接待了这位前来投诉的客人李先生。

商务交际　●●●●●●……

李先生怒气冲冲地说："你们的美容霜，干脆叫毁容霜算了！我18岁的女儿用了你们的产品后，面容受到很大破坏，现在连门都不敢出。我要你们负责！我要你们赔偿我们的损失！"

张经理听后稍加思索，心里明白几分，但他仍诚恳地道歉："是吗？竟发生这样的事，实在不好意思，给您府上的千金添麻烦了。现在当务之急是马上送您女儿去医院，其他的事我们回头再说。"

李先生本来是想骂一顿出气的，万万没有想到经理不但认真，而且真的挺负责任。

于是，经理亲自陪同他们父女去医院皮肤科检查。

检查结果是李小姐皮肤有一种遗传性的过敏症，并非美容霜有毒所致。医生开了处方，说过两天会痊愈的，不会有任何后遗症。

这时父女才放下心，只听经理又说："虽然我们的产品并没有任何有毒成分，但您女儿的不幸，我们是有责任的。因为虽然我们产品的说明书上写着'有皮肤过敏症的人不适合用本产品'，但小姐来购买的时候，销售人员可能忘记问是否皮肤过敏，也没向顾客叮嘱一句注意事项，致使小姐误用这种产品。"

李先生的女儿听到此话，再拿美容霜仔细看一下，果然，包装盒上有明确说明哪几种人不能用，只怪自己没详细问清与看清就买来用了，心中不禁有些懊恼。

张经理见此情景便安慰她："小姐，请放心，我们曾请皮肤科专家认真研究过关于患有过敏症的顾客的护肤品问题，并且还开发了好几种新产品，效果都很好。等过两天您痊愈之后，我派人给您送两瓶用一下，保证不会再出现过敏反应，也算我们对今天这件误会的补偿。先生、小姐，您看如何？"

结果自然向好的方面发展了。

二

客户陈先生是一个IT设计人员，平时喜欢用电脑来设计各种IT产品。一年前，他购买了一部七彩笔记本电脑。在使用七彩笔记本电脑差不多一年后，最近陈先生发现电脑的显示器的边框裂开了，他觉得很奇怪，怎么会无端端边框就裂开了，用了十几年的电脑，这种事还是第一次遇到。于是，他就尝试打电话给七彩电脑公司，想了解是什么原因，然后看看有没有什么解决方法。以下就是他们的电话对话。

客户："我有些问题需要你们处理一下！"（语气平和，客户知道显示器的裂开，不属于保修的范围之内，只是抱着试试的心态打这个电话）

销售人员："陈先生，有什么可以帮您的?"（不紧不慢）

客户："我使用你们的笔记本电脑已经快一年了，最近我发现显示器的边框裂开了。因为我知道你们的电脑是三年保修，所以，我想看看你们如何解决?"

销售人员："您是指显示器边框裂开了?"

客户："是的。"

销售人员："您碰过吗?"

客户："我的电脑根本没有摔过，没有撞过，它是自动裂开的。"（语气上已经有些急了）

销售人员："不可能。我们的电脑都是经过检测的，不可能。"

客户："它确实是自动裂开的，你们怎么能这样对我!"（已经在吼了）

销售人员："那很抱歉，我不能帮您。请问还有什么需要帮助的吗?"

客户："我要投诉! 我要投诉!"（客户心想，我满肚子的怨气，我受到了不公平的待遇，我要发泄）

实战训练

一

刘先生是个体育健将，平时很喜欢锻炼身体，能量消耗很大，为了及时补充消耗的能量，他在本地一家有名的牛奶公司订了一年的鲜奶。这一天，他在把牛奶倒入杯中时，居然发现牛奶中有一小块玻璃碎片。刘先生在庆幸自己没有直接把玻璃碎片喝到嘴中的同时，也很气愤，牛奶中怎么会有玻璃碎片，这也太不像话了。于是，刘先生前往牛奶公司投诉，要求退货赔偿。如果你是销售人员，面对这种情况，你如何处理?

二

一位女顾客想为自己远在北京的儿子织一件毛衣，来到本地一家大商店购买了600克毛线，由于这位顾客没有把毛线捆好，导致一部分毛线拉拉扯扯地拖到地上。于是她把其中弄得乱七八糟的100克拿回柜台要求退换。一位销售人员看后，凭自己的经验，认为是顾客自己弄乱的，便很肯定地说："这是您自己搞乱的，根据我们公司的规定，因顾客的主观原因导致产品质量出现问题，是不能退换的。"顾客对此坚决予以否认，认为在一开始买的时候，这捆毛线就没有绑好，并坚持要退换。如果你是销售人员，面对这种情况，你该如何解决?

三

顾客张先生是个电脑爱好者，平时喜欢在电脑上读书、写作。今年他准备参加全国的司法考试，打算将来做一名律师。于是他在一家文化公司购买了一套电脑光盘学习资料。但是他兴冲冲回到家，打开电脑，插入光盘后发现其中一张光盘无法使用。但这是一整套的司法考试复习资料，少了其中的一张光盘，就会对整个司法考试复习造成很大的影响。于是他打电话到这家文化公司，要求销售人员全额退款，然后再去另外一家书店买这套资料。如果你是销售人员，面对这种情况，你如何处理？

四

在本节的"请你点评"案例二中，如果你是销售人员，面对顾客打来的咨询电话时，你该怎样处理客户陈先生的投诉？

第七节　常见错误

错误事例一

在一家大型的电器销售店里，货品琳琅满目，有电视机、电冰箱、微波炉、手机等，很多顾客都在精心挑选着自己喜爱的产品，就在这时候，有一个高大的男子满脸怒气地向其中一个销售人员走来……

顾客（怒气冲冲）："你们企业的售后服务风气不好，电话叫修，总是姗姗来迟！这算怎么回事，你快给我一个交代！"

销售人员（生气）："没有那回事，那是不可能的！"

周围的顾客都投来了不信任的眼光，犹豫着要不要买自己刚选上的货品。

正确做法

在一家大型的电器销售店里，货品琳琅满目，有电视机、电冰箱、微波炉、手机等，很多顾客都在精心挑选着自己喜爱的产品，就在这时候，有一个高大的男子满脸怒气地向其中一个销售人员走来……

顾客（怒气冲冲）："你们企业的售后服务风气不好，电话叫修，总是姗姗来迟！这算怎么回事，你快给我一个交代！"

销售人员（诚恳）："我相信您知道的一定是个案，有这种情况发生，我们感到非常遗憾。我们企业的经营理念，就是服务第一。我们在全省各地的技术服务部门都设有电话服务中心，随时联络在外服务的技术人员，希望能以最快的速度替顾客服务，以达成电话叫修后两小时一定到现场修复的承诺。我们一定会跟进您的这个个案的，请放心！"

周围的顾客投来了赞赏的眼光，安心地继续挑选着自己手上的商品。

评点：直接反驳顾客容易在不知不觉中陷入与顾客的争辩中，往往会事后懊恼，但已很难挽回。理论上讲，在处理顾客投诉时，销售人员应尽量避免与顾客发生直接冲突，尽量避免针锋相对的反驳。使用这种方法，最重要的是要避免造成对方的不快。

错误事例二

在一家商贸行里，销售人员正在向一位送货司机交代情况，忽然听见一阵急冲冲的脚步声，那人脚未停稳便张口就骂……

顾客（气愤）："你们这么做生意的吗？经常延迟交货，实在糟糕透顶了！"

销售人员（低声下气）："实在对不起，实在对不起，都是我们不好。"

正确做法

在一家商贸行里，销售人员正在向一位送货司机交代情况，忽然听见一阵急冲冲的脚步声，那人脚未停稳便张口就骂……

顾客（气愤）："你们这么做生意的吗？经常延迟交货，实在糟糕透顶了！"

销售人员（温和）："先生，能说说具体情况吗？在我所接触过的顾客当中，还没有人这样说过，他们都认为本公司的交货情形一向良好，在同行中是有口碑的，您能否举出最近的实例，供我参考呢？"

评点：在还没弄清楚情况前，销售人员就把所有责任都扛下来了，这不是明智的做法。在本例中，"延迟交货"是顾客投诉的重点，若真有其事，顾客必能举证，销售人员应该向上级反映，设法补救；若有不实，顾客必然无词搪塞，自寻台阶下，其所谓的投诉，也会因此而得以转化。销售人员在回答时，语言措辞方面要特别留意，态度要诚恳，本着对事不对人的原则，切勿伤害顾客的自尊心，要让顾客感受到你的专业与敬业。

错误事例三

商店里整整齐齐地摆放着大大小小各式家具，有一位连续来了两天的顾客，依旧犹豫着左看看、右摸摸，既没买什么，但也不舍得离开。看着看着，她叫来销售人员，对他说……

顾客（挖苦）："你们的产品设计不理想，你看看，这沙发的样式太一般了。"

销售人员（生气）："怎么会呢，是你不懂欣赏罢了，我觉得很不错啊。"

正确做法

商店里整整齐齐地摆放着大大小小各式家具，有一位连续来了两天的顾客，依旧犹豫着左看看、右摸摸，既没买什么，但也不舍得离开。看着看着，她叫来销售人员，对他说……

顾客（挖苦）："你们的产品设计不理想，你看看，这沙发的样式太一般了。"

销售人员（诚恳）："我们的产品价格低廉、售后服务良好，这是它的优胜之处。"

评点：天下没有十全十美的事情，凡销售产品，虽有优点，但也未必没缺陷。截长补短法，即利用顾客投诉之外的其他优点，来补救投诉之缺点，以化不能成交为可能成交。以优补拙、以良救劣，必能使顾客因投诉引起的心理不平趋向平衡。

错误事例四

电话销售人员（亲切）："您好，罗先生，我是小李，昨天和您谈的那个项目，您认为如何？"

顾客（厌烦）："你不用再打来了，我们老板还没有同意呢。"（不是真正的决策者）

电话销售人员（生气）："你不早说，我直接和你老板谈谈吧。"

正确做法

电话销售人员（亲切）："您好，罗先生，我是小李，昨天和您谈的那个项目，您认为如何？"

顾客（厌烦）："你不用再打来了，我们老板还没有同意呢。"（不是真正的决策者）

电话销售人员（诚恳）："您为这个项目付出很多，真是太辛苦了，您看我能为您做点什么吗？如果方便的话，我可以直接和您老板联系一下，您觉得怎么样呢?"
（尊重顾客，找出真正的决策者）

评点：在多次通话之后，顾客会厌烦销售人员的打搅，提出抱怨，还可能会以"我还要和老板商量一下"为理由进行推托，大多数情况下，可以判断出对方并不是真正的决策者。此时电话销售人员需要想办法让顾客把决策者介绍给自己。但是要注意，虽然电话销售人员知道了这个顾客不是决策者，通话时一样要表示出对对方的重视。

错误事例五

准备开学了，书店显得格外热闹，家长带着小孩高高兴兴地来买一些学习辅导书，销售人员忙里忙外的，连口水也顾不上喝，就在这时候，有一位顾客却把他揪住了……

顾客（生气）："你们这本书怎么这样，又是缺页又是重印!"

销售人员（生气）："我怎么知道，又不是我装订的。"

顾客（更生气）："你这人怎么这样!"

销售人员（更生气）："我怎么了!"

正确做法

准备开学了，书店显得格外热闹，家长带着小孩高高兴兴地来买一些学习辅导书，销售人员忙里忙外的，连口水也顾不上喝，就在这时候，有一位顾客却把他揪住了……

顾客（生气）："你们这本书怎么这样，又是缺页又是重印!"

销售人员（微笑）："真对不起，可能装订过程中出了一点儿问题，我这就帮您换一本新的。"

顾客（温和）："好的，谢谢!"

评点：要知道，顾客在投诉过程中，只不过是对产品有意见，是对公司的服务有意见，销售人员不要认为投诉、抱怨是针对个人的，销售人员只是一个服务人员，销售人员要不断告诉自己，顾客骂的不是自己，否则，销售人员便很难解决顾客的实质问题。

错误事例六

　　一名顾客买了一盒罐头，因为没有留意保质期，没有及时食用。等他想起冰箱里还有一盒罐头，要吃的时候，发现罐头居然过期了，不能再吃了。想着花钱买了东西，却没能吃上，心里有点儿不舒服。于是，他拿着过了保质期的产品来到商场，要求退货："我买的这盒罐头，怎么有效期这么短，我都还没吃，就过期了，我要求退货。"

　　销售人员接过罐头，看了看罐底的生产日期与保质期，对顾客说："这个产品已经超过了保质期，根据我们公司的规定，是不能退货的。下次买东西时要看清楚保质期，不要那么粗心了。"

正确做法

　　销售人员接过罐头，仔细看了看罐底的生产日期与保质期，了解具体情况后，可以采取以下说法：

　　（1）先生/小姐，您购买的这款产品已经过了产品的保质期，不过考虑到您确实是因为出差的客观原因，这样吧，我跟老板申请一下，能否以优惠价格换购同类的商品。

　　（2）先生/小姐，大老远还麻烦您跑过来，确实非常抱歉！虽然这款产品已经超过公司规定的保质期限，但考虑到您是我们的老顾客，并且当初我们也没有给您解释清楚，现在有一批新货，我觉得有几件非常适合您，请您到这边来！我去请示经理，看可否给您打一个好折扣。

　　（3）先生/小姐，出现这样的事情我也非常遗憾。如果是我们的责任，我们一定会负责到底，不过由于东西确实已经超过保质期限，所以我们也非常地为难，这一点还请您包涵。要不这样，您把东西放这里，我等经理回来，请示如何处理，然后我会尽快联系您，您看这样好吗？

　　评点："我们不能退，产品已经超过保质期了"、"这种情况我也没办法，这是公司的规定"，表面上看，销售人员的说法与做法似乎没有什么问题，因为事实上这件产品也确实超过了公司规定的保质期限。但是，即使销售人员确实不能完全满足顾客的要求，也要站在顾客的角度将心比心地帮助顾客解决问题。这种生硬的处理方式会让顾客觉得销售人员抱着事不关己的态度，拿公司的规定来应付他，这种做法不利于维护良好的顾客关系，也是非常不负责任的行为。

　　遇到顾客拿着超过保质期的产品来要求退货的时候，从责任归属上讲，公司肯定是免责的。但销售方可以以人性化的方式来考虑，首先销售人员表明销售方立场，在委婉说明店方的观点的情况下，随后积极表示会尽量为顾客想办法解决的问题，让顾客感到销售人员确实在帮助他解决问题，这样即使是最后结果不如他所愿，顾客也能接受。

错误事例七

一名顾客在本地的一家家电超市买了一件电器，这个顾客凭着自己几十年使用家电的经验，而不是按照商品使用说明的方法使用电器，结果导致产品坏了，要求退货。

顾客（生气）："你们卖的是劣质产品，我拿回去一用就烧了。"

销售人员（反问）："您是怎么使用的，是不是没有把插头拔下来就打开啦？"

顾客："是啊，你怎么知道？"

销售人员说："买的时候都没有问题，而且您也检查过。这是您没有按照商品使用说明去做，在电器没有断电的情况下，强行打开，而导致电器发生故障。这不是产品质量问题，我们商场不负责任！"

顾客（大吼）："有没有搞错啊，你们又没有说清楚，你们是在推卸责任！"

销售人员："您这人怎么这么不讲道理呢！"

正确做法

销售人员认真耐心地听取顾客的说法，了解具体情况后，应该这样做：

销售人员（亲切）：" 真不好意思！您是我们的老顾客了，您一定也知道产品质量有问题的情况，并且就像您刚才所说，问题确实是因为您在使用过程中没有注意所致，所以，对于这样的非质量问题，确实让我们很难处理。真的非常抱歉，不过，我个人还是很乐意私下帮您，其实这个问题解决起来也不是非常麻烦，要不您把东西先留下，我联系相关的技术人员帮您维修？"

评点："您这人怎么这么不讲道理呢"暗示顾客没有修养，蛮横无理，销售人员此时的指责只会导致双方陷入争吵。"这不是产品质量问题，我们商场不负责任"实际上是封闭了适宜的沟通渠道，必将使双方陷入是否属于质量问题的争执之中。

销售人员首先应以讲道理但不激化顾客情绪的原则去与顾客真诚沟通，引导顾客说出产品出现问题的详细情况，以确定责任归属。如果责任确实属于顾客，作为销售人员仍然有责任帮助顾客解决问题。这个阶段应该采用真诚、负责而非质问的口吻说话，首先拉拢老顾客以获得顾客的配合，并诚心地告诉顾客责任在顾客身上，最后，一定要积极地以个人名义帮助顾客想办法解决问题。

错误事例八

商场门前张灯结彩，很多春装一上市就进行了降价促销，吸引了不少顾客驻足挑选。一位顾客来到商场购买了一件衣服。但是回家后，她把包装盒拆开，发现衣服的后面居然有一处黄色的污渍。她马上来到商场，找到销售人员，要求退货。

顾客："这件衣服我买回来以后，打开包装纸盒，发现衣服上面有污渍，这件衣服不干净，我要退货。"

销售人员："在购买的时候，您看过是没有污渍的，现在又说有污渍，那我们是不退货的。"

正确做法

销售人员认真耐心地听取顾客的说法，了解具体情况后，可以采取以下说法：

（1）是的，刚买东西不久便出现这样的状况搁到谁身上心里肯定都难受，这一点我完全可以理解。您放心吧，如果是质量问题，我们一定负责到底，这是我们的责任。只是您买的时候也检查过，我相信您现在也不知道到底是怎么回事，所以真的很抱歉！不过我个人还是很乐意帮您，其实这个问题很好解决，您把东西先留下，我清洗后联系您回来拿，可以吗？

（2）小姐，您先别急，我现在请示一下公司领导，看怎样帮您解决问题……小姐，考虑到您一直以来对我们店的支持，经理这次破例决定给您换一件以表示对您的感谢。经理还批评我们没有在您买东西的时候仔细加以检查，让您这么大热天跑来跑去，还耽误您的时间，确实不好意思！小姐，请问您还是要这种颜色的吗？

评点："购买的时候您看过是没有污渍的，那我们是不退货的"，以此指责顾客，推卸掉自己身上的责任，并且暗示顾客东西一旦卖出去，出现任何问题概不负责，属于"一锤子买卖"的心态。销售人员在处理产品退换时，可根据以下情况处理：①产品在可换的条件下，公司作出让步给予调换并真诚道歉。②产品在不可换的条件下，公司可以根据情况及顾客的影响力和态度而定。如果对方属于影响力较强的大客户并且执意调换，公司可以自己吃点儿亏而作出让步，但此时绝对不要指责顾客，只要暗示对方的错误即可。

错误事例九

有一名很挑剔的顾客在百花商场里面购买了一把厨房剪刀。事后，她觉得这把剪刀款式不好，就跑去百花商场调换了，回家后又觉得新的剪刀使用不方便，又去调换。这位顾客前后三次以各种理由跑去百花商场要求销售人员反复调换。以下是第三次调换时顾客与销售人员的对话。

顾客："麻烦你再拿那把剪刀换给我！"

销售人员（不耐烦）："您这人怎么这么麻烦！"（不乐意地取出另外一把剪刀）

（顾客继续要求调换）

销售人员（明显地表现出不耐烦的神态）："卖您东西好累，都换了三次了！"（销售人员把一把新剪刀扔到顾客面前）

销售人员（恶劣）："这次检查好，下次我们不换啦！"

正确做法

销售人员应该主动招呼顾客，热情地满足顾客的需要。可以采取以下说法：

（1）小姐，您放心，我们承诺的就一定会负责到底，只是希望这次您多检查几次，确认没有问题再将东西拿回去，否则，一件东西还麻烦您跑这么多次，搞得我们很不好意思。

（2）真不好意思，可能前几次我忘记提醒您将东西仔细检查后带回去，这是服务不到位的地方。您放心，这次我们还会给您换的。不过我们先一起来检查一下东西，确认没有问题后您再带回去，免得麻烦您下次还要跑来一次，那我们多不好意思呀。

（3）哎呀，都是由于我以前没有替您把好检查关，这样就麻烦您前前后后跑了都有三次了，真的，我都感觉不好意思啦。您放心，我们现在就给您准备新的，顺便一起来检查一下东西的质量问题。如果下次再麻烦您跑过来，那我们就更不好意思啦。

评点："您这人怎么这么麻烦"、"卖您东西好累，都换三次了"，销售人员明显地表现出不耐烦的神态，可能会激怒顾客。"这次检查好，下次我们不换啦"，机械生硬的语言会让顾客窝火，即使给顾客换了东西也无法达到预期效果。

在上述正确说法中，作为销售人员应该主动找自身的责任以获得顾客更多的配合与理解，毕竟是顾客主动跑过来的。如果她觉得自己完全没有道理，她也不会来，所以如何在不违反原则的情况下帮助顾客解决问题才是最重要的。但一定要让顾客知道我们已经作出了让步，不要做两头不讨好的事情。

错误事例十

绝大多数的顾客在购买了商品以后，心理上对商品的质量总是不放心。顾客经常会对销售人员说："我觉得你们在质量上做不到99％的合格率。"

销售人员："您放心，我们的产品质量是100％的合格。"

正确做法

销售人员认真耐心地听取顾客的说法，了解具体情况后，应该这样说：

销售人员（亲切）："我知道您现在的想法。您对我们产品质量达到99％的合格率有些疑虑，对不对？"

顾客点头同意。

销售人员："您能不能谈谈为什么您会有这样的想法？"

……（顾客说明原因）

销售人员："那我就清楚了，因为现在这个行业发展很快，由于我们公司在技术方面不断加强，去年产品合格率就已经超过了99％。您可以从我给您的材料的第2页看到这一点。"

……（顾客重新翻看产品材料）

销售人员："您对这一点还有什么不放心的？"

评点：顾客的怀疑是由于他们对销售人员不信任，对销售人员告诉他们的信息持怀疑态度。这种怀疑态度很可能是由过去的经验告诉他们的，即销售人员所讲的是不可能的事。如果销售人员直接告诉顾客"你放心，我们的产品质量是100％的合格"这一句话，并不能消除顾客的怀疑，反而会让顾客认为销售人员是为了完成销售而哄骗自己的。作为销售人员，面对这种情况，首先要表达对顾客提出的问题的认同，然后澄清、确认问题所在，提问并找到产生这种怀疑态度的根本原因，给出相关的证据，最后看顾客是否接受。

小　结

要处理好投诉，首先销售人员要了解顾客不满时想得到什么。顾客想得到的是：

有人聆听，受到尊重；问题受到认真对待；立即看到补救行动；获得补偿；澄清问题使其不再发生；还需要感激的态度，等等。

因此，在处理顾客投诉的过程中，销售人员尤其需要做到以下几点：

（1）尽量离开服务区，避免对其他顾客有所影响。

（2）找一个令顾客感到舒适、放松的环境。

（3）和颜相待，让顾客发泄怒气。

（4）表示出理解和关注，并做记录。

（5）如有错误，立即承认。

（6）明确表示承担替顾客解决问题的责任。

（7）同顾客一起找出解决办法。

（8）必要时请上司出面。

而在这个过程中，销售人员一定要避免以下行为的出现：

（1）争辩、争吵、打断对方。

（2）直接拒绝顾客。

（3）批评顾客，强调自己正确的方面，不承认错误。

（4）表示或暗示顾客不重要。

（5）认为投诉、抱怨是针对个人的。

（6）语言含糊，推卸责任。

（7）怀疑顾客的诚实。

（8）责备和批评自己的同事，表明自己的成绩。

（9）假装关注。

（10）在事实澄清以前便承担责任。

（11）拖延或隐瞒。

（12）用词消极、否定。

总之，掌握好处理投诉的技巧，将使我们在营销过程中面对顾客的不满时能应对自如，并争取到更多的回头客，使我们的营销工作做得更出色。

附录：各章参考答案

第一章　打破坚冰——与陌生人的沟通技巧

第一节　准确称呼客户

请你点评

一

中国人尤其讲究讨"口彩"，希望听到对方的几句吉利话，尤其是在一大早被人骂或碰到人说了晦气的话会觉得不吉利。虽然现在是 21 世纪的科技信息时代，但是人们非但没有把这些含有迷信成分的习俗忘记，反而更加相信，如装电话或者给手机上号喜欢末尾为"8"或"6"，"8"意味着"发"，"6"意味着"六六大顺"等。一大清早就被人劈头骂了一句"死经理"，史经理心里别提有多不舒服了，所以很不开心地看着这位推销员。但是推销员似乎没有觉察到，依然在不停地"史（死）"经理长，"史（死）"经理短的，让史经理哭笑不得。而且一大早就来推销人寿保险，史经理心里会想是不是保险公司故意派这样一位推销员来诅咒他，当然就下逐客令了。所以，销售人员在向客户介绍产品的时候一定要吐词清晰，要注意克服方言的影响。

二

称呼的时候在某人的姓氏前面加上一个"小"字，看似亲切，其实不然。因为不同的人对此有不同的理解，并不是说所有的人对任何人称呼他"小某"都会乐意接受，而大部分人可能只接受两类人称呼自己为"小某"，一类是长辈，一类就是前辈。除此之外，不恰当的称呼可能会引起对方的排斥心理，造成对方的反感，而影响到彼此的进一步交往。这个案例中，李靖和黄浩两人都是企业请过去的老师，而作为地方区域经理的彭爽在商务交际场合称呼李靖为"小李"，明显是不妥的。更何况彭爽一边喊李靖的同事为"黄经理"，一边称呼李靖为"小李"，这不明摆着跟李靖过不去么？李靖婉拒彭爽敬酒后，彭爽仍开了句玩笑，本来一句玩笑话也无可厚非，可是称呼不对，再加上当时还有彭爽的其他下属在场，场合也不对。这让李靖觉得彭爽是明摆着在他的下属面前装大，所以故意给他个难堪。

实战训练

一

你是广州某四星级酒店的前台接待，一个很久以前光顾过你们酒店的五十多岁的男顾客走进酒店并来到前台，你曾经为他办理过入住手续，记得他是某贸易公司的业务经理张××。

你："张经理，您好！"

张××："你还记得我？"

你："张经理，你是我们的老顾客了，而且还是我们酒店的 VIP 顾客，我怎么会记不住你呢？"

张××："我已经好久没有住你们酒店了，但是从现在起，只要我来广州，除了你们酒店，我不再住其他酒店，因为你让我觉得，你们的酒店非常重视顾客。"

二

这位业务员被拒绝就是因为没有记住客户的姓名。准确地记住客户的名字在推销中具有至关重要的作用，这种推销技巧被称为记名推销法则。美国最杰出的推销员乔·吉拉德能够准确无误地叫出每一位顾客的名字。即使是一位五年没有见过的客户，但只要踏进乔·吉拉德的门槛，他就会让你觉得你们是昨天才分手，并且还非常挂念你。他这样做会让这个人感觉自己很重要，觉得自己很了不起。如果你能让某人觉得自己了不起，他就会满足你的所有需求。

三

虽然同一公司的人都称呼该中年人为"老杨"，这种叫法也不会让"老杨"感到尴尬，但崔俊与"老杨"初次见面，而且是在办公场所，在没有弄清"老杨"职务、身份之前，这样称呼是不恰当的。正确的做法是：崔俊应先向相熟的客户了解

"老杨"的情况，再直接称呼其为"杨经理"。或者崔俊也可以直接向"老杨"作自我介绍，并与"老杨"交换名片，然后按名片上的职务称呼。

四

小王发现陈经理是自己的老同学，应该这样说："陈经理，你好！'士别三日，当刮目相看'这话一点不错，才几年不见，老同学竟然当上经理了。"

小王拜访客户是在办公场所，对客户的称呼应该符合当时的环境，即使是熟人也要注意使用工作上的得体称呼，而不能因为是老同学就使用绰号之类的称呼。更何况"小矮人"这一称呼还含有贬义，会让客户感到尴尬。这样称呼不仅不能拉近彼此间的距离，还可能因此让客户反感。

第二节　开场白的技巧

请你点评

一

以上对话中的错误在于——急于推销产品。很多电话销售人员在平时的工作当中，经常犯这种错误，这不仅失去了客户，而且也丢掉了人情。所以在使用"第三者介绍法"打开话题时，务必注意以下几点：

（1）首先说明与介绍人的关系。

（2）传达介绍人的赞美和问候。

（3）公司的产品得到了介绍人的肯定。

（4）巧妙地引导客户到销售中来。

（5）切忌在顾客还没有了解自己与介绍人的关系之前就介绍产品。

二

创造了一个非常好的谈话空间之后，客户能够打开他的心扉，就可以与销售人员建立互信的关系。越严肃的客户，一般会越敬业，他认为销售人员能够对他的机构提供帮助的话，他会愿意与其交往，他信赖这样的厂家。所以，小小的开场白就有这么大的效果，当然，交谈中销售人员一定要自然过渡到销售上去。

实战训练

一

（1）"哇！小姐，我们店里正好在**做促销**，现在买是**最划算**的时候！"

（2）"您好，欢迎光临某某品牌，现在全场货品**88**折，凡购满1 000元即可**赠送……**"

（3）"您好，小姐，您真是**太幸运了**，现在优惠**大酬宾**，全场5折。"

（4）"小姐，您来得正好，我们店正在**搞活动**，现在买是**最划算**的时候！"

（5）"您好，小姐，您**运气真好**，现在优惠**大酬宾**，全场88折。"

二

"先生，您的眼光真好，这款瓷砖是我公司最新推出的仿古瓷砖，非常适合您这样的高级人士，您不妨感受一下……"

三

李明："您好，是刘经理吗？"

刘经理："是的，什么事情？"

李明："您好，刘经理，我是王新的朋友，我叫李明，是他介绍我认识您的。前几天我们刚通了一个电话，在电话中他说您是一位非常和蔼可亲的人，他一直非常敬佩您的才能。在打电话给您之前，他务必叮嘱我要向您问好。"

刘经理："客气了。"

李明："实际上我和王新既是朋友关系又是客户关系，一年前他使用了我们的产品之后，公司业绩提高了20％，在验证效果之后他第一个想到的就是您，所以他让我今天务必给您电话。"

四

阿珠："您好，请问是王振兴总经理吗？"

王总："是的，请问你是哪位？"

阿珠："我是百达公司的珠珠，第一次给您打电话，但我相信我们一定有共同点。"

王总："是吗？什么共同点？"

阿珠："如果您想知道，明天下午两点在老地方等我。"

王总："什么老地方？"

阿珠："大自然高尔夫球场，我也是那里的会员，到时我再给您电话，咱们不见不散。"

第三节　吸引顾客的注意力

请你点评

一

从小周推销成功的事例可以看出，关注顾客，让顾客自豪是多么重要。顾客得知你对他的关注，他也很高兴，于是就把自己的经历或者让自己自豪的事情一一告知，此时的顾客已经完全忘记了你是销售人员，而是把你看作一个倾听的好朋友。很多时候，人们都喜欢别人倾听自己，倾听自己的过去和业绩，和他一起分享快乐，当他自豪完了以后，就对你产生一种知己之感，甚至在内心会觉得让你分享他的快乐耽误了你的正事，而你却毫无怨言地听他讲，毫无芥蒂地为他高兴，这时候，他内心会产生一种"补偿"心理，所以，这个时候，即使你不提出任何要求，他也会主动满足你。

二

在日常生活中，引起顾客对商品的注意是顾客购买的先决条件。很多商家都想方设法用别具一格的宣传、语言、招牌等强化对顾客的刺激，吸引顾客的注意力，使顾客愿意把时间、精力、开支转移到自己的商品中，这在竞争激烈的市场环境中显得尤为重要。这家小店用一句实实在在又不失幽默的宣传语引起人们对商品的兴趣，之后再加上实事求是的介绍引导，不仅成功地将商品推销出去，而且为商店树立了诚实可靠的商业形象。

实战训练

一

A 小姐："您好，请问要看看衣服吗？这里有今年新出的款式，您看看，那边的都是今年的新款式。"

女士："哦，看上去很不错，你拿给我看看。"

A小姐："您可以把宝宝放下，我们替您看着……或者我来抱他。"

女士（感激地）："谢谢啊。"

A小姐："宝宝，乖啊。阿姨抱宝宝。"对小女孩说："姐姐也来和弟弟玩。告诉阿姨，你们叫什么名字啊？几岁啊？"

女士回头看看A小姐哄她的孩子，显得非常开心。只见男孩伸出两个手指头，含糊不清地说："两岁！"姐姐接着说："我六岁了。"

A小姐："哇，两个小朋友都好棒。你们要不要妈妈买漂亮衣服啊？"

女士将一套衣服取下来，给男孩穿上，看起来觉得不错。看看定价，又犹豫了。

女士（犹豫）："不能便宜点吗？"

A小姐："对不起啊，这里是不讲价的。您看，您宝宝多漂亮、多聪明啊，不是很像您，那一定就像爸爸。宝宝有这么帅的一个爸爸，真的好幸福哦，宝宝要是穿上这么漂亮的衣服上幼儿园，那老师都喜欢抱宝宝，带宝宝玩哦，是不是啊，宝宝？"

男孩："老师喜欢宝宝。"

女孩（着急地）："王老师最喜欢我，让我'六一'儿童节表演朗诵。"

A小姐："你真棒，让妈妈挑件漂亮的花裙给你去表演好不好？"

女孩："好。"

A小姐拿过一件漂亮的花裙递给女士："您看，两个孩子可爱又聪明，要是穿上您为他们挑选的衣服，准是人见人爱，长得这么可爱的小孩，我真想多抱一抱。"

女士非常高兴，给女孩也换上花裙，左看看、右看看，越看越觉得两个孩子穿着很漂亮。最后狠狠心，决定买下。

A小姐："两个孩子有一位这么有眼光的妈妈，多幸福啊。"

A小姐对女士的孩子、丈夫的夸赞让女士感到自豪，也对A小姐产生了亲切感，因为世间的每一个母亲都以自己的孩子为荣。每个母亲都希望孩子聪明、漂亮，也希望孩子被人夸赞，人见人爱，就像天使和宠儿一样。同时，A小姐的夸赞，说如果宝宝穿上漂亮的衣服，幼儿园老师会更喜欢宝宝，这样的话在年轻的妈妈心中更起作用，谁不愿意老师喜欢自己的孩子呢？A小姐就是抓住了母亲的心理特点，让女士为自己的孩子自豪，从而激发她的购买欲望。

二

乐乐："您好，请问是刘先生吗？"

刘先生："是的，请问你有什么事呢？"

乐乐："刘先生，您好，我是乐乐，××旅行公司的，有个事情想麻烦您一下！"

刘先生："请说。"

乐乐："能请教您几个问题吗？"

刘先生："可以。"

乐乐："请问您平时经常有出差的机会吗？"

刘先生："大概一个月有一两次吧。"

乐乐："频率还是挺高的嘛！请问您出差时一般喜欢住几星级酒店呢？"

刘先生："三星级或四星级的吧。"

乐乐："挺不错的嘛！那么再请问一下，您是为私事出差多，还是为公事出差多呢？"

刘先生："基本上是为自己的事出差。"

乐乐："这样说，我应该叫您刘老板啦！刘老板，我想请问在您出差时，居住的酒店一般是事先预订好的，还是临时安排的呢？"

刘先生："都有，有时候是事先预订，有时候是临时安排。"

乐乐："如果是事先预订的话，酒店可以给您多少折扣呢？"

刘先生："有时候可以打到8折，有时候没有折扣，这要看情况。"

乐乐："那么您有没有享受过2~7折的优惠折扣呢？"

刘先生："还真的没有享受过这么低的折扣呢。"

乐乐："另外，如果是临时安排的，有没有遇到酒店客满的情况呢？"

先生："有时候会遇到。"

乐乐："遇到这种情况您一般会怎么处理呢？"

刘先生："另外再找一家！"

乐乐："哦，是这样。刘老板，您使用过商务旅行卡吗？"

刘先生："见过，但没有用过。"

乐乐："为什么不尝试用一下呢？"

刘先生："这种卡太多了，也不知道是不是真的可以优惠。"

乐乐："的确是这样。做这种商务卡业务的公司仅仅在广州就有几十家，刘老板，您不觉得这正好说明使用商务卡的人士很多吗？我们公司是一家已经在美国上市的公司，在全世界有好几千家签约酒店，仅在中国就有 1 000 多家签约酒店，现在正好是我们的优惠赠送期间，如果您现在办理，就可以轻轻松松解决您刚才所谈到的问题。"

刘先生："那如何办理呢？"

乐乐："这个很简单，只要您……"

乐乐在推销前细心分析出作为一个私企老板最关心如何才可以开源节流，减少业务支出。因此，乐乐一开始没有急于向客户推销产品，而是以请教问题的方式，引导刘先生说出在出差过程中遇到的问题，以此突破刘先生的心理防线，这个时候说出产品的优点就吸引了刘先生的注意，销售自然是水到渠成。

三

小严："您好！我是电动针织机厂的推销员小严，我想问问，您是否需要看看我们的机器？"

张女士（黯然地）："您大概不知道，我们家的境况，恐怕是这个小区里为数不多的几家困难户，恐怕……您找的人不对吧！"

小严："我知道您的境况，也知道您的不容易，您和您先生一起下岗，不要厂里的一分钱，自己动手养活自己，还要供孩子读书，真的很不容易，我打心底里敬佩您。也许您会以为我只是一个只想赚钱的做推销的，不屑于我的看法。"

张女士："不是的，我为什么不相信你呢？"

小严："您知道吗？您的生活艰难，国家也会想办法帮您解决，但是您拒绝了国家的补贴，您二位是靠自己的双手来获得收入的人。其实不瞒您说，我们厂生产的机器除了针对私营企业主，也正是为您这样有困难的下岗女工量身制作的。如果您使用这样的织机可以自己买回原料制作毛衣，操作很简单的。您看，如果您也可以为家庭增加收入，那么您先生在外面就可以轻松一点，孩子的学费也有了着落，不是吗？现在针织毛衣很流行，而能织毛衣的女性越来越少，所以针织毛衣的市场还是很大的。"

张女士："您说的何尝不是呢？我也希望为丈夫分担压力啊，可是确实没有这么多钱来买您的机器啊！"

小严："我能理解您的艰难，我们的机器既然是为你们量身定做的，在价格方面自然也会给您一些优惠。再说这种机器也不算贵，本利很快就会赚回来，您也不希望您先生辛苦，并且您甚至可以两人一起经营，您说呢？"

张女士："能不能等我先生回来再考虑，您可以留下地址和联系方式。先生，真的很谢谢您啊！"

小严："不客气。其实，我也很敬重您的，真的很不容易。我作为一个推销员也是靠自己的双手撑起自己的天空，跟您没有任何区别的，希望以后能再见您！"

过了一段时间，张女士和丈夫把钱凑齐了，向小严购买了这种针织机，另外他们那个小区也有其他几家住户也准备购买，因为他们很信任小严。

小严推销的成功在于他能把顾客当作自己的亲密朋友，真诚地为顾客着想，说出顾客的心里话，真切地考虑顾客的处境，为顾客策划，引起了顾客的共鸣，顾客也愿意把自己的实际情况全部告诉小严。这样，顾客与推销员之间可以推心置腹地交谈，在交谈中产生了信任。虽然，开始时顾客没有足够的资金购买产品，但这次交谈还是引起了顾客的注意，所以在不久以后，张女士不但凑足了钱买了小严的产品，而且也介绍了其他顾客购买。

四

汤姆并不答话，而是从口袋中掏出一张一美元的钞票，当着大家的面把它撕碎，对苏比说："你心疼吗？"

苏比愣了一下，但马上平静地说："我不心疼。你撕的是你自己的钱，如果你愿意，尽管撕吧。"

汤姆笑一笑说："我撕的不是我的钱，而是你的钱。"

苏比一听，大吃一惊："怎么会是我的钱呢？笑话！"

汤姆说："你结婚已经20多年了吧，就算是20年了吧。如果这20年里你用的是我们的烹调器做饭，每天就可以节省1美元，一年365美元，20年就是7 300美元，不就等于你已经撕掉了7 300美元吗？你今天还是没有用它，所以又撕掉了1美元。"

大家被他的话说服了，立即购买了汤姆的产品。苏比也赶紧买了一套。

汤姆先是利用撕钱的手法制造悬念，吸引了顾客的注意力，而那句"你心疼吗"更是强化了顾客的好奇心，让顾客更想知道其中的答案。汤姆还抓住了苏比和其他顾客的弱点——想节省金钱的心理，运用数字计算，让顾客产生非常深刻的印象，从而完成了推销。

第四节　倾听和询问的技巧

请你点评

一

显然，这次谈话是非常失败的，销售人员三番五次地打断客户的诉说，这是销售沟通的一大禁忌。如果采取这种沟通方式，成交根本没有希望。与客户沟通的过程，是一个双向的、互动的过程。客户不喜欢一直处于被动地接受劝说和聆听介绍的状态，他们也要表达自己的意见，也需要销售人员的认真倾听。因此让客户多说，而自己多听，是销售沟通中每个销售人员都必须学会的技能。

二

这里促销员运用询问和倾听的技巧，通过问"我想问一下二位打算将音响放在哪个房间？""我看你们二位的穿着打扮都挺有品位的，想必家里的装修也是很有品位的，会是什么风格啊？"了解了顾客放置音响的房间的各种情况，然后用封闭式问题"在欧式古典风格的客厅里一定也会放上一套在风格上相匹配的音响，是不是？"引导顾客思考购买音响要和已经装修好的房间风格相同。接下来，为顾客推销造型古典的音响就顺理成章了。

实战训练

一

（1）在飞机上，空姐第一次推着饮料车过来的时候，里面放满了各种饮料，她一般这样问："先生（小姐），您要什么饮料？"这时候，她不能使用封闭式问题："您是要橙汁？咖啡？茶？可乐？雪碧？矿泉水？"

可当她第二次推着饮料车回来的时候，只剩下橙汁和茶，这时她会问："先生（小姐），您是要橙汁还是茶？"如果她使用开放式问题："先生（小姐），您要加点什么？"有的客户就会说："咖啡。"

（2）选 A 选项。因为你目前手机资源很少，只有两款产品。

二

小贩："您要不要买一些水果？"

老太太："你有什么水果？"

小贩："我这里有李子、桃子、苹果、香蕉，您要买哪种呢？"

老太太："我正要买李子。"

小贩："我这里有很多李子，有大的，有小的，有酸的，有甜的，您要什么样的呢？"

老太太："我要买酸李子。"

小贩："这堆李子特别酸，你尝尝？"

老太太一咬，果然很酸。老太太受不了了，但越酸越高兴，马上买了一斤李子。

当老太太走近并询问李子怎么样时，小贩直接向老太太介绍自己的李子又红又甜又大，老太太摇摇头离开了。小贩没有卖出李子的原因是他没有探询老太太的需求，便试图向老太太推销李子，结果老太太并不想买甜李子，就离开了。所以小贩要成功推销出商品，首先应询问老太太要买什么样的李子，了解清楚了再根据老太太的需求介绍，这样才可以卖出商品。

三

张莉："黄先生，您穿多大码的西装？"

……

张莉："黄先生，想必您一定知道，以您的身材想挑一件合身的衣服，恐怕不容易，起码衣服的腰围就要做一些修改。请问您所穿的西装都是在哪儿买的？"

黄先生："近几年来，我所穿的西服都是在观奇洋服买的。"

张莉："观奇洋服的信誉不错。"

黄先生："我很喜欢这家公司。但是，正像您说的，我实在很难抽出时间挑选适合我穿的衣服。"

张莉："其实，许多人都有这种烦恼。要挑选一套自己喜欢、适合自己身材的衣服比较难。再说，到处逛商店去挑选衣服也是件累人的事。本公司有 4 000 多种布料和式样供您选择。我会根据您的喜好，挑出几种料子供您选择。您穿的衣服都是以什么价钱买的？"

黄先生："一般都是 2 500 元左右。您卖的西服多少钱？"

张莉："从 1 500 ~ 4 000 元的都有。这其中有您所希望的价位。"

张莉："我能给客户带来许多方便。他们不出门就能买到所需的衣服。我一年访问客户两次，了解他们有什么需要或困难，客户也可以随时找到我。"

张莉："黄先生，您很清楚，现在一般人如果得到良好的服务，会令他受宠若惊，他会认为服务的背后是否隐藏着其他什么条件。这真是一件可叹的事。我服务客户很彻底，彻底到使客户不好意思找其他的厂商，而这也是我殷勤服务客户的目的。黄先生，您同意我的看法吗？"

黄先生："当然，我同意您的看法。我最喜欢具有良好服务的厂商。但现在有这种良好服务的厂商越来越少了。"

张莉："提到服务，本公司有一套很好的服务计划。假如您的衣服有了破损、烧坏的情形，您只要打电话，我立即上门服务。"

黄先生："是吗？我有一件海蓝色西装，是几年前买的，我很喜欢，但现在搁在家里一直没有穿。因为近几年我的体重逐年减轻，这套西装穿起来就有点大。我想把这套西装修改得小一点。"

张莉："黄先生，我希望您能在业务上给予支持。我将提供您需要的一切服务。我希望在生意上跟您保持长久的往来，永远替您服务。"

黄先生："张莉，什么时候给我看看样品？"

张莉："您对衣服是否还有其他的偏爱？"

黄先生："我有许多西装都是观奇洋服出品的，我也喜欢金利来的西服。"

张莉："金利来的衣服不错。黄先生，以您目前的商业地位来说，海蓝色西装很适合您穿。您有几套海蓝色的西装？"

黄先生："只有一套，就是先前向您提过的那一套。"

张莉："黄先生，谈谈您的灰色西装吧。您有几套灰色西装？"

黄先生："我有一套，很少穿。"

张莉："您还有其他西装吗？"

黄先生："没有了。"

张莉："我现在拿出一些样品给您看。如果您想到还没有提到的西装，请立即告诉我。"张莉边说边打开公文包，拿出一些样品放在桌上。

在开始销售以前，了解客户的需求非常重要。只有了解了客户的需求后，销售人员才能根据需求考虑向客户介绍相应的产品。不了解客户的需求，好比在黑暗中走路，既费力气又看不到结果。销售人员应该通过问许多问题来发现客户的真正需求，并在询问过程中积极倾听，让客户尽量发表真实的想法。有些销售人员一见到客户就滔滔不绝地说个不停，让客户完全失去了表达意见的机会，这种做法往往使客户感到厌烦。一旦客户厌烦，销售人员的销售注定要失败。为了发现客户的需求，究竟应该花费多少时间来向客户提问呢？这通常要看销售的是什么产品，通常商品的价值越大，所需的时间越长，反之则越短。在本案例中，销售员张莉每问完一个问题，总是以专注的态度倾听客户的回答。这种做法可以使客户有一种被尊重的感觉。许多销售人员常常忘记这一点，要知道，倾听是确保有效沟通的重要手段。如果销售人员在客户面前滔滔不绝，完全不在意客户的反应，则很可能会失去发现客户需求的机会。

四

尽管山本内心希望里德先生尽可能快地回到正题上来，但是出于礼貌和对里德先生的尊重和理解，他还是很高兴。

山本（愉快地）："是的，先生，您儿子真是令人骄傲。这真是一件值得庆贺的事情，先生。"

里德先生："您知道吗？我儿子小的时候就很聪明，我记得那时候他在班上一直名列前茅，但他又是个很贪玩的小家伙，为了他，我和他母亲不知道花费了多少心血。有一次他居然模仿州教育督办的口气给校长打电话，斥责校长对学生的严格要求束缚了学生的创造力。"

山本（忍不住笑起来）："这小家伙，可真有趣。"

里德先生（见山本听得饶有兴趣，继续）："从小他就有旺盛的求知欲，生化课上，老师问，谁能告诉我蚯蚓是什么味道，全班人都不懂，只有他一个人跑到讲台上，尝了蚯蚓，并且告诉老师，蚯蚓是微咸的。"

山本（惊叫）："啊……"

里德先生（更加得意）："他有不同寻常的头脑和思维方式，山本，这是他成功的关键，我认为。"

山本（由衷地）："的确如此，先生。"

过了好久，里德先生才回想起山本来找他的目的，于是感到非常抱歉……

里德先生："亲爱的山本，为什么不提醒我呢？我……我实在是太高兴了，我一高兴就忘了我们的正事了，别见怪，山本。"

山本："怎么会呢？我很喜欢听，先生，我仿佛又回到了少年时代，真的很有趣，先生，祝贺您。"

里德先生："山本，请你把订单拿出来吧。"

里德先生非常高兴地接受了山本推销的产品，并决定宾馆里所有的灯具都采用山本的灯具公司的产品，当秘书提醒他是否需要认真考虑一下的时候，他说一个对顾客很尊重、能对顾客的订货单以外的事情表示理解和感兴趣的销售人员，是值得信任的。他能尽可能地理解顾客并对顾客的话保持兴趣。有时候顾客说的话也许跟你的推销没有关系，但销售人员依然要保持倾听的兴趣，因为顾客的眼睛是雪亮的，顾客的内心是敏感的。销售人员稍微表现出来的不耐烦，顾客都能感觉到，或者销售人员对顾客的话漫不经心，这些都让顾客觉得销售人员对他并不是发自内心地尊重，并不关注他，这样顾客的内心就会受到伤害，甚至会很生气。顾客有时候会情不自禁地表现出喜悦；希望销售人员能分享他的喜悦。一个对顾客很尊重、能对顾客的订货单以外的事情表示理解和感兴趣的销售人员，是值得信任的。他能尽可能地理解顾客。

第五节　有效的报价策略

请你点评

一

在这里促销员采用了先顺后转法和"属性归一"策略。

其实，顾客对价格的质疑暗含着这样的前提：两种口服液每盒的疗效是基本相同的，所以，顾客认为该品牌的口服液价格太高了。促销员运用"是的……但是"这一句型先肯定对方的异议，表示认可对方的观点，理解对方的感受，创造出和谐的谈话气氛；然后再用"属性归一"策略委婉地指出顾客假定前提的错误。引导顾客在统一属性——相同疗效基础上进行比较。通过比较可以让顾客发现表面价格高的口服液实际反而比××口服液划算。

二

赵南忽视了公司客户和普通小商品市场顾客的区别，不恰当地套用"漫天喊价，就地还钱"的做法。公司客户一般对自己所要采购的产品事先已经了解，对价格已经询问多家供应商，如果再一味地报高价，反而会把客户吓跑，还会让客户觉得你没有诚意，故意想宰他，对公司的形象也有影响。接到客户的询价电话，销售人员首先应询问客户的行业，了解客户的心理价位，然后选择适中的价格报给客户，同时不轻易降低价格。当客户提出降价要求，销售人员就强调其公司产品的优良之处，意思就是告诉客户，本公司的产品物有所值，不是仅仅靠价格来衡量的。这样客户的注意力就不会老是盯在价格上了。

实战训练

一

销售人员主动走上前向这位顾客介绍说："我们这里卖的柜子与别人卖的不一样。请您看看这木料、烤漆都是上乘的，做工也很考究，不仅结实，也很光亮。还有，我们的柜子比一般的要深 100 毫米，储物空间大 6%。拉门也比一般的精致、灵活、耐用，不管怎么拉都方便自如。另外，我们这里的组合柜还做了两个抽屉，并配有暗锁，可以放一些较贵重的东西。这一比较你就知道，一般的组合柜不能与我们这里的组合柜相提并论。您多花一点钱所得到的好处是一般组合柜的两倍以上。"

二

一位顾客光临某家用电器销售店。当他得知该店的电风扇的价格后，脱口而出："哎呀，你卖的电风扇太贵了！"销售人员听了之后，并没有马上反驳，而是面带笑容，委婉地对顾客说："您说得对，一般顾客一开始都有和您一样的看法，即使是我也不例外。但您使用过就会发现，这个牌子的电风扇质量非常好，您要是买一台质量差的，以后的维修费可能就是个无底洞，相比之下这种电风扇的价格并不贵。"

在这里，销售人员先是表示与顾客有相同的看法，使顾客感到自己得到了对方的理解和尊重，自然就为销售人员下一步亮出自己的观点、说服对方铺平了道路。一般顾客都明白"一分钱一分货"的道理。当顾客得知电风扇价格高是因为质量好的缘故时，也就不会再争议了。

三

推销员："那请问，先生，您认为贵了多少呢?"

顾客想了想说："大概贵了 200 元。"

这时，推销员就在记录纸上写下"贵 200 元"，然后又问："先生，您认为这个锅你能使用多少年呢?"

顾客："大概是永久性的吧。"

推销员："那您确实想用 10 年、15 年、20 年、30 年吗? 以最短的 10 年为例，作为顾客来看，这种锅每年贵 20 元，是这样吗?"

顾客："嗯，应该是这样的。"

"假定每年贵 20 元，那每个月贵多少钱呢?"推销员边说边在纸上写下算式。

顾客："如果那样的话，每月就是 1 元 7 角 5 分。"

推销员："是的，您夫人一天要做几顿饭呢?"

顾客："一天要做两三顿吧!"

推销员："好，一天就按两顿计算，那您家中一个月就要做 60 顿饭! 如果这样，即使这套极好的锅每月平均贵上 1 元 7 角 5 分，和市场上卖的质量最好的成套锅相比，做一次饭也贵不到 3 分，这样算就不算太贵了。"

推销员一边说一边把数字写在纸上，并让顾客参与计算。

经过精细计算，顾客觉得很划算，毫不犹豫地掏了腰包。

推销员大概都有相同的体会：无论产品价格是多少，总有人认为价格高——"太贵了!"此时，最好的办法就是采用"细分法"，把贵不贵的事实摆给顾客看，让他们觉得价格是合理的，所推销的商品值那个价。

四

销售人员："王经理，对于您来说，培训是否达到效果才是最重要的，您说是吗?"

客户："是的!"

销售人员："如果我们的训练对您没有一点效果，即使免费，对您来说也是一种损失，因为耽误了您宝贵的时间，您说是不是?"

客户："没错!"

销售人员："所以我希望能带些资料和您面谈，只需要 10 分钟的时间，明天您上午方便还是下午方便?"

客户:"那你就下午过来吧!"

有些客户会一开始就询问价格,这时如果直接告诉客户价格,客户就会以价格高来回绝你,所以,在客户还未全面了解产品的价值之前,不能告诉对方价格。销售人员在客户认可产品之前,应婉转地避开谈论价格。当客户执意要知道价格时,可以这样问他:"王先生,价格是您做决定时唯一要考虑的吗?"或者"您在这方面只在乎价钱的高低吗?"销售人员也可以这样问来绕开价格问题:"王先生,您难道只考虑价格的因素,而不在乎产品的质量、公司信誉和服务吗?"用这样的问题,可以使客户转移注意力,使他考虑其他的因素。价格本身并不能引起客户的购买欲望,只有使客户充分认识了产品的价值之后,才能激起他们强烈的购买欲望。客户的购买欲望越强烈,对价格问题的考虑就越少。销售人员在商谈的时间顺序上,要尽量先谈产品价值,后谈价格。

第六节　激发顾客的购买欲望

请你点评

一

这个案例中,很明显销售人员从对客户的询问中探寻出客户有基本需求,从这里销售人员可以明确知道这是一个潜在的顾客,是存在成交可能的,但最终没能成功销售,与销售人员没有很好地激发客户的购买欲望有很密切的关系。如果销售人员能够一开始就不急于推荐产品,而是将销售过程分为六步:第一步:探寻客户基本需求;第二步:通过纵深提问挖掘需求背后的原因;第三步:激发客户需求;第四步:引导客户解决问题;第五步:抛出解决方案;第六步:成交之后与客户建立客情关系。这样是可以促成销售的。

二

这位营业员用"省电、冷藏室大、价格便宜、保修期长、维修方便"五种"长处",弥补了自己冰箱"制冷慢、噪音大、冷冻室小"的"短处",因而提高了冰箱的整体优势,并且激发了顾客的购买欲望,使顾客觉得买这种冰箱非常实惠。顾客的购买欲望是促使其作出决定的关键。因而,要想把商品卖给顾客,务必要激发顾客的购买欲望。

实战训练

一

推销员按响了一户人家的门铃。主人打开门，推销员不失时机地说："你们家的草坪真漂亮，只是我发现又到了割草的时候了。这样热的天气，您不希望我来为您割草，而您可以在树阴下享受清凉的微风吗？"

"这个主意不错！"主人愉快地说道。

这笔交易就这么迅速地成交了，甚至连价格也没有谈，因为推销员描绘的美好景象已经深深打动了顾客，购买产品已经是水到渠成的事了。事实上，假如销售人员能针对顾客所获得的利益，恰到好处地去帮助顾客快乐地使用产品，就一定能够做成很多并不费劲的生意。

二

托尼："您好，需要我帮忙吗？"

艾迪："我弟弟从外地来看我，我想带他去打猎，可我缺一只弓，能在你这租用一只弓吗？

托尼："真抱歉，我们这里已经不再租弓了。你以前在我们这里租过弓，是不是？

艾迪："不错，几年前租过。"

托尼："租价是不是 25～30 美元一次？

艾迪："不错。"

托尼："你想多省点钱吗？"

艾迪："当然想了！"

托尼："本店正在拍卖一些装备完整的二手弓，只要 34 美元。现在你只要比租金多付 4 美元，就可以买下一整套了。我们停止租弓的原因就是因为买二手弓比租用更划算。如果你买一套，以后什么时候带弟弟去打猎都不需要再花钱租弓了。"

艾迪想了想，的确很划算，于是在这家店里订购了一套。

三

销售员："张经理，您好！请问贵公司有招聘的需要吗？"

张经理："有的。我们在招一个电工。"

销售员："请问您这个职位空缺了多久了?"

张经理："有一段时间了。"

销售员："大概多久呢?"

张经理："哦! 有半个多月了吧。"

销售员："啊! 这么久了? 那您不着急吗?"

张经理："不急,老板也没提这个事。"

销售员："张经理,老板没提这个事可能是因为他事情太多没注意到这个问题。但是您想过没有,万一在电工没到位这段时间,工厂的电器或电路发生问题该怎么办呢?"

张经理沉默。

销售员："张经理,我知道您的工作一向做得很棒,老板非常认可。很多事情不怕一万,就怕万一。万一工厂发生了什么事情,而老板却发现电工还没有到位,那肯定会对您有很大的影响。您为这家公司也付出了很多,如果因为一件小事而受到影响,肯定划不来。所以我建议您尽快把这个电工招到位。"

张经理："你说的好像也有一点道理。"

销售员："张经理,能不能再请教您一下?"

张经理："你说。"

销售员："请问您要招的这个电工是一般的水电工,还是要懂一点设备维修维护的电工?"

张经理："嘿,你还挺专业。我们工厂机器比较多,电工一般都要懂一些日常维护维修。从前那个电工就是因为对设备一窍不通,所以老板把他解雇了。"

销售员："谢谢! 那这个人你可得认真找找。你们给的待遇怎么样呢?"

张经理："每月1 600元。"

销售员："张经理,坦白讲,这个待遇低了一点,现在一般的水电工大概是每月1 200~1 600元,如果要懂设备维修的话,一般月工资在2 000元以上。"

张经理："是吗? 难怪我们上次只招了一个半桶水的人。"

销售员："是的,张经理,建议您跟老板提一下,把待遇提到2 000元,一个好的电工可以为工厂节省很多钱,相信您的老板会明白这个道理的。另外,好电工可能不是那么好招的。我准备给您设计一个简单的招聘方案,您觉得好吗?"

张经理："你都这么专业了，我不听你的听谁的，你说吧。"

销售员："我的建议是您安排两场招聘会，350元，我们还送您一格报纸。这个方案的好处是能够集中时间把电工招聘到位。您看怎么样呢？"

张经理："招一个电工要订两场招聘会，不需要吧？"

销售员："张经理，其实我们一场招聘会是200元，您订两场优惠价是350元，订两场还可以免费获赠一格报纸，考虑您招的不是一般的电工，现场不一定能够招得到，所以有必要增加报纸渠道。我们的报纸会在江门主要工业区派发，这对您的招聘效果是一个有力的保证。这个套餐比您一场一场地订要优惠超值得多。您说呢？"

张经理："有道理，好吧。那就这样定了吧。跟你聊了一下，我还真想把这个电工招到。周六见。"

销售员："谢谢！张经理，感谢您的信任，我会帮您安排好的，尽量帮您把电工招到位。再见。"

四

小贩："您要不要买一些水果？"

老太太："你有什么水果？"

小贩："我这里有李子、桃子、苹果、香蕉、猕猴桃，您要买哪种呢？"

老太太："我正要买李子。"

小贩："我这里有很多李子，有大的，有小的，有酸的，有甜的，您要什么样的呢？"

老太太："我要买酸李子。"

小贩："一般人买李子都想要又大又甜的，您为什么想要酸的呢？"

老太太："我儿媳妇怀孕了，想要吃酸李子。"

小贩："老太太，您对儿媳妇可是真体贴啊，您儿媳妇将来一定能给你生个大胖孙子。前几个月，这附近也有两家要生孩子，总来我这儿买李子吃，你猜怎么着？结果都生个儿子。您要多少？"

老太太被商贩说得高兴得合不拢嘴："来两斤吧。"

小贩一边称李子，一边向老太太介绍其他水果："其实孕妇最需要补充维生素，因为她需要供给胎儿维生素。所以光吃酸的还不够，还要多补充维生素。水果之中，猕猴桃含维生素最丰富，所以您要经常给儿媳妇买猕猴桃才行！这样的话，您儿媳妇准保给您生出一个漂亮健康的宝宝。"

老太太："是吗？好，那我就再来两斤猕猴桃吧。"

小贩："您人真好，您儿媳妇摊上了您这样的婆婆，真是有福气。"商贩开始给老太太称猕猴桃，嘴里也不闲着："我每天都在这里摆摊，水果都是当天从水果批发市场批发回来的，保证新鲜，您儿媳妇要是吃好了，您再来。"

"行。"老太太被商贩夸得高兴，提了水果，一边付账一边应承着。

第二章　架设桥梁——推销的方法与技巧

第一节　建议购买

请你点评

一

王小姐用了假设成交法。王小姐善于观察，也非常关注她的顾客。当她发现顾客很满意时即假定顾客已经决定购买，让顾客确认一些细节："我帮您开单吧。您是用现金还是通过银行卡支付？"最后销售成功。

二

彭小姐面对一开始十分坚决的顾客没有退缩，也没有极力地劝她去做美容，可以提供优惠什么的。因为如果顾客连你的服务都觉得没有必要的话，她又怎么会在乎那一点小恩小惠呢？很多销售人员都认为顾客不准备买产品是因为顾客觉得价格有问题，实际上，很多时候在于顾客觉得没有这个必要。所以，当销售人员发现顾客的需要的时候，往往就是推销成功的时候。所以，彭小姐一步一步地贴近顾客的内心，逼近她内心最软弱的地方。年龄是女性最致命的杀手，也是女性内心深处最大的恐慌，尽管很多女性喜欢掩耳盗铃，喜欢竭力掩饰恐惧，装作很不在乎的样子，但是在她们的内心，其实很在乎，所以彭小姐把顾客内心的焦虑一步步地揭示出来的时候，顾客终于展示了她不为人知的软弱的一面，她的需要被激发了，这样，彭小姐就成功地获取了顾客的心。

实战训练

一

沃尔格林糖果店请来了销售顾问，商讨如何解决 800 箱鸡蛋的销售问题。销售顾问与冷饮部经理讨论后，策划了一项行动方案。无论何时，只要顾客来到冷饮部要求买一份冰淇淋，销售人员就从柜台下拿出三个鸡蛋（右手两个，左手一个），同时直视顾客问道："加一个鸡蛋还是两个鸡蛋？"

方案实施后，居然无人对冰淇淋上加鸡蛋表示异议。而且问"要一个还是两个"，比问"要不要加鸡蛋"更自然。方案实施的成绩是 80% 的冰淇淋加了一个鸡蛋售出，近 20% 的冰淇淋以加两个鸡蛋售出。加两个鸡蛋的冰淇淋的价格增加了 10 美分，加一个鸡蛋增加了 5 美分。800 箱鸡蛋在 10 天内就销完了，并获得了可观的利润。

二

Jimy："您是学生吧，用眼多吗？平时用不用电脑？"

学生："我是计算机系的研究生，每天都要对着电脑。"

Jimy："不知道您注意到了没有？我刚才帮您试戴的时候，发现您连眼袋都有了，还有黑眼圈，眼睛边缘颜色比较深，这些都是用眼过度导致的。一个年轻的女孩，有了黑眼圈，多难看啊，特别是眼袋，一般是中老年人才有的，他们肌肉失去了弹性，所以下眼皮的肌肉下垂，像个小袋子挂在脸上，影响形象啊。"

学生（苦恼地）："是啊，可是有什么办法？每天要对着电脑做事情，眼睛要不停地盯着屏幕。"

Jimy："是啊，即使有时候停下来按摩眼睛，但是用手揉眼睛又会把病菌带到眼睛里去，容易引起角膜炎或者其他的眼科疾病。但是总不能看着自己的眼睛近视一天天加深吧，眼睛是心灵之窗，没有一双完美的眼睛是多么遗憾的事情啊。而且现在虽然可以做手术治疗近视，但是手术比较危险，同时，做了手术如果还是这样高强度用眼，还是会重新近视，而且超过一定的度数后就无法做手术了。所以，采用这种按摩仪器可以缓解疲劳，减慢近视加深的速度。"

学生："真的很有效吗？"

Jimy："这是采用中医学的穴位按摩法，是讲求科学的。您看看，您的眼睛本来很漂亮，但是因为有了眼袋而变得没有神采，同时，您的黑眼圈也使得眼睛失去了应有的青春色彩，显得疲惫不堪。"

学生不语，显然 Jimy 的话已经在她的心里起了作用。

Jimy："您如果不注意的话，对您以后很危险的啊，您想想，现在您的眼袋只是暂时性的，如果好好休息可能就会恢复正常，但是，如果将来您仍然这样过度用眼的话，很可能别人只是在年老的时候才出现眼袋，你在三十岁时就有了，过早地衰老，您愿意吗？哪个女孩不愿意自己能永葆青春呢？即使不能也可以推迟衰老啊！"

学生："那怎么办啊？我也不愿意这样啊！"

Jimy："这个眼罩也不贵，只要两百多元，两百元买眼睛的健康，您难道不愿意吗？为了美，很多人甚至不惜疼痛，不惜金钱做手术呢，一下子花几十万元，在床上一躺就是几个月啊，您想象得出来吗？其实我也是为了您好，虽然我们是为了推销，但仍然希望人人都有一双健康的眼睛。"

学生："是吗？那这个产品对眼睛真的能起到预防近视加深的作用吗？我并不是在乎钱，而是不知道有没有帮助，会不会适得其反？"

Jimy："这种眼睛按摩器是针对与眼睛密切相关的穴位设置了柔软的橡胶按摩球，对人的精明穴等诸多穴位进行电动式的按摩，按摩方式、手法多样，对缓解眼睛和大脑疲劳有很大的帮助，是符合医学原理。尤其是中国的医学原理。很多学生在这里试过，也买过，我可以给您名单看看，如果您不相信的话。"

学生："那价格能不能合理一些呢？"

Jimy："您是学生，我们可以对学生优惠10%，您觉得怎么样呢？"

学生："那就这样吧。"

三

美美西饼店在某小区门口，小林是这家饼店的销售员。一天，老顾客张大爷带着孙子来到店里——

张大爷（老远就挥手）："小林……"

小林（高兴地）："张大爷，您好！哦，您的孙子回来看您。"

张大爷："上星期在你的店里买了草莓饼，这小家伙特意要我带他来买。"

小林："哦，是的，不过张大爷，真的很抱歉，让您失望的是，这种草莓饼已经卖完了，如果您来早来十分钟的话，我们一定可以满足您。"

张大爷（显得很失望）："哦，我可是答应了孙子再给他买草莓饼的。"

小林（显得很内疚）："张大爷，如果我是您的话，一定会很失望和伤心，因为这样会让他伤心的。"

张大爷："你真是个善良的孩子。这不怪你，是我们来晚了。"

小林："张大爷，如果我是您的话，我会选择甜橙饼。如果您一直吃草莓饼的话，就永远不知道甜橙饼是什么味道，为什么不多给自己一点选择呢？"

张大爷（思考）："你说的也不是没有道理，我想想。"

小林："这种甜橙饼里镶嵌着肉松，浇上甜橙汁做成的，做法与草莓饼一模一样。张大爷，如果第一次我建议您买的是甜橙饼，您可能现在念念不忘的是它而不是草莓饼了。"

张大爷："哦，是吗？"

小林："这样您可以断定，甜橙饼不是您喜欢的，您从此可以忘记这个名字。您可以尝试一下。"

张大爷（佩服地）："小林，你的嘴巴总是最甜的，总能让人不得不选择。就按你说的，来份甜橙饼吧。"

评点：小林并不急于向失望中的顾客推销自己的产品，而是设身处地地为顾客着想，体会顾客的心情，"如果我是您，我一定会失望和伤心的……"这样的话在失望的顾客内心引起了共鸣，把顾客不便说出来的话替他讲出来了。接着，善解人意的小林又帮张大爷出主意，让他从失望中愉快地走出来，"如果我是您的话，我会选择……"这时候，小林向张大爷推销另一种商品就显得富有人情味，让顾客理解到，小林是真心为他解决难题才提出这样的建议，而不仅仅是为了推销自己的产品。紧接着，小林为了坚定张大爷的购买决心，解释了这种产品的特点，并不夸大它的质量和味道，而是客观地说出事实，让顾客自己选择。

四

其实人都希望享受更好的生活，口头上说"不需要这么好的"，实质上是因为他受到某些外在条件的制约。如果销售人员说"其实这个也不算好，还有更好的呢"或者是"这个在我们这里只能算很一般的"，潜台词就是顾客没有见识或者是个穷鬼，给人感觉非常不舒服。如果销售人员说："您到那边去吧，那边全是特价品。"这会让顾客有被羞辱的感觉。如果销售人员让顾客感觉没面子，顾客就不会有好的感觉，顾客没有好的感觉，他就不会在销售人员这里实现购买行为。同理，如果销售人员让顾客感到自己没有被尊重，那就会很容易激怒顾客，让购买的过程变成争吵的过程，把顾客树立成自己的敌人。

销售人员应该顺着顾客的意思介绍："这么好的质量才卖现在的价格已经很实惠了。"然后强调商品的优点。如果顾客确实没有这个购买预算，销售人员也可以转向介绍价格适合对方的产品，不要非得把某样东西卖给对方不可，语言一定要委婉。

销售人员可以说："是的，您真是蛮有眼光的，这个手机质量确实非常不错。不过我们现在做周年店庆酬宾，这么好的手机只卖现在这样的价格，真的是非常划算，而且您看……（加上商品的卖点）"

在处理顾客问题的时候有种方法叫"飞去来法"，意思是把顾客的问题作为自己说服对方的武器，这种方法借力打力不费力。这里运用的就是这种巧妙。

销售人员还可以说："没关系，其实除了这款之外还有几款类似的手机，性价比非常高，卖得也非常好，并且我认为也一样很适合您。来，这边请，我帮您拿过来试试，请稍等！"

销售人员很难将宝马卖给一个本打算买奥拓车的顾客，也没有必要非要去向一个工薪收入者推介豪华别墅。每个品牌都会有自己特定的目标顾客。一旦销售人员发现自己推荐的商品超出了对方的预算时，应该及时转变方向，否则就是给顾客难堪，也是给自己制造麻烦。

第二节　鼓励顾客体验产品

请你点评

一

促销员根据顾客提出的问题，用自己专业的知识给顾客最贴切的建议，并且通过有力的肢体动作——边说边"随意"地把手机放到顾客的手上，顾客被动地接受了体验，不仅有感官体验，还有行为体验和情感体验，让顾客从被动转为主动，最后爽快地购买了一台。

二

这是一种尊重体验。尊重客户，让客户受到尊重的体验绝不仅仅是一句空话。通过借助数据库营销，销售人员可以对有价值的客户提供一对一的VIP服务，可以记住并叫出老客户的名字，可以记住老客户的生日并送去祝福，可以建立客户俱乐部使老客户享受到更有价值的服务。无论是以上的哪种方式，都能让客户体验到尊崇备至。

实战训练

一

销售人员可以说："小姐，衣服穿在每个人身上，效果都不一样。如果您不穿在身上就看不出效果来。来，这边有试衣间，您可以穿上自己看看效果。小姐，其实您买不买真的没关系，请跟我来……"

销售人员也可以这样说："其实丰满一点是一种福气。看您笑脸迎人、红光满面的样子，生活一定过得很优裕、很快乐，很多人求还求不来呢。再说这件衣服本身就很适合您的气质，您看……（介绍衣服优点）"

评点：如何引导顾客试衣是让许多服饰销售人员困惑的问题，销售人员首先肯定顾客的眼光，然后以专业自信的口吻建议顾客体验，并且用自己的肢体很坚持地引导顾客去试衣间。在遇到顾客拒绝体验的时候没有放弃，而是继续自信地给对方提供体验的理由，并顺势再次引导体验。整个过程自然、流畅，让顾客有不试都不好意思的感觉。

二

店员："您是第一次来北京吗？"

顾客："是的，我从广西来旅游的。现在退休了，出来散散心。"

店员："您听说过这样一句话吗？'不到长城非好汉，不吃烤鸭真遗憾！'"

顾客："前面半句听说过，后半句倒没听说，不过很有趣……"

店员："您吃过烤鸭？"

顾客（摇摇头）："没有。"

店员："您想留下遗憾吗？如果说来到北京都不吃烤鸭，那您觉得对得起自己吗？您从千里之外的南方来到这里，如果连北京的特色菜都没有尝过，您觉得不遗憾吗？您如果吃了烤鸭，那么对它就不再觉得神秘，您还可以向您的亲戚朋友、妻子儿女炫耀炫耀，那多长自己的脸面啊！"

顾客（想了想）："好吧，那就来一只吧，我尝尝北京的特色菜。"

评点：面对第一次来的顾客，激发顾客尝鲜留恋的心理（情感体验），作为一个异地旅游的顾客，他的最大心愿就是能领略异地的风土人情（不到长城非好汉，不吃烤鸭真遗憾！——思维体验）和具有地域色彩的衣食住行（行为体验）。很好地了解客人的需求，并且能够懂得如何满足客人的需求，因此，客人爽快地接受了建议。

三

店员："小朋友，喜欢和小狗做朋友吗？"

小朋友："我害怕小动物。"

店员："不用怕。来，你给它点狗粮，它很开心的。"

小朋友把一些狗粮放在地上，小狗愉快地摇摇尾巴。小朋友高兴地说："妈妈，小狗好可爱。"

小狗吃完后，用湿漉漉的鼻子吻小朋友的手，睁着大眼睛温和地注视着他。当他们准备离开时，小狗"汪汪"叫个不停。小朋友不忍心离开，对父母说："爸爸妈妈，我们可以带小狗一起走吗？"

女士："这只小狗多少钱？"

评点：这种终端顾客体验是最为常见的。汽车行业的试乘试驾活动、服装行业的试穿、游戏软件的试玩、食品行业的免费品尝、日化行业的免费试用装、健身器材的免费体验、IT行业的免费体验等都属于这一类。顾客通过使用，对产品有了最真实和最全面的体验，自然也就会对自己的购买决定非常自信并会很快停止对其他同类产品的信息搜集与评估，从而很快作出购买决定。

四

终端品牌体验除了包含上面所谈到的产品层面上的体验、服务层面上的体验、感官层面上的体验、思维层面上的体验之外，还有最为重要的一环就是文化层面上的体验。

心理学家认为，人在成长的过程中都会形成对自我定位的一种暗示，并不断地通过各种行为表达和强化这种暗示。终端顾客文化体验的目的就是以销售终端作为媒体，把产品层面上的体验、服务层面上的体验、感官层面上的体验、思维层面上的体验都完美地统一于品牌文化之中，以立体和全新的方式传达品牌文化内涵和价值观，同时发现并利用文化的力量影响和激发深埋于目标顾客内心深处的意识形态，找到品牌与顾客在某一意识形态上能和谐共鸣的契合点，让顾客在充分理解品牌的内涵与定位之后，愿意将自己的人生定位、价值主张和生活态度通过品牌来表现和传达。

2006年12月2日，一座新的汽车销售4S旗舰店——一汽大众广州品牌体验中心在广州AEC汽车城落成并正式营业。新中心有着与传统4S店完全不同的全新理念，他们提出的口号是："We Feel You 360°!"（360度理解你!）

这家旗舰店占地面积6 600平方米，空间规划设计极富弹性，兼具购车、休闲娱乐与品牌体验等多种用途。除了常规的汽车参观、导购服务外，一汽大众广州品牌体验中心还融入各种生活元素和体验设施，二楼的电影院拥有特殊设计与新潮的观众席，舒适的剧院型座位以及先进的视听设备；瑜伽馆环境舒适，配备专业瑜伽教练进行指导；儿童游乐室布置得色彩缤纷，乐趣盎然。我们可以想象：周末，三口之家进入体验中心，当男士沉迷于汽车选购和参观的同时，妻子可以在中心内做瑜伽或欣赏电影，而孩子可以尽情地在游乐室玩耍，各得其乐；如果顾客累了，还可以到咖啡厅点上一杯咖啡，慵懒地小憩片刻。

在为顾客提供更丰富的配套产品和服务、将汽车的购买行为变成家庭休闲体验与快乐体验的同时，大众汽车也向顾客传递了自己定位于城市普通中产阶级的品牌文化：一辆可靠、物有所值、属于百姓大众的车，一种乐观、自信的生活态度。

第三节　让顾客产生依赖

请你点评

——

客户有某方面的需求，但不知道该选什么样的产品，这时他直接告诉销售人员，让销售人员帮助他们作出选择。销售人员通过适当地询问了解客户最实际的需求，根据客户的实际需求在沟通中认真加以分析，然后提出最符合客户需求的建议。销售人员在自信的同时应保持谦虚，把最终的决定权留给客户。销售人员最后还告诉客户一旦使用不合适时的解决方法，解除了客户的后顾之忧。

二

营业员把林刚当作对他们产品非常熟悉的专家了。事实上，林刚是希望营业员能根据自己的需要推荐产品。营业员对自己的产品非常熟悉，但介绍产品时没有使用顾客能理解的词语，因此让林刚如坠云雾。

实战训练

一

胖的人穿衣服总是觉得不好看，尤其是找不到合身的西装装饰自己，粗线条的人更是如此，而德国 BOSS 西装就可以将这种缺点装饰得很好，因此成为许多肥胖人士选择西装时的最爱。每当走进 BOSS 专柜，那些店员真叫人又爱又恨，爱的是他们那可以令人成仙的服务态度；恨的是总是被他们的销售技巧所征服而自己的口袋要大失血……

店员："刘总，好久不见，今天刚到两款新领带，真是不得了，您一定要看看，反正看看不一定要买，来来来，您这么有品位的人不看真的会后悔！"

刘先生："真的这么好呀？那看看吧！"

店员："这是最新款的，而且我觉得您戴最适合！"

刘先生："真的吗？"

店员："来来来，光看是看不出它的效果的，我帮您挑件衬衫配一下看看。"

刘先生："那好吧！"

店员："这样配是不是很棒？刘总，我建议您试穿看看，试穿才可以更加清楚。这样配真的是帅得不得了！反正试试不用钱，不试试真的很可惜。"

刘先生："喔，那好吧！"

店员："真是太帅了，简直是为刘总量身定做的一样，真是不得了！而且刘总，这领带一定要配这衬衫才好看，不然就失去它的风采了，要不我顺便帮您把这件衬衫也包起来，这样穿出去一定可以吸引街上所有人的眼光！"

刘先生："真的吗？那好吧，就帮我把这衬衫也包起来吧！"

店员："好的！只是刘总我想跟您多报告一件事。"

刘先生："什么事？"

店员："我觉得刘总您应该多带两件衬衫！"

刘先生："为什么？"

店员："因为衣服要换洗，加上有时下雨天衣服不容易干，所以多带两件才不至于没衣服可以搭配呀！要不我多帮您配两件试试看，喜欢再买，反正看看不用钱。"

刘先生："那试试看！"

店员："这样配也很棒，是吧！刘总，我觉得其实如果您还可以加件外套那就更完美了！这件是我们最新款的外套，剪裁都是一流的，您试试一定会很喜欢，反正试试也不吃亏，我帮您穿上了！"

刘先生："好的！"

店员："哇噻……不得了，刘总，比量身定做更合身，比模特穿更加亮眼，像您这么有品位的人，我相信您一定会很喜欢这套衣服的，要不我顺便帮您把外套也包起来吧！"

评点：销售人员最初与刘先生沟通的商品是一条高级领带，从领带开始慢慢扩展到衬衫、西装，最终满意成交。顾客除了关心自己的利益、商品方面的需求，更关心自己的感觉。这种感觉是在门市销售人员与顾客的沟通过程中慢慢建立起来，因此销售人员需要通过询问顾客最关心的事情来营造良好的感觉。

实际销售中，销售人员渴望的是订单，而顾客希望节省成本，从而造成销售人员与顾客之间的对立。如果焦点不一致，销售人员和顾客就永远不能达成共识。当销售人员关心顾客所关心的事情时，他们才会产生交集点，促成销售。

二

服饰店销售人员不能自以为是，即使衣服确实很好，但如果顾客不接受，那也无济于事，所以销售人员一定要顾及顾客的感受。只有用顾客认可并且易于接受的语言表达出来，这样的沟通才有效。销售人员可以将顾客提出的"花"的问题结合顾客的身体条件进行转化，并主动引导和积极鼓励顾客尝试不同的风格。

销售人员可以这样说："小姐，这是今年最流行的花色，时尚感比较强。可能您之前穿衣服的风格比较稳重一点，我建议您可以尝试一下，换一换风格也不错。我认为以您的皮肤和气质，穿这种带小花点的衣服显得更有时尚感！小姐，衣服是一定要穿在身上才能知道是否好看，您可以穿上试一下效果，买不买没有关系的。来，试衣间在这边，请您跟我来……（引导试衣）"

也可以这样说："是的，小姐真是有眼力，很多人在第一眼看到的时候都会觉得这款衣服有点花。不过，这款也是我们最近卖得非常火的一款，因为它的款式与颜色刚好吻合了今年的流行趋势，尤其是以您的肤色和气质，我相信穿在您身上一定会有大不一样的感觉。小姐，衣服一定要试穿后才能够看得出效果，试衣间在这边，请您跟我来……（引导试衣）"

还可以这样说："是的，您说得很有道理，这个花色确实比较大胆一点。不过以我做女装五年的经验，我认为您穿这个花色的款式一定会很好看，因为您的肤色……身材……所以您穿起来时尚感应该特别强，当然具体感觉怎么样一定要您穿在身上才能看得更清楚。小姐，这边有试衣间，请您跟我来……（引导试衣）"

三

任何人都喜欢听好话，推销员可以先认同顾客并适度赞美顾客，让顾客有一个好心情来聆听接下来的话。然后，推销员提供足够确凿与自信的事实让顾客感觉到这个问题其实不用担心，但不要明确告诉他到底是否会出现他提出的那些问题以免断了自己的后路。还要学会扬长避短，避重就轻，考虑到顾客提出的这个问题对我们是相对不利的，所以简单略过该问题并迅速主动地将焦点转移到其他话题上，比如引导顾客体验产品，或者试穿、试戴、试尝及操作产品等，或者询问顾客的房间楼层朝向、房间面积及装修风格等。当对方确定要购买产品并付款后，推销员再用简洁的语言向他介绍产品的正确保养与使用事项。这样更容易提高成交率并且顾客也会更加感动，在顾客还没有决定购买前推销员根本没有必要介绍产品的保养知识。

"先生，您对买××还挺在行的，每个问题都问到点子上了。先生，以前也有很多顾客和您一样提出这类问题，可是没你这么在行。不过，先生，我可以负责任地告诉您，我卖这个牌子五年了，经我手上卖出去的至少也有××件了，到目前为止，只要按照我们规定的正确方法来使用，出现您所说的这种状况的可能性很小，所以这个问题您大可不必过于担心。您真的要担心的是这款商品是否适合您的需求，否则即使东西再好，您也不会要，您说是吗？（顾客点头默认或停顿片刻后不必等顾客回答就继续说）对了，请问您家里的装修风格是……（进一步询问顾客需求或者引导顾客去体验产品）"

还可以这样说："（如果顾客决定购买产品后）先生，像这种高档产品其实保养也很重要，为了使产品保持良好的性能，您使用时要注意……先生，这些注意事项说明书上都有，关键点我写在小票后面，这样您就容易记住了。（用简洁语言强调商品日常保养事项）"

评点：首先赞美顾客的想法，然后用真诚的语言告诉顾客自己做了多少年了以树立自己的专业形象，并且通过提供过去的事实与数据来打消顾客的疑虑，强化顾客对产品品质的信心。接着一定要迅速地通过提问来询问顾客的购买标准与需求，或者通过引导顾客来体验产品，这主要是为了转移顾客的注意焦点，毕竟这些问题对销售是相对不利的，不可以在该问题上作过多的停留。也可以采用以下说法。

"先生，您这个问题问得很好，您说的情况在我们行业也确实存在。不过我可以负责任地告诉您，我们这个牌子的所有产品都经过特殊的工艺处理，所以这一点您大可不必担心。再说，我卖这个品牌已经差不多有三年了，经过我手里卖出去的产品也有××个了。到目前为止，出现您说的这种情况而来投诉的一个都没有，所以我认为我们的产品您完全可以大胆地买、放心地用。您现在其实真正要考虑的是自己是否真的喜欢，因为如果东西自己不喜欢，买回去会有很多遗憾，这样反而是更大的浪费，您说是吗……（当对方有点头或默认状出现后，紧接着推荐体验或者通过提问顾客的需求来控制他的思维）先生，请问，您家的客厅光线如何？房间多大面积？房间装修风格？（直接提问引导顾客回答问题，然后根据顾客回答的情况推荐最适合的产品）"

如果顾客看过几次后决定购买产品，此时可以说："先生，像这种高档产品保养也是很重要的，为了使产品一直保持良好的性能，您在使用的时候应注意……（当顾客决定购买后再用简洁语言强调产品日常保养事项）"

总而言之，先认同顾客的感受，自信地提供事实数据并积极鼓励顾客购买，然后引导顾客体验产品优势。

四

促销员应该真诚询问顾客的想法，然后有针对性地给予说明；或者是询问顾客以前的购买习惯，并以此为契机，建议顾客偶尔改变一下风格。

促销员可以这样说："呵呵，先生，请教您一下，您觉得'怪怪的'，到底怪在哪里呢？您指的是款式、颜色，还是……（假如顾客可以明确地说出他的想法）呵呵，这都怪我没给您解释清楚，是这样的，先生……（与顾客沟通）"

以请教的口吻真诚询问顾客真实的想法，如果顾客没有立即说出来，也可以引导顾客说明，然后再给顾客适当的解释。

"我们品牌是挺有个性的，很多老顾客也正是因为这样才经常过来。其实不是东西怪，而是这稍有个性的商品跟您以前的习惯不相同。我们可要'与时俱进'哦。这种是比较有个性的商品。请问，您今天来是想看……还是……"

首先承认顾客的说法，并告诉顾客，有许多老顾客正是因为这个原因才购买的，然后具体解释顾客认为东西怪的原因，最后一定要顺势引导顾客购买。

第四节 激发顾客的焦虑

请你点评

一

李小姐善于抓住顾客的心理，在这里，她抓住了顾客的两种心理：第一，俗话说"可怜天下父母心"，哪一个父母不望子成龙，哪一个父母不望女成凤？李小姐举出了两个小孩子智力开发得早并且取得成功的事例，必然激起这对年轻夫妇的羡慕，尤其是作为母亲，在每一个母亲的眼中，她总是认为自己的孩子是最好的，别人的孩子能取得成功，自己的孩子绝不能输给他。所以别人小孩能做的事情，自己的孩子也一定可以做到，只要自己对他进行培养。眼见别人的孩子已经领先了，她内心能不焦虑吗？第二，恰适"五一"黄金周，超市里的产品打折，这可是平时难得的大好机会。"机不可失，时不再来"，错过了，就得花加倍的钱来买同样的东西，女性顾客大多有善于理财的心理，所以"只剩下三台"也让她内心更着急。在这双重焦虑的夹击下，最后她决定买下电子琴。父亲的态度显得理性一点，不过对于这种价格合理的产品他不像妻子那么急切，男士在对价格方面的担忧常常没有女性来得那么急切。从上面的事例可以看出，让顾客担忧，让顾客内心充满焦虑感同样可以促成推销的成功。这时候，销售人员一定要摸准顾客的心理，从顾客最担忧的事情出发，阐明利害关系，最后使得顾客无法忍受内心的焦虑，不得不尽快决定购买产品。

二

老鞋匠懂得使用欲擒故纵的方法，又懂得吊顾客胃口，的确是摸透了顾客的心理，因此"三五块钱"也轻易地变成了"20块"。

实战训练

一

推销员可以这样说："这种锅很抢手的，早点买好，否则很快就卖完了。而且现在是促销期，以后恢复正常价格可能会更贵。您可以想象一下，当家里来了客人的时候，您用这锅煎出的鱼不仅味道鲜美可口，颜色焦黄、香脆，而且鱼的形状完整，表面光滑，让客人一看就产生强烈的食欲，您作为主妇多有面子！很多人说，从厨房看女人，一个女人的厨房功夫也可以看出她的品位。您再想象一下，当您儿子做功课累了，当您先生辛苦了一天回到家里，您给他们煎牛排的时候，当牛排躺在锅里"嗞嗞"作响、香味四溢的时候，您丝毫不用担心它会烧煳锅底，也没有在美餐后担心锅底难以洗掉的烦恼，那是一件多么开心的事啊。我能想象，那时，您会庆幸您今天作的选择……"

评点：销售人员既要用事实、逻辑来说服顾客，肯定顾客的选择，同时也要用鲜明、生动、形象的语言来打动顾客，因此生动形象、充满感情的语言，往往比那些科学客观、充满逻辑感的语言更能贴近人心。正如香港一位推销大王所说："推销员要打动顾客的心，而不仅仅是顾客的脑袋。"脑袋指的是理智，心指的是感情。销售人员要努力渲染推销气氛来打动顾客的心，从而激发顾客的购买欲望。

二

销售人员："您不觉得您点的菜缺少了点什么？您不想再补充点什么吗？"

顾客："缺什么？我想不起来了，该点的我都点了啊！"

销售人员："为什么不来一盘龙虾呢？"

顾客（似乎有点嫌贵）："非得龙虾不可吗？已经点了这么多了……"

销售人员："先生您看，您订的是婚宴，您点了一盘'凤朝阳'，这个菜点得很有眼光也很有意义，新婚燕尔，龙凤呈祥，但是您的桌上只有'凤'而没有'龙'，如果您点一盘龙虾，岂不是很完美？"

顾客（欣喜）："您说得很对，就加盘龙虾吧，我刚才也是觉得缺点东西，但是总想不出，您一说我就明白过来了……哈哈……"

评点：根据顾客的实际情况分析顾客的内心需求，再用委婉的建议性的话语来说明自己的产品如何能满足顾客的需求，即加一盘龙虾可以起到补充作用，寄寓着"龙凤呈祥"的美好希冀，谁不希望自己和伴侣幸福地牵手一生呢？因此无论顾客是否嫌贵，当这样的美好愿望在内心升腾起来的时候，与美好的婚姻生活相比，这点小钱又算得了什么呢？

三

　　有一天，一个推销员在纽约市销售一种多功能水果刀。他在欧文太太的房间坐了下来，欧文太太说："我的先生在厨房做饭，不过，我现在就想看看你说的很神奇的水果刀。"推销员说："我可以到厨房帮您的先生做点什么吗？"于是他走进了厨房。"我保证您手里的茄子皮可以在30秒内全部削干净。"说着，他开始演示那把水果刀的用法。削完茄子皮后，他又把包里的苹果、梨、柚子很快地削了出来。这对夫妇很惊讶，但是欧文先生却故意摆出一副毫无兴趣的样子。

　　一般的推销员，看到主妇有买的意思，一定会继续跟进，鼓动他们买。如果那样，还真不一定能推销出去，因为越是容易得到的东西，人们往往觉得它没有什么好；而得不到的才是好东西。聪明的推销员深知欧文夫妇的心理，他决定采用"欲擒故纵"的方法。他洗净水果刀，包装起来，放回到样品盒里，然后对欧文夫妇说："多谢你们让我做了水果刀展示，我很希望能够在今天向你们提供这个多功能水果刀，但今天我只带了样品，你们以后再买吧。"说着，推销员起身准备离去。这时，欧文夫妇俩反而都站了起来，他们迫切想要知道什么时候能买得到。

　　欧文先生说："请问，现在就能买吗？要样品也可以，反正你也只在我家用过。我现在确实有点喜欢上它了。"欧文太太也表达了同样的愿望。

　　推销员真诚地说："实在抱歉，我今天确实只带了样品，而且什么时候发货，我也无法知道确切的日期。不过请你们放心，等能发货时我尽量在第一时间给您送来。"欧文先生坚持说："谁知道啊？也许你会把我们忘了。"推销员知道时机到了，就自然而然地提到了订货事宜，并且收了欧文夫妇的订金。

　　欧文夫妇第二天就收到了那款多功能水果刀。

　　评点：在推销过程中，如果深谙顾客心理，采取"欲擒故纵"的手法，往往能吊足顾客的胃口，使他们迫不及待地想要购买产品。

四

　　一天，某公司零售商场玩具柜台来了一位年轻妈妈。她注视着货架上的"声控飞碟"，推销员便将"声控飞碟"递到她手中。

　　年轻妈妈："我孩子还不到两岁，不适合玩这种玩具。"

　　推销员："两岁正是有目的地玩游戏的时候，可以有效地开发大脑。从两岁到五六岁，明智的家长都会选择玩具来发展孩子的社会行为能力。"

年轻妈妈："玩'声控飞碟'，能发展社会行为能力？没那么夸张吧！"

"不，一点都不夸张！您瞧——"推销员将"飞碟"放在地上，熟练地操纵声控器，只见"飞碟"忽而前进、忽而后退、忽而旋转。然后，他将声控器交给顾客，年轻妈妈兴趣盎然地操纵起"飞碟"来。

推销员："孩子玩这种玩具，在进退左右的操纵中，可以培养他们的协调和控制能力。这将使孩子在未来社会生活中，具有言语、情绪和行为的自控心理素质，进而能抵抗外界不良影响的干扰。间接地对孩子将来增强法制观念、培养道德情操、提高心理素质和灵活程度有很大的帮助的，所以不能说完全没有关系。"

年轻妈妈："这'声控飞碟'卖多少钱？"

推销员："500元。"

年轻妈妈："500元？太贵了。为一件这么小的玩具花500元，太不值得了。"

推销员："如果孩子从小就玩这种受控于自己的玩具，日积月累，培养出强烈的领导意识，这也是一种智力投资。难道您认为不值得吗？"

年轻妈妈听后，欣然买下了这个可以"培养领导意识"的"声控飞碟"。

评点：多描绘美好的前景，成交的可能就越大。因为人人都希望将来好，美妙的话语又容易听进耳里——耳朵舒服了，脑袋便服从耳朵了。

第五节　促成顾客的需求

请你点评

一

这是一个成功的促销例子，山本仓松运用了人们的好奇心理和逆反心理，给顾客施加了紧迫感。第一步，运用好奇心理吸引人们的注意；第二步，运用逆反心理使人们更想得到他们认为难以得到的东西。能巧妙地做到这两步，商品促销也就是自然而然的事情了。成功地运用语言表达产品数量或销售时间非常有限，使顾客明确若现在不购买，就会错过极好的购买机会，这会增加顾客在时间以及数量方面的购买急迫感。

二

从A先生说服这位男士和肯定他的选择的话语来看，他采取的显然不是简单的赞扬，而是假想一种反面的未来景象。这种景象是负面的，把顾客带入一种负面的不愉快，甚至是可怕的想象情景中去，顾客害怕看见这种景象，哪怕是在想象中也不允许它发生。为了防患于未然，他必然寻找一种解决的方式，彻底免除自己未来的忧患。于是，他选择向销售人员屈服，相信销售人员的话，这样的负面想象对顾客产生了一种压迫感，让顾客产生了一种无形的担忧，感觉似乎只有接受销售人员的劝告，才能避免未来的不愉快。这种肯定顾客的选择的方式从顾客的利益出发，考虑到顾客的实际要求，而吸尘器作为现代化家庭洁具，能很好地充当家庭主妇的帮手，将人从繁重的家务劳动中解脱出来，也可以避免家庭纷争，有益于顾客。

实战训练

一

安妮是一家化妆品公司的推销员，情人节即将来临，公司决定进行一次大型的上门促销活动，安妮被派到 D 市上门推销 V 牌化妆品。某一天，安妮敲开一个住户的门，开门的是位男士，一开始她有点失望，因为她很希望开门的是个女士，但是她还是鼓足勇气开始了推销，因为对于一个推销员来讲，碰到的每一个人都有可能是顾客。于是她鼓足勇气开始了她的推销。

安妮："先生，您好！请问您是否需要化妆品？"

先生："哦，对不起，我太太不在家，我太太一向喜欢自己挑选化妆品。"

安妮（坚持）："您知道后天是什么日子？"

先生："什么日子？……哦，对了，情人节。"

安妮："您是我碰到的第一个说出'情人节'三个字的男士，我想，您一定是一个非常珍惜自己太太的男士，也一定是一个细心的好丈夫。"

先生（微微一笑）："也许吧，不过，我太太不在家，很抱歉，如果她在，也许她会需要。"

安妮："为什么您不打算送她一套化妆品作为礼物呢？您尝试过为自己的太太买化妆品吗？"

先生："还没有，她不会喜欢的，她不放心我买东西，说男人不是优秀的购物者。"

安妮："我不觉得您不需要买这套化妆品，我是女性，我比您更懂得女人的心理。女人在乎的是自己所爱的人心里是否有她，男人为她买东西，无论买的是什么，她都会喜欢的，尤其是买那种专门为女人设计的东西，她需要的是一件物品来证明您对她的感情，而不在乎它究竟是什么。比如，您送她一束花，虽然这花既不能戴在头上，也不能别在胸前，也许只是放在只有你俩才看得见的卧室里，但是她在心理上已经满足了，因为您心里有她。更何况是一套能增添她的美丽的化妆品呢？"

先生（似乎有点动心）："也许我需要它，不过也许我陪她去买更合适。"

安妮："为什么不自己买下来呢？为什么不给她一个惊喜呢？聪明的男士常常会给妻子一些惊喜，因为他们深知女人天性喜欢神秘、好奇。"

先生："也许您说得有道理。您能不能帮我挑选一套呢？"

安妮："好的。"

唤起顾客爱的需要，销售人员就容易完成销售目标。

二

"小姐，我可以感觉得出来，您做事非常细心。其实您刚才也说了这款衣服无论款式还是颜色，您的男朋友穿都比较适合，可是您又说要等男朋友来了后再决定。我想知道，现在主要是哪方面的问题让您难以立即作出决定？（探询对方犹豫的原因并针对性地解决）"

"小姐，真是羡慕您的男朋友，有您这么一位关心体贴他的女朋友。上个礼拜也有位小姐给男朋友买西服，我当时还不理解呢。后来才知道她只是想通过这种方式给男朋友制造一份惊喜和浪漫。我相信您男朋友穿上您给他买的这件衬衣，一定也会感到非常惊喜的。您说呢？"

（如果对方说不确信男友是否喜欢）"其实，这已经不是一件简单的衬衣啦，您男朋友感动还来不及呢，您说是吧？再说了，如果他真有什么不满意的地方，只要不影响再次销售，我们特别允许您在三天内都可以拿回来换，您看这样成吗？"

三

一个冰箱推销员在街头偶然遇到一群爱斯基摩旅行者，便上前搭讪："尊敬的爱斯基摩人，你们好！"

他的问候使带队酋长感到十分奇怪，忙问："你怎么知道我是爱斯基摩人？"

"您穿着的毛皮衣服是爱斯基摩人特有的呀，我们这里没人穿成这样的。"

酋长问道："那请问你有什么事吗？"

推销员说："我有一批冰箱想卖给你们。"

酋长连忙笑着说："先生，你不是在和我们开玩笑吧？"

推销员没有正面回答，只是说："你们捕捉北极熊用的是鲸须，对吗？"

酋长的眼睛瞪得圆圆的，说："天啊，你居然连这都知道！"

推销员接着说："你们把鲸须弯曲后包裹在鲸鱼的油脂里，然后放在露天冻成一个个丸子。你们把丸子撒在北极熊的必经之路上，让北极熊全部吃进肚子里。丸子在北极熊的肠胃里面融化，于是鲸须开始伸直，戳穿北极熊的肠子。第二天你们只要把咽了气的北极熊抬回来就行了。"

"先生，你的亲戚里一定有爱斯基摩人！"酋长喊道。

推销员说："酋长，我说这些东西是想告诉你，我们冰箱的冰格里有做鲸须丸子的功能。这样您和族人就不用在半年漫长的黑夜中，经常走出温暖的小屋去检查鲸须是否完全结冰了。您和族人要做的只是在开冰箱拿啤酒的时候，顺便看一下鲸须是否冻好。不过为了保护环境，你们应该尽量避免宰杀动物。"

听了推销员的话，酋长哈哈大笑，转头对同伴说："如此说来，我们部落每家都需要买一台冰箱。"

评点：这跟上一个"情景回放"部分有异曲同工之妙，也是要针对对方的情况，找出需求点，然后引导他信服。

四

"是的，您很细心，我们这个专卖店摆放的货品确实不多，不过件件都是我们老板精心挑选的精品款式，每款都有自己的特色。来，我帮您介绍一下吧，请问您平时都喜欢什么样的……"

评点：首先老实地承认顾客的说法，并以此为突破口强化货品"样样精品"的观念，并顺势引导顾客体验产品的功能。

"您说得有道理，我们这儿的款式确实不多，因为我们老板喜欢比较有特色的东西，有几款产品我觉得非常适合您。来，这边请，我帮您介绍一下，请问您是想看看……还是……"

评点：首先真诚认可顾客的说法，然后简单说明理由，但这仍然没有达到目的，销售人员的目的是引导顾客购买。所以，接下来一定要有意识地去引导顾客体验产品的优势卖点，这才是正确的导购方向。

第六节 面对拒绝的技巧

请你点评

一

顾客开始时没有理会促销员的促销，打算赶快离开。一个气球让这对母女回来了，促销员赶紧了解顾客拒绝的原因。知道原因后进行针对促销。促销员的话表面上看来是在顺从顾客的意见，肯定顾客异议，对顾客采取退让的态度，但其实促销员的话却绵里藏针，"顾客增加的数量让我们措手不及"，"过去我们就是以过硬的质量赢得大量顾客的信任，也因此才会造成您提出的问题"。表面上看，似乎句句在"退"，然而句句又实质上在"进"，句句在强调自己的产品质量好，赢得了顾客的信任，因此导致了顾客量大增。造成问题的主要原因是顾客增多，是客观的困难而不是公司的运作不负责任。公司的责任是考虑不足，但考虑不足与不负责的严重程度是明显不同的。因此顾客从促销员的话里听出了产品的质量，同时也分析出产品的市场，而这也从侧面反映了该公司值得顾客信任。以退为进，能满足顾客的心理，平衡顾客的心理失衡。对顾客本能的异议，推销员如采取以退为进的方法，常常能满足顾客的宣泄心理。

二

遭到客户直接拒绝是销售人员常遇到的情况。应对这样的客户，最重要的是在沟通之前明确对方的要求，然后通过最简洁的方式指出对方的要求。当然，还要时刻保持最亲近的微笑和最周到的服务，俗话说"伸手不打笑脸人"，销售人员对客户的态度特别好时，他们也许会对你以礼相待。

实战训练

一

A先生："您二位是懂得生活的人。像很多人，思想不开通，一辈子在积蓄、积蓄，等到自己的钱挣足了再花的时候，发现自己已经老了，什么也用不着了，即使用得着，但是心情已经不同了。张爱玲说过，出名要趁早，否则来晚了，那快乐也没有那么纯粹了。"

小夫妻终于心动了，决定买下来。

A 先生（对女士说）："您看，太太您可真幸运，有这样一位有能力的丈夫，又懂得陪您享受生活，又有情趣，体贴人，很难得啊……"

女士听了脸上露出甜蜜的笑容，男士也显得很自豪，于是两人欢欢喜喜地去办理手续。

二

一次，我向一位外向型的太太推销化妆品，开始她拒绝了我。突然，我发现她全身都是名牌，顿时灵机一动，话锋一转："您的手袋好漂亮，在哪儿买的?"

"是啊！这是我不久前到欧洲旅游时在法国买的。"

"果然不是国内产品，我从没见过这么漂亮的手袋!"

"可不是，为此我花了不少钱呢。"

我听着她兴致勃勃地谈论，找到一个适当时机便说："是的，这种化妆品不是廉价货，的确贵了点，一般工薪阶层用不起，使用的女士都是上层社会高收入者。"一句话正中下怀，她特别高兴，马上选购了一套最贵的化妆品。

三

师傅对农民说："您身体强壮，斧子大点看着才相称!"农民听了这话高兴地付了钱。

师傅对屠夫说："你臂力不够大，这把斧子肯定好用，太大了手臂容易发酸。"屠夫连连点头。

师傅连忙笑着对年轻的樵夫说："慢工出细活嘛！这斧子保管你一天砍一大堆柴!"樵夫也满意地离开了。

师傅上前向老人解释说："我是怕您老人家太过于着急，伤着身体。我这徒弟可是连夜打出来的，质量绝对没问题!"老人一听，满意地点点头。

评点：同一件商品，有 100 个顾客就会变成 100 件商品。一口气说出产品或者服务的全部优点，不见得是好事，因为这样容易陷入被动。不如随机应变，换种说法，就会开辟出另一番天地。

四

"先生，您对洗衣机行业真是非常了解呀，确实就像您所说的一样，现在有些品牌的做法是很容易让人产生误解。但是我们确实是德国××公司合资的品牌，所以不管是在款式设计上，还是品牌理念、经营管理上都受到了该德国品牌的影响，这一点您只要仔细感受一下我们的产品功能、设计风格及门店服务就知道了，我们品牌的特点是……"

"呵呵，您说得对，现在市场上确实有些品牌是这样做的，也难怪您会这样问。是这样的，我们确实是与德国品牌合资的公司，尤其是这两年因为合资的关系，我们在产品质量、服务以及管理上实实在在有了很大提升。我相信只要您仔细体验一下我们的产品设计和做工、卖场氛围与售后服务，您就会感觉到的。"

评点：先认同顾客的想法，紧接着话锋一转告诉顾客本品牌确实是德国合资品牌。这个过程并不复杂，关键是认同与说服的过程一定要真诚。

第三章　求同存异——处理异议的技巧

第一节　识别顾客的真假异议

请你点评

一

真异议。

推销员运用了重复法、倾听探究、退让法等方法。

当顾客提出衣服"颜色深了一点儿"时，推销员说："您是说衣服颜色深了点儿，是吗?"推销员运用重复法，一方面是尊重顾客，另一方面看看自己能否准确理解顾客的异议。

得到顾客肯定的答复后，推销员就运用她的专业知识为顾客提供了参考意见。当推销员通过倾听探究到顾客坚持自己的意见时，推销员就明白——这是个真异议。

推销员于是说："哦。这件颜色稍浅，您试穿作个比较，好吗?"推销员采取了退让法，拿出其他衣服让王小姐比较，直到王小姐自己选出合适的衣服，促成了交易。

二

真异议。

推销员摩尔运用了重复法、询问法、倾听探究等方式。

"布鲁士先生，您是想了解我们的公司的售后服务吗？"摩尔采用了重复提问的方式，一方面是对布鲁士先生的尊重，另一方面也确定了顾客异议的大致方向。

"请问您最关心的是质量、送货还是维修方面的问题呢？"摩尔采用了封闭式问题询问，问题的指向更有目标性。

最后，摩尔采取了倾听探究的方式，了解客户异议的真实动机，知道了顾客的症结所在，用自己的专业知识消除了顾客心中的疑虑，并最终获得了销售的成功。

实战训练

一

高老板："我的货架已经满了，没有位置放你的新产品！"

推销员："哦，您是担心没地方放新产品！不知道还有没有其他原因？"

高老板："另外是天气问题。对饮料销售来说，现在天气太冷了。"

推销员："您是同时担心天气太冷对饮料的销量有影响吗？还有其他原因吗？"

高老板："没有其他原因。"

推销员："高老板，您刚才提到的两个疑虑：货架的空位及天气，不知哪一个是最重要的呢？"

高老板："当然是天气啦，因为它直接影响销量。"

二

真异议。

凯丽小姐已经是第三次来看车了，证明她喜欢那款车。但她却迟迟不愿作出购买的行动，这的确让皮特感到苦恼。

皮特："您已经来过三次了，说明您对这辆车还是很满意的，您到底在犹豫什么呢？"

凯丽："价格太贵了。"

皮特："对于您来说。这个价格真的很高吗？"

凯丽："是啊，太贵啦。"

皮特："您觉得太贵了，是指价格问题，但您没有考虑车辆的性价比问题。"

凯丽不解地问："你说这话是什么意思？"

皮特解释："凯丽小姐，我想用我的亲身经历把这个问题解释清楚，可以吗？"

凯丽："好的，请说吧。"

皮特："这是一年以前的事情，我买了套新房子，准备装修。您也知道现在装修的价格都很高，所以我就按照最低的价格签订了合同。结果刚住进去没多久，一些小问题就接踵而来了，比如马桶漏水、地板咯吱咯吱作响之类的。为了修缮这些地方，我又额外花了不少钱，还浪费了很多时间和精力。凯丽小姐，这里就产生了商品的价格和性价比问题，价格是一时的东西，而性价比是长远的问题。购买那种价格低、质量差的汽车将来会付出更多的修理费，使用起来也不顺心，但这款车可以免除很多后顾之忧。"

凯丽点头表示同意，她说："好的，就这一辆车吧。"

评点：这次皮特改变了策略，他采取了直接询问法："您已经来过三次了，说明您对这辆车还是很满意的，您到底在犹豫什么呢？"有效的提问换来了凯丽小姐明确的答案，问题就出在这儿！

"您觉得太贵了，是指价格问题，但您没有考虑车辆的性价比问题。"皮特运用了封闭式问题询问，引起凯丽小姐的好奇，凯丽小姐就追问了一句："你说这话是什么意思？"

皮特借机以自己的亲身经历为例，以此引导顾客，让凯丽小姐认识到性价比比价格更重要，坚定了凯丽小姐购买的信心，促成交易。

三

假异议。

一对夫妇走进家电专柜。

推销员热情地迎上去："欢迎光临！阿姨、老伯，想看看什么？"

女顾客："想看看榨汁机。"

推销员把这对夫妇引到货架前，取出雪花牌的榨汁机。推销员："这款有榨果汁、磨豆浆和磨粉末功能，卖得很火。"

夫妇俩试用了这款榨汁机，比较满意。

男顾客低声地说："买了吧。"

推销员想马上引导顾客到收款台，她说："阿姨、老伯，我帮你们包装起来，这边请。"

女顾客对推销员说："别的品牌价位比雪花牌的低，打个折吧。"

推销员为难地说："不好意思，我们是统一价格。"

女顾客冷冷地说："算了，产品的功能太多，我们没有必要买这么好的。"

推销员："您的意思是产品的功能太多，是吗？（稍停顿）其实您蛮有眼光，雪花牌的榨汁机质量和性能确实不错。不过我们现在举行酬宾活动，这么好的商品，只卖现在这样的价格，真的是非常划算。如果你们现在买，我再送你们一个豆浆量杯、一个冰盒，怎么样？"

夫妇相视一笑："好吧。"

四

可能是真异议也可能是假异议。

第一种做法：

"五一"黄金周，上九路美琪服装专卖店进行促销活动。顾客陈小姐走了进来。

推销员快步迎了上去："欢迎光临！小姐，我们店正在搞活动，想看看什么？我帮您介绍介绍。"

陈小姐："随便看看。"

推销员："小姐，您的衣服很符合你的气质。您真会挑衣服。"

陈小姐面带微笑："谢谢，衣服穿起来舒服最重要。"

推销员点点头表示认同，说："哦，您是说衣服穿起来舒服最重要？小姐，这里刚进了一批新货，全是纯棉做的，穿起来很舒服。"

陈小姐："真的是纯棉。请拿那条白底碎花的连衣裙让我试试。"

推销员马上拿出裙子，引导陈小姐到试衣间试穿。镜前的陈小姐婀娜多姿，她很满意。

推销员赞叹地说："真美！我帮您包装。"推销员及时引导顾客到收款台结账。

第二种做法：

"五一"黄金周，上九路美琪服装专卖店进行促销活动。顾客陈小姐走了进来。

推销员快步迎了上去："欢迎光临！小姐，我们店正在搞活动，想看看什么？我帮您介绍介绍。"

陈小姐："随便看看。"

推销员："小姐，您的衣服很符合你的气质。您真会挑衣服。"

陈小姐面带微笑："谢谢，衣服穿起来舒服最重要。"

推销员点点头表示认同，说："哦，您是说衣服穿起来舒服最重要？小姐，这里刚进了一批新货，全是纯棉做的，穿起来很舒服。"

陈小姐："真的是纯棉。请拿那条白底碎花的连衣裙让我试试。"

推销员马上拿出裙子，引导陈小姐到试衣间试穿。镜前的陈小姐婀娜多姿，她很满意。

推销员赞叹地说："真美！我帮您包装。"

陈小姐："慢！我想起来了，我的朋友也有一条。裙子虽好，我俩总不能买一模一样吧。"

推销员："您的这种担心我能理解，买同样的东西，见面确实有点儿尴尬。但也证明您和您朋友心有灵犀。不过，有点儿变化可能更好。我个人认为黄色更洋气，更适合您。"

陈小姐："对，我就买黄底碎花的那一条。"

推销员："好的。"推销员及时引导顾客到收款台结账。

第二节　质量的异议

请你点评

一

推销员运用了先转后顺法，较好地化解了顾客的质量异议。

推销员面对顾客提出的质量异议，没有简单地采取否定和反驳，而是在不同程度上肯定了顾客的想法。

运用先顺后转法，利用事实和理由委婉地指出顾客观点的不全面，"看到这套裙子的顾客都担心它不经穿。这种布料看上去很薄，其实它是用一种高级纤维织成的，穿在身上飘逸、透气，且耐磨力和抗拉力都相当好"，经顾客的检测，的确如此，较好地消除了顾客的异议，促成交易。

二

斯嘉丽对于客户提出的质量异议，没有简单地进行反驳，这为异议的解决奠定了良好的基础；并且到服装厂实地找原因。这些做法在一定程度上平息了布鲁尼先生的怒气。

在充分调查的基础上，斯嘉丽采用了先顺后转法。只承认了"布料的确退色了"，没有承认责任在己方，这为下文寻找布料退色的真正原因埋下伏笔。从这个文段上判断，斯嘉丽所说的话，语义上是属于转折意味的句式。

"如果这些布料退色，您当然不应该买它们，是吗？""那您的厂房的温度有多高？"斯嘉丽通过询问，采用了一系列的反问句式，让回答者自己发现问题，心平气和地解决了问题。

实战训练

一

王先生在家家超市选购熏肉。他发现自己要选购的熏肉颜色和他在老家吃到的熏肉颜色不同，他怀疑这里的熏肉是用硫黄熏出来的，于是很生气——

王先生质问推销员："你们这里的熏肉怎么这种颜色？感觉不对劲啊！"

推销员微笑地问："先生，您见到的熏肉不是这种颜色吗？和我们这里有什么不同？"

王先生看到她说话很和气，气也消了点儿："是啊，我在老家吃到的可是正宗的熏肉，颜色带黑、褐红色，可是你们这里的颜色是焦黄的。"

推销员："您说的那种'正宗'的熏肉颜色是熏肉的一个品种，不同的地方熏肉采用的燃料不同，所以造成了颜色的差异。我们这里的熏肉是用精选的谷壳熏制的，所以颜色是焦黄的。我们是大型超市，采购时在质量上的要求是很严格的，这点请您放心。"

王先生听推销员说得有道理，他说："原来是这样，给我称两斤吧。"

推销员："好的。"

二

展销会上，一位打算买冰箱的顾客指着不远处的另一个展台，对推销员说："那种雪花牌的冰箱和你们的这种冰箱是同一类型、同一规格的，但它的制冷速度比你们的快，噪声也比你们的小，看来你们的冰箱不如雪花牌。"

推销员说："您说得不错，我们的冰箱噪音声是大点儿，但是仍然在国家标准允许的范围内，不会影响您和家人的生活和健康。我们的冰箱制冷速度慢，可耗电量比雪花牌的小得多。此外，我们的冰箱在价格上要比雪花牌的便宜得多，而且保修期要多6年，还上门维修。"

客户听完后，脸上露出满意的神情。

三

进入春季，服装商场都急于清理库存。一至三折的标价的确很吸引眼球。一个中年妇女对一款经典的毛料大衣爱不释手，但又担心衣服的质量有问题。

顾客对推销员说："这是老款，上一年的货。不知道质量有没有问题？"

推销员笑着说："太太，衣服的质量不会随季节打折，这点请您放心。"

顾客也被逗笑了。

推销员："您真是内行，一眼就看出来它是去年的款。不过正因为它是上季的款，所以现在买才更划算。这些款式的大衣含有20%的羊毛、10%的羊绒，特别暖和。太太，光看是感受不到效果的，来，试一试。"

四

在化妆品专柜前，一位小姐浏览后准备离开。

推销员迎了上去："小姐，您好！请让我帮您介绍一下产品。"

顾客："我以前用过你们的日霜，效果不是很好。可能是你们的产品有问题。"

推销员递上检测结果，微笑着说："小姐，这点请您放心。我们的产品都经过皮肤学专家测试，符合'ISO质量体系验证标准'。"

顾客认真地看，没有吭声。

推销员："小姐，请问您用的是我们哪一个系列的产品？"

顾客："只用过一瓶日霜。"

推销员："只用一瓶效果肯定打折扣。请过来，让我帮您检测皮肤，看您适合哪一种产品？"

顾客："好的。"

推销员一边仔细检测，一边介绍："人的皮肤分为油性皮肤、干性皮肤、混合性皮肤。护肤品的选用要根据不同的肤质。"

顾客："哦，我的肤质是属于哪一种类型？"

推销员："您的肤质属于干性皮肤。"

顾客："你看我适合哪一种产品？"

推销员："由于您的皮肤属于干性皮肤，皮肤容易缺水、起斑，所以适合使用美白补水的产品。"

顾客："给我一瓶美白补水的产品吧。"

推销员："小姐，护肤品最好成套使用。护肤品分为日霜和夜霜，日霜相对比较清爽，夜霜比较滋润，配合使用效果很好。"推销员拿出护肤品："小姐，您来体验体验。"

顾客："想不到护肤品还有这么多的学问。"

推销员："是啊，我帮你挑选一套符合您肤质的护肤品，好吗?"

顾客："好的。"

最后，推销员帮顾客挑选了一套美白补水系列（包括洗面奶、眼霜、日霜、夜霜、爽肤水）。

第三节　价格的异议

请你点评

一

当顾客问"这个复读机多少钱"时，推销员应该报个"相对的高价"（明码标价除外），给顾客留出"杀价"的空间，以满足顾客情感的需求。推销员坚持自己报出的价位，不要轻易降价，不要让顾客产生"这个商品不值钱"的想法。

推销员直接回答出产品的价格后，遇到顾客的异议"太贵了"，就会立刻进入价格谈判阶段，推销员就比较被动。

"差别不大，就那么几十块钱"，推销员实质上已经承认了顾客的说法，但推销员并没有作出具有说服力的解释。这种情况下，如果两个品牌的款式、材质差不多，但价格比对方贵，精明的顾客肯定会舍你而去。

"我们的产品比他们的质量更好、做工更精细"，这种说法过于空洞。空洞的说辞根本没有任何说服力，并且有贬低竞争对手的嫌疑。所以，在处理价格异议时，一定要避免空洞的解释。推销员应该这样说："是的，这两个品牌在风格以及价位上都是比较接近，但大多数顾客选择我们产品是因为我们的复读机有跟读和对比的功能，比较方便。"

二

马丽通过察言观色，发现顾客对某一型号的自行车感兴趣，但嫌这辆车比其他品牌的车子贵了 50 元。

马丽运用了询问法和比较法，知道车是顾客买给小孩的，她找到了买卖的突破口——安全问题。马丽说："其实这 50 元是你们最值得花钱的部分。因为这辆车有一个很好的刹车器，是其他型号的车所不具备的。与其他车相比，它会更安全可靠。""太太，您的小孩骑自行车，您最担心的是什么？应该是安全问题吧？多花 50 元买一份安全，您认为不值吗？"这正是顾客最关注的问题。

马丽还运用了如同法。"这辆车，您的孩子至少可以使用五年，五年才多花 50 元。你们说，值不值？"

马丽的这些话都说到了顾客的心坎上，最后，顾客必会欣然地买下那辆自行车。

实战训练

一

案例中的推销员犯了推销的大忌：在讨价还价中轻易降价。

顾客："东西的确是好，可惜价格太贵。"推销员："还嫌贵？已经很优惠了。"

看到顾客要离开，推销员马上说："那多少钱您才肯要？"看到顾客没表态，推销员又接着说："打个 9 折，够便宜吧。您到哪里都没有这个价位。"一连串不得体的应对让顾客心里不舒服，顾客产生了"被宰"的感觉，因此她选择了离开。

正确的做法是：

顾客："东西的确是好，可惜价格太贵。"

推销员："小姐，许多老顾客都有同感，衣服好，价格稍贵了点儿。贵一点儿的原因是因为我们的设计是日韩风格，面料是纯棉的，所以顾客特别喜欢。小姐，如果买一件衣服只穿上一两次就收起来不穿，这样反而更不划算，您说是吗？"

如果顾客点头或默认就立即进入假设成交阶段。

推销员："小姐，我帮您包起来。刷卡还是现金？"

二

第一种做法：

顾客："我很喜欢你们的东西，也来了几次，再便宜点儿我就买。"

推销员："谢谢您对我们的支持。我也很想做成这笔生意，不过价格上不可能再优惠，请您多包涵！其实买东西要看是否适合自己。不适合自己的，买了反而更浪费，您说是吗？像这款产品非常适合您，质量又好，买了还可以多用一段时间，算起来更划算一些，您说是吗？"

第二种做法（用赠品解决）：

顾客："你肯定有办法，再帮我想想。"

推销员："真的很抱歉，价格上的确让我为难。这样，折扣上我确实满足不了您，您也来了这么多次，算起来也是朋友，我个人送您一件非常实用的小礼物，您看这样成吗？"

第三种做法：

顾客："我很有诚意，便宜一点儿。"

推销员："您的这个要求我确实满足不了您。但是我又想做成您的生意，除了降价之外，我还能做些什么呢？"

三

家家电器城里，一对夫妇来到厨房电器专区，他们走进了家能品牌的商品展示区时，推销员微笑着迎了上来。

推销员："欢迎光临！太太、先生！"

女顾客一看价钱就说："家能牌子的商品太贵了，我们再去别家看看吧。"

推销员："太太，我看你们转了好几家，您是要买油烟机、煤气炉还是消毒柜？"

男顾客："你怎么知道？呵呵，我们是打算买油烟机、煤气炉和消毒柜。"

推销员："您的预算是多少？"

男顾客："预算大概在3 000元左右。"

推销员："这一款家能牌油烟机、煤气炉一共才2 200元。"

推销员接着说："我们家能牌油烟机、煤气炉是老牌子，请您放心使用。另外，我建议你们购买万科数码显示屏消毒柜，845元。油烟机、炉子、消毒柜总费用不到3 100元。这样，既买到了名牌产品，还没有超出预算，一举两得，你们认为如何？"

这对夫妇不禁点了点头。推销员将产品的详细资料递给顾客，又给顾客讲解该品牌油烟机和厨房搭配的好处以及完善的售后服务等。

顾客听后觉得很有道理，就按照推销员的建议购买了自己满意的商品。

四

M 牌油漆公司是一家老牌企业。M 牌油漆质量稳定，价格合理，售后服务良好，卖得很红火。但公司的管理层老是认为"酒香不怕巷子深"，在宣传方面缺乏力度。

随着市场的进一步开放，竞争越来越激烈，M 牌油漆所占的市场份额越来越少。公司管理层再也坐不住了，改变了销售策略——由坐着等客户变为主动出击，公司的推销员欧先生找到了家具厂的李经理。

欧先生："您好！李经理！我是 M 牌油漆公司的推销员，我想知道您是否需要看看我们公司的 M 牌油漆？"

李经理："M 牌油漆？不过我们现在一直用的是 N 公司生产的油漆，我们合作了很多年，都是老客户了。"

欧先生："您是说您和 N 公司签了长期合约？"

李经理："我们不会傻得去跟人签什么合约，即使要签也不会很长时间，现在市场变化快，我们也要跟上形势，谁愿意受束缚呢？"

欧先生："这么说您也愿意跟除了 N 公司以外的其他公司合作，是吗，李经理？"

李经理："是的，有这种可能。"

欧先生："冒昧地问一句，这个'除了 N 公司以外的其他公司'是否可以包含我们 M 公司？"

李经理略显迟疑地说："这个……"

欧先生决定赌一把，他说："李经理，我能理解您的想法。您刚才说，您不排除和 N 公司以外的油漆公司合作，那么我们 M 公司也是其中之一。作为家具厂的经理，如何选择最合理的生产要素是您的责任，我很理解您的谨慎。李经理，您希望我们怎样做，您才愿意和我们合作？"

李经理："主要是油漆质量要过硬。您知道，我们做的是中式古典的红木家具，是本市出口创汇的名牌产品，我们不能砸了牌子。因为用过了 N 牌油漆觉得质量不错，所以一直没有变，也不敢变。其实，我们也想换合作伙伴。您知道，N 牌油漆的价格现在涨得较快，我们也想降低成本。"

欧先生："我能理解，您知道 M 牌油漆在以前也很红火，只是广告宣传不够，这也是我为什么现在来找您的原因。李经理，除了质量以外，您希望我们怎样做，您才愿意接受我们的产品?"

李经理:"其实也没有什么,就是希望价格能合理一些。"

欧先生:"那么您希望我们开怎样的价格,您才觉得合理?"

李经理:"我们的要求其实也并非过分,只是要求价格略微比市场零售价低一点儿,您不介意的话,我们可以定在比市场价格低15%,怎么样?"

欧先生:"您这样定价,我想一定有您的道理,不过我想您一定也会考虑我们的难处,对吗?我们各让一步,比市场价格低10%,可以吗?李经理,我希望这样能使您满意。"

李经理思考了一下:"好吧,不过我得亲自看看你们的产品。"

欧先生:"好的。"

欧先生:"李经理,我们公司还提供免费的送货服务,希望您满意。"

李经理:"嘿嘿!别的公司送货还要收费,看来你们的售后服务做得不错。"

欧先生:"李经理,我们等着您大驾光临。"

李经理:"一定!"

第四节　折扣和优惠的异议

请你点评

一

推销员运用了优点突出法。

"这套沙发是我们今年推出的高档款式。全部采用纯正的意大利进口牛皮,手工缝制而成。"推销员突出了沙发的卖点。

推销员:"原价5 000元。先生,我们商场正在搞'周年志庆活动',全场打8折,这套沙发现在只需要4 000元。现在购买,您马上可以成为贵宾会员,享受积分优惠。"推销员运用了利益附加法,建议顾客现在购买更划算。

接着运用反问句式,引导顾客思考。"先生,请教一下,您觉得只通过外观就可以判断一款沙发的质量吗?""除了外观以外,更关键的是还要了解它的质量、手工、环保指标和售后服务,您说是吗?"

最后,推销员把交易看成假设成交阶段,不失时机地运用封闭式问题:"先生,请问您刷卡还是现金?"

二

第一种做法：

推销员："小姐，这是我们这一季的主打款式。试一试?"

顾客："打折吗?"

推销员："新款还没打折。"

顾客："哦，新款一般不打折。今天先看看，等打折的时候我再来买。"

推销员："买不买没关系，您可以先试试。"

推销员引导顾客试穿衣服。

推销员由衷地赞叹："真美！当季商品码数齐，不会出现缺货的情况。等到打折，您看中的这款衣服可能就没有了。那多可惜，您说是吗?"

顾客坚持地说："等商品打折时，我再买。"

推销员："小姐，您的心情我能理解。那请您留下电话号码，衣服打折我就立即通知您，好吗?"

顾客："好的。"

第二种做法：

推销员："小姐，这是我们这一季的主打。试一试?"

顾客："打折吗?"

推销员："新款还没打折。"

顾客："今天先看看，等打折的时候我再来买。"

推销员："打折的时候买，价钱确实比较划算。但也存在一些缺点：买了穿不了几次就过季；衣服易断码缺货。如果买不到您喜欢的衣服，多可惜！您说是吗?现在购买，您就可以穿上一整季，还有小礼品赠送，划得来。"

如果顾客没有表示异议，就进入假设成交阶段。

推销员："小姐，我帮您打包。请问是刷卡还是付现金?"

实战训练

一

第一种做法：

美佳超市入口摆放着许多特价商品。精打细算的张女士想趁着这个机会挑选一些日常用品，但是她又担心特价品有质量问题。

张女士："特价品，不知道质量有没有问题？"

推销员："您有这种想法我可以理解，由于这些日常用品款式已经不全了，所以才变成促销品，质量完全一样，请您放心挑选。"

第二种做法：

美佳超市入口摆放着许多特价商品。精打细算的张女士想趁着这个机会挑选一些日常用品，但是她又担心特价品有质量问题。

张女士："特价品，不知道质量有没有问题？"

推销员："许多老顾客以前也有这种顾虑。不管是正价品还是促销品，其实都是同一品牌，同一质量。促销时价格更加划算，您完全可以放心选购！"

二

在友谊商场里，顾客在购买东西。顾客跟推销员聊了起来。

顾客对推销员："你们贵宾卡提供的优惠力度太小了。"

推销员："哦，您的意思是我们的贵宾卡优惠力度小，对吗？"

顾客："是啊，别的店铺可以打 8.8 折，你们才打 9 折。"

推销员："太太，对于贵宾卡您还有其他的建议吗？"

顾客："没有。"

推销员："太太，谢谢您。您的意见我会立即向主管反映，公司肯定非常重视。公司的发展离不开你们这些好客户。太太，今天您想选购……"

三

第一种做法：

在友谊商场，顾客看中了一条裙子，问推销员："现在这条裙子有优惠吗？"

推销员："不好意思！这是新款，还没有优惠。"

顾客问："如果我买两件，有没有优惠？"

推销员："小姐，请您稍等，我马上向公司申请，看可不可以给您优惠。"

推销员立即打电话（或向主管报告），目的让顾客知道推销员在尽力帮她。

推销员："小姐，非常抱歉！价格上我实在帮不上忙，经理让我代他说请您谅解。"

顾客："那你们公司做生意也太死板了吧？"

　　推销员："经理让我送份纪念品给您，感谢您的支持。买东西最重要的是买到'心头好'。难得两条裙子都符合您心意。（稍停顿）我帮您打包，好吗？"

　　如果顾客没吭声，就假设成交，马上引导顾客付款。

　　第二种做法：

　　在友谊商场，顾客看中了一条裙子，问推销员："现在这条裙子有优惠吗？"

　　推销员："不好意思！这是新款，还没有优惠。"

　　顾客问："如果我买两件，有没有优惠？"

　　推销员："小姐，您的心情我可以理解。我的一位朋友来了也看上这款裙子，想托我用员工价购买，结果没办成。幸亏朋友不介意，喜欢就是喜欢，结果还是买了，所以我估计在价格上帮不了您。"

　　推销员："为了表示诚意，我们免费帮您办理贵宾卡，好吗？"

　　如果顾客没有异议，就假设成交，马上引导顾客付款。

四

　　第一种做法：

　　不能。

　　在美美服装专卖店，顾客对着推销员大声地说："上月买的衣服，今天折扣就打得这么厉害！真窝火，你们要赔我差价。"

　　推销员："小姐，您有这样的想法我完全可以理解。其实，衣服促销的原因是尺码不齐。您想要的尺码可能买不到，那多可惜啊。"

　　第二种做法：

　　不能。

　　在美美服装专卖店，顾客对着推销员大声地说："上月买的衣服，今天折扣就打得这么厉害！真窝火，你们要赔我差价。"

　　推销员："是啊，如果我是您，心里一定也会有点儿不舒服。其实，衣服促销的原因是尺码不齐。衣服换季换得快，对您来说是一两个月时间，对我们来说是整个季节过去了。您看，新货已经到了，我带您看看？"

第五节　面对不同类型顾客的方法和技巧

请你点评

一

这位顾客是一位挑剔的女顾客。

面对案例中的顾客，推销员表现出不耐烦、不情愿。"都换了好几次，还没挑好"、"您都检查这么多遍，应该不会有问题"、"还会有问题？有问题我们也不换"，几次不得体的应对，令顾客和推销员心里都觉得非常不舒服，破坏了推销员与顾客的关系。

销售是买未来的。试想想，推销员这样处理，顾客还会来吗？

二

案例中的乔娜女士本来并没有购买计划，只是在商场闲逛，但推销员罗密欧没有放弃任何一个销售的机会。当乔娜女士在一组新款的音响面前停下时，他找到了销售的切入点："小姐，您是否喜欢听音乐？"得到乔娜女士肯定的回答。

罗密欧运用了一组问句层层深入："好音乐和好歌曲只有通过优秀的介质把它们传送出去，我们才知道它们的美好。音乐让生活更加丰富多彩，您说是吗？""您家的音响一定不错吧？您一定很喜欢欣赏音乐吧？""要打开电脑才能欣赏到美妙的音乐？这是不是有点儿不太方便？"把欣赏音乐与好音响挂上钩。

从谈话中得知乔娜女士已经怀孕，不能经常对着电脑，罗密欧就强调了音响的卖点："如果有一款音响，能够不连接电脑，直接插上 U 盘就可以播放歌曲，您有兴趣看吗？"

通过罗密欧的引导，乔娜在对话中悟出了自己潜在的需求。

实战训练

一

一位顾客走进了索普手机专卖店。

推销员马上迎了上去："王小姐，看到您真高兴！今天刚进了新款 211 型，您肯定喜欢。我拿给您看看。"

……

最后，顾客选中了 211 型。

推销员："我帮您开单。请问是刷卡还是付现金？"

顾客慢吞吞地说："再便宜点儿，我就买。"

推销员故作神秘、低声地说："王小姐，您是我们的老顾客。刚才给您的是员工价，是最低价，千万不要让其他顾客知道。"

顾客："我还是觉得有点儿贵，你再想想办法。"

推销员低声地说："我再额外送您一些赠品。别的顾客只有一电一充、1G 内存卡。我送您两电一充、2G 内存卡。怎么样？"

顾客也低声地说："我还要一个旅游充电器。"

推销员："好的。"

二

索普专卖店里，一位中年男顾客想买一台笔记本电脑。推销员根据顾客的需要，介绍了一款笔记本电脑。

推销员："这款电脑有高清显卡和内置图形技术，将为您带来更清晰的图像、更丰富的色彩和更逼真的音频和视频。超轻薄机身，符合您的需求。"

顾客点了点头："功能多、轻巧，不错。多少钱？"

推销员："6 800 元。"

顾客："适中。"

推销员："先生，请问是刷卡还是付现金？"

顾客："别忙着开单。这款电脑我比较满意。不过买东西就要货比三家嘛，我还想到别家看看。"

推销员："您的心情我能理解。我们是专卖店，笔记本电脑的质量是一样的，价格也是全国统一，售后服务也是一流的，这点请您放心。"

顾客没吭声。推销员接着说："先生，节省时间就是节省金钱啊。既然您对这款笔记本电脑的功能、价格、售后都满意，我帮您开单？"

顾客："好吧。"

三

家电区里，一位顾客驻足良久，推销员认出这是第二次光临的顾客，他快步迎上去。

推销员："李先生，这套音响您考虑得怎么样？"

顾客："嗯，我再考虑考虑。"

推销员："这款音响卖得火！再考虑可能就没有啦！"

顾客："我还要跟太太商量商量。"

推销员："看来您挺爱您妻子，真羡慕你们。"

顾客："结婚将近两年了。"

推销员："恭喜你们！先生，您就用这套音响作为结婚周年礼物送给太太，这不是两全其美嘛。"

顾客望了望推销员，嘴角露出一丝心照不宣的微笑："好主意，我正为送周年礼物发愁呢。"

推销员："请问您是刷卡还是付现金？"

顾客："刷卡。"

这位先生之前说的其实是托词，自己喜欢，但又怕妻子埋怨，于是推销员给出了个好主意。

四

乔治先生想要购买一部车载电话，以便及时地把握每一个生意上的机会。顺风牌车载电话的推销员罗密欧再次找上门来。

乔治先生毕竟是生意人，他已经对车载电话市场有一个大致的了解。顺风牌车载电话也是他心仪的对象。

乔治先生迟迟没有作出购买的决定，只不过是想再压低价钱。

推销员罗密欧："乔治先生，您考虑得怎么样？"

乔治先生："有点儿贵，再去看看其他品牌，比较比较。"

罗密欧："乔治先生，我能理解您的心情。您希望在哪些方面进行比较？"

乔治先生："性能、价格。"

这次罗密欧是有备而来。罗密欧："您的时间非常宝贵。为了节省时间，我们准备了一份市场调查表，请您过目。"

这份调查表详细地列出竞争品牌的性能、价格、售后服务，比较客观。这份调查表也从一个侧面印证了顺风牌车载电话的性价比较高。

乔治先生："能不能再便宜一点儿？"

罗密欧："其实您也知道，这已经是最低价了。"

乔治先生："再便宜点儿我就买。"

罗密欧："乔治先生，请问价钱与性价比哪个重要？"

乔治先生冲口而出："当然是性价比重要。"

罗密欧："乔治先生，那您还考虑什么呢？"

乔治先生："好吧。"

第四章　转危为安——处理投诉的技巧

第一节　应对过激反应的技巧

请你点评

一

评点："先生，您能不能冷静一下"这样的言语处理非常糟糕，它暗含着指责顾客太不够理智。除此之外，顾客还会认为自己作为消费者，购买有保证的产品是理所当然的，需要冷静的是销售人员。

当情况进一步恶化时，会促成销售人员说出"你不用对我吼……"这样的话，这句话意味着销售人员随心情来解决顾客的问题，威胁顾客如果得罪了销售人员，问题就不会得到解决，这也是一种激怒顾客的态度。

此外，"这是公司的规定……"的回答意味着碍于公司的规定，销售人员无法帮助顾客寻找解决问题的方式，顾客只能自己解决问题。这会让顾客绝望，强化顾客不满的情绪，最终造成无法收拾的局面。

作为销售人员，正确的做法是用"我懂，我了解……"这样的回答，容易平复顾客的不满，因此是有效的回答方式。

这个练习涉及了放风筝原理。所谓放风筝原理是指在与顾客谈话中，当顾客情绪激动时，销售人员需要聆听；当顾客的不满缓解时，销售人员可以趁机推介产品，再次与顾客进行沟通。

当顾客存在不满的意见时，情绪会比较激动，需要发泄。这时，销售人员就要尝试放线，聆听顾客的不满，否则，线紧容易断线，风筝飞走了，顾客也就会愤怒离去。在这种情况下，销售人员应该以"是的，我懂，我了解，我非常能够体会"这样的话语放线，聆听顾客的不满，缓解顾客的不满情绪。当顾客的不满情绪缓解下来之后，销售人员进一步拉紧线，解释造成顾客不满的原因，请教让顾客满意的问题处理方式。

"放风筝"的过程可能会出现几次，销售人员需要掌握好松紧之间的节奏，在化解顾客不满的过程中，成功地解决问题，将商品推介出去。

二

在一家餐馆里，只有三三两两几个顾客，服务员清闲地在旁边低声聊着天，气氛显得有点沉闷，但一声突如其来的尖叫，却让整个餐馆顿时有了"生气"……

顾客（惊恐）："呀！虫子！我居然在你们的菜里吃到了虫子，岂有此理！"

服务员（赶上前，亲切询问）："您没事吧，快用这杯水漱漱口。"

顾客（激动）："漱口有什么用！"

服务员（耐心）："真的十分抱歉，是我们工作不细心，才会发生这样的情况，真的十分抱歉！"

顾客（激动）："道歉有用吗！"

服务员（商量）："要不这样，这个菜就不算钱了，我们另外再送您一个菜，而您的这顿饭我们饭店打八折，您看这样行吗？"

顾客（气消）："这还差不多。"

服务员（诚恳）："非常感谢您的体谅，我们饭店一定会引以为戒，保证以后不再发生类似的事件了，请您放心！"

评点：面对顾客的过激反应，销售或服务人员要发挥同情心，耐心听其抱怨；别找借口，诚心诚意道歉，否则更让人生气；承诺了就马上兑现；感谢顾客让我们有改进的机会。其实，在碰到顾客责难的时候，别把它当成麻烦，要当作改进的机会，那些发牢骚、吐怨气的顾客是最有机会成为你的老主顾的。

通常当顾客在非常满意或非常不满意的情况下才会表示他的态度，如果能够预见顾客不满，主动正视，妥善处理，必然会带来更好的口碑和效益。

实战训练

一

经销商和一位销售人员在闲聊着……

经销商（责难）："你看你们公司，把那么多钱都花到广告上去了，有个屁用，还不如把钱省下来，作为我们进货的折扣，这样让我们的利润高一点儿，我们也会更尽力给你们卖货。"

销售人员（耐心）："正是因为我们投入了大量的广告费，客户才会受到吸引来购买这种产品，这也是为您节省时间啊。而且，这也有力地提高了其他产品的销售，您的总利润还是最大的啊！"

评点：这位销售人员采用的是太极法，太极法能处理的异议多半是客户通常并不十分坚持的异议，特别是客户的一些借口。太极法最大的目的是让销售人员能借处理异议而迅速地陈述他能带给客户的利益，以引起客户的注意。

二

销售人员（亲切）："您说得对，先生，一般客户最初都有和您相同的看法，即使是我，也不能例外，但如果仔细瞧瞧，深入地研究一下，您就会发现这个项目……"

评点：人有一个通性，不管有理没理，当自己的意见被别人直接反驳时，内心总是不痛快，甚至会被激怒，尤其是遭到一位素昧平生的销售人员的正面反驳。屡次正面反驳客户，会让客户恼羞成怒，就算你说得都对，也没有恶意，还是会引起客户的反感，因此，销售人员最好不要开门见山地直接提出反对的意见。若销售人员听后，直接否认辩驳："先生，您错了，您根本没听懂我的意思。"这样做必然会引起顾客不快，所以，销售人员不妨改用"先是后非"的技巧回答。在表达不同意见时，尽量利用"是的……如果……"的句法，软化不同意见的口语。用"是的"同意客户部分的意见，用"如果"表达在另外一种状况下更好。

"是的……如果……"是源自"是的……但是……"的句法，因为"但是"的字眼在转折时过于强烈，很容易让客户感觉到你说的"是的"并没有含着多大诚意，而销售人员强调的是"但是"后面的诉求，因此，若销售人员使用"但是"时，要多加留意，以免失去了处理客户异议的原意。

三

电脑城里，在许多小私人店面中，有一间看上去很显眼、装修很新潮的正规公司的门市部，就在所有店员忙碌着的时候，来了一位不速之客……

顾客（生气）："这部 MP4 坏了，你看看怎么办？"

销售人员（微笑）："您先喝杯水，慢慢说。"

顾客（缓和）："嗯。"

销售人员（微笑）："请问您发现它哪里出了问题？"

顾客（无奈）："看着它播放，但我听不到声音。"

销售人员（微笑）："哦，是这样，能让我看看吗？"

顾客（无奈）："给。"

销售人员（检查后微笑）："先生，您看这儿，是您的耳机出了问题，这条线已经被磨损了，所以线路连接不上，MP4 本身并没有问题。"

顾客（无奈）："噢，真的哦，我怎么没发现。"

销售人员（微笑）："这是小问题，换一个耳机就可以了。"

顾客（无奈）："你这有得换吗？"

销售人员（微笑）："有的。只是您的 MP4 过了保修期，而且线路的问题主要是因为人为磨损，所以您得重新购买耳机才行。"

顾客（无奈）："那么只能这样了，你拿一副新的耳机给我吧。"

四

物业人员错在以下几方面：

第一，忽略了"先处理情感，后处理事件"的总原则，在黄先生过激的投诉中，与黄先生针锋相对，指责黄先生是"无理取闹"，这无异于是火上加油，引起黄先生更强烈的不满。

第二，并没有耐心倾听顾客的抱怨，反而在根本不了解顾客投诉什么的情况下，试图先发制人，说出了"你想怎样？再闹下去我就对你不客气了"这类激化矛盾的语言。

第三，没有试图平息顾客的抱怨，反而处处显示出"我是对的，顾客你是错的"的嚣张态度。以"这是公司的规定"来压制顾客，这就意味着物业人员碍于公司规定，无法帮助顾客寻找解决问题的方式，顾客只能自己解决问题，这让顾客绝望，强化了顾客的不满情绪，最终造成无法收拾的局面。

第四，没有站在顾客的立场上将心比心地想问题，顾客想取钥匙就说要另外加钱，不交就自己换锁，一点要解决问题的诚意都没有。

第五，言语不和就用武力解决更是愚蠢之至。

第二节 避免与顾客的正面冲突

请你点评

一

A先生不愿意轻易放弃这个机会，而且他也能理解B经理的心情，但他决定再努力一下。

A先生（诚恳）："其实我真的很理解您的苦衷，我觉得如果我是您，我也很难改变我的主意，请您原谅我刚才的冲动，先生。我觉得您是非常了不起的，那次如果不是您当机立断，力挽狂澜，很可能现在已经没有这家轮胎厂了，或者它已经陷入不可挽救的困境，但是您保住了它，我能理解您对它的珍惜之情，任何人都会这样的。您是否需要几分钟考虑一下呢？"

B经理（气消）："你算是一个明理的人，很多人骂我老顽固，甚至骂我崇洋媚外，我都不计较。他们不明白，这么一个老牌的轮胎厂，我不能让它败在我手中。"

A先生（诚恳）："但是据我所知，您的轮胎厂虽然依然在运行，但是由于成本太高，利润不如以前，而且在市场上的竞争力也不如以前，不知道您是否明白？"

B经理（叹气）："其实我又何尝不知道，我不得不谨慎。你还是不要浪费时间了。"

A先生（诚恳）："您是否需要几分钟考虑一下？原谅我这样说，让一个老厂在市场竞争的夹缝中慢慢窒息而死与让一个厂冒险而死有什么区别呢？进口橡胶的价格远远高于国内同类产品，但是质量却不一定比内产品好。您一个商场上的老将，难道真的让一次危险给吓破胆了吗？"

B经理沉默，不知如何回答，确实轮胎厂的前途是越来越黯淡，市场越来越窄了，他也在日夜思考出路，可是当出路出现的时候，他又退缩了。

A先生（诚恳）："先生经历了复杂的商场风云，比我们见多识广，而且先生又是一个责任感很强的人，所以，我想先生可能需要一段时间来考虑，我静候先生的佳音。"

推销员A先生给B经理留下了联系方式，说随时欢迎B经理的电话。果然过了一段时间，B经理打来电话，说他们在厂里召开职工大会，大家一致同意改用国内橡胶原料来降低成本，而且过几天他准备带几个技术员来A先生的橡胶厂看产品。当B经理带着他的技术人员来到橡胶厂的时候，他们发现A先生的橡胶厂生产的橡胶产品跟进口的产品在质量上几乎一模一样。所以，B 经理决定选用该产品，并且还签订了信誉合同，一旦质量出现问题厂家当负 50% 的责任。

评点：从 A 先生推销成功的例子中我们可以看出，一个推销者永远不要匆忙离去，多给顾客几分钟，甚至几天、几十天，除非顾客已经毫无余地拒绝你。你给顾客时间，可以让顾客从毫无头绪到理清思路，也可以让顾客看到你的诚意。

二

电话销售人员："您好，我是 S 公司的销售人员，请问你们需要 Y 产品吗？"

顾客："不要再打电话来了，浪费我时间，我们现在不需要。"

电话销售人员："我知道给您打电话有点儿唐突，我可以理解您现在的想法。"（这里电话销售人员所使用的技巧是：理解顾客的心情，避免正面冲突。）

顾客："知道就好。"

电话销售人员："那可以耽误您一会儿，请教您几个问题吗？"（这里电话销售人员所使用的技巧是：创造继续交谈的机会。）

顾客："讲吧。"

电话销售人员："您说您现在不需要，那肯定有自己的想法，可以谈谈原因吗？"（这里电话销售人员所使用的技巧是：了解顾客没兴趣的原因。）

顾客："哦，主要是我们现在没有要的打算。"

电话销售人员："我理解您，您是公司的采购部主任，您有这样的想法很自然。但是，如果我们今天讨论的产品能为贵公司带来直接利润，您认为如何呢？"

顾客："哦，是这么回事。"

电话销售人员："那您现在认为？"

顾客："你给我发一份详细的资料过来吧。"

电话销售人员："好的，您的邮箱地址是……"

评点：电话销售人员往往面临一个难题，就是在主动给顾客打电话时，很多顾客都表示没有兴趣，或者直接拒绝。因此，不少电话销售人员经常会听到"我们不需要"或"没有兴趣"，甚至是"不要再打电话来了，浪费我时间"之类的投诉。一些没有耐心的电话销售人员就会认为这些顾客没有合作的可能便马上放弃了。但是，一些优秀的电话销售人员往往能够利用有技巧的话，让顾客同意继续交谈，以加大销售成功的可能。

电话销售人员要注意：首先应该理解顾客这么说是十分正常的，然后再请求是否可以提问，通过提问来引导顾客，使他们意识到有这方面的需求。

实战训练

一

听到这位女士的抱怨，T小姐并没有生气，反而微笑着，亲切地说："没关系，下次我们会及时补充货源的。真替您高兴，买到了自己喜欢的东西，我希望以后还能有机会为您服务！"

这位女士听了，心里很高兴。后来有一次，她的朋友要买化妆品的时候，她特意把朋友带到T小姐的商铺，自己也买了好几件化妆品。

二

商店经理很快过来了，制止了争吵，并从头到尾耐心地听了陈先生说明缘由，而且同意了陈先生的观点："衬衣是被西服弄黑的。"然后坦率地对陈先生说："您希望我们如何处理这件西服，我们都可以照办。"

陈先生说："我想听听你的意见。"

于是，经理建议陈先生再穿一个星期试试："如果那时您仍然不满意的话，我们一定给您换一套您满意的。这次让您这么麻烦，我们感到十分抱歉。"

一个星期过去了，那件衣服也没有出什么毛病，陈先生也恢复了对这家商店的信任。

评点：发生正面冲突会使自己失去冷静和理智，从而暴露了自己的缺点和弱点。事实证明，许多人都常常后悔自己在盛怒之下的所作所为，作为销售人员，请一定要记住：愤怒解决不了问题。面对冲突，我们应选准时机，运用以退为进等战术取胜方为上策。

三

在一间百货公司的三楼，有一家专门销售按摩椅的铺面，销售人员非常热情地招呼着来往的顾客……

销售人员（微笑）："先生，请您试试我们公司的产品。"

顾客（肯定）："你们公司的产品质量有问题！"（对公司产生质疑）

销售人员（诚恳）："我非常理解您现在的想法，您对我们产品的质量有所疑问，那您能不能谈谈您为什么有这样的想法呢？"（了解顾客为什么会有这种质疑）

顾客（肯定）："因为感觉这种产品很少能做到99%合格的。"

销售人员（诚恳）："这个您放心，其实我理解您的想法。因为现在这个行业发展迅速，我们公司的技术也在不断加强，我们去年的产品合格率已经在99%以上了。"（向顾客保证）

顾客（动摇）："是吗？"

销售人员（温和）："您如果实在不相信，您先试用一下，怎么样？"

顾客（接受）："这个，好吧。"

顾客产生怀疑是由于他们对销售人员或产品不了解，此时要消除顾客的不信任，销售人员要找出相关证据证明产品或服务，最好用实际效果来证明，不然，销售人员空口无凭，会让顾客觉得不值得信任。

四

电话销售人员（亲切）："先生，您好！我是H公司的销售人员……"

顾客（生气）："你烦不烦，我说过我现在不想买，还要再考虑一下。"（顾客还在犹豫）

电话销售人员（诚恳）："我明白您的顾虑，换了是我，我也会再考虑考虑的。"或者说："我理解您，考虑是应该的，我在买东西时也会很认真地考虑，通常会考虑这个产品的质量怎么样，使用后效果如何，对我能起什么作用……"（表示理解，会站在顾客的角度考虑）

顾客："是这样吧。"

电话销售人员（诚恳）："我理解您这样想肯定有您的道理，您能谈谈是什么原因吗？"（了解顾客为什么会有所顾虑）

顾客："我还要再比较一下。"

电话销售人员（诚恳）："您比较一下也是应该的，那您比较的是哪方面呢？"

顾客："也没有什么具体的，只是我现在还是不太了解你们的服务，不知道最后能不能兑现。"

电话销售人员（诚恳）："其实我知道您最关心的是服务问题。这个您放心，我向您保证我们的服务可以在2小时内解决您的故障，让您的工作更轻松。只要我今

天帮您下单，保证您明天工作更轻松。"（向顾客保证，打消顾客的最后顾虑）

顾客："……"

电话销售人员（亲切）："您看怎么样？"

顾客："好吧。"

评点：顾客可能已经接受你的产品或者服务，但是总喜欢慢点达成交易。这时顾客是存在一点儿怀疑，这点儿怀疑可能影响成交。电话销售人员需要一点儿耐心，避免在关键时刻与顾客发生冲突，同时也需要打消顾客的顾虑。

对此通常要采用提问方法：首先，电话销售人员要表示理解，告诉顾客你会站在他的角度来考虑这个问题，然后利用提问，找出引起顾客疑虑的真正原因，强化所销售的产品或服务带来的利益，让顾客打消顾虑，并在恰当时机进行购买确认。

第三节 得体地评价竞争对手

请你点评

一

销售人员小陈今天又不辞劳苦地跑到 M 公司，游说他们的总经理购买自己推销的产品，但意想不到的是，M 公司的总经理和他说……

王总（肯定）："我想买 F 公司的产品。"

小陈（委婉）："王总，竞争对手的问题我不好说，关于他们的服务、质量您可以再打听一下，但是我们的服务、质量，我是很有信心的。"

王总（犹豫）："是的，我听说他们的质量是有点儿问题。"

评点：在任何一个市场当中，竞争是永恒的、无法避免的，但如果只把精力放在如何打败竞争对手上，那么很多时候企业都将陷入自我设限的竞争泥潭里。而人们惯有的思维习惯却认为竞争就应如此。事实上，竞争虽然广泛存在，但更多却来源于自身。"比武与其说是与对手竞技，不如说是与自己竞技。"跳出行业惯例，跳出常规做法，淡化竞争对手，将精力放在全力为用户和自身创造价值的飞跃上，由此开创新的无人竞争之地，才能够抢占新的市场，摆脱竞争、超越竞争，才能开创出一片新的竞争天空。

二

电话销售人员："您好，我是 W 公司的小王，今天打电话是想和您讨论一下 Q

产品的，不知道您有什么想法？"

顾客："我们已经有其他供应商了。"（对方已经有供应商）

电话销售人员："这个我知道，像您这么有名气的公司，肯定不乏供应商排队为您服务。只是，我们公司最近推出了一款新的产品，在性能和质量方面都比市场上的其他产品更胜一筹，价格也便宜14%。况且，多一个供应商也可以有多种选择，您说是吗？"或者说："您眼光真不错，J公司的产品真的很好，他们的口碑也很好，但是，我们做过市场调研，结果显示，我们的产品在质量和成本上都占有很大的优势。不知道，您认为如何？"（在赞美竞争对手的同时，推出自己）

评点：电话销售人员在打电话进行推销时，很可能会遇到顾客已有供应商的情况，要注意千万不要贬低顾客的现有供应商，盲目抬高自己。顾客选择供应商也经过了多方对比和考虑，你直接贬低现在的供应商，就是在贬低顾客。聪明的电话销售人员应该赞美顾客现在的供应商，并同时巧妙展示自己的产品或者服务的优势，让顾客作比较。

实战训练

一

A品牌玩具销售人员："是的，他们的产品质量确实不错。请问您的孩子几岁了，是男孩还是女孩，一定非常可爱吧？"

年轻的爸爸回答："哦，刚刚两周岁，是个男孩，非常调皮，简直令我们头疼。"

销售人员（亲切）："顽皮的孩子更聪明，男孩子嘛，当然会更活跃一点儿。B品牌的玩具主要是针对八岁以上的小孩设计的，如果您的孩子刚满两岁，我想他更适合玩设计简单、结实的玩具。结构复杂、功能太多的玩具他现在恐怕还不太会玩，等会玩时恐怕有些部件已经摔坏了。"

年轻的爸爸："也是。"

销售人员（亲切）："不如您看看这款专门为2至3岁小孩设计的玩具吧，它的质量很好，很安全，更能很好地开发小孩的智力。"

听到销售人员耐心细致的讲解，年轻的爸爸决定购买销售人员推荐的A品牌玩具。

评点：我们建议，当客户询问竞争对手的有关信息时，销售人员不仅要坦诚地告诉他们最真实的信息，而且还要针对客户的需求为他们提供最体贴的建议。当销售人员真心诚意地满足客户需求的时候，相信一定会得到应有的回报。

二

一位销售人员带着自己公司的产品，专门开了两小时车，赶到了 V 公司，找到该公司的负责人，但对方的回复却像一盆冷水一样泼过来……

销售人员："请您看看我们公司的产品。"

顾客："不用看了，我们已和其他厂家订了合同，等合同到期了再说吧。"

销售人员："我明白，听说你们的合同也快到期了，我知道你们的合作一直良好。但只要您花一点儿时间了解一下我们的产品，您会发现我们的产品无论是价格、质量，还是售后服务都做得非常出色，请您再考虑考虑。"

顾客："好吧，我看看。"

评点：顾客说"已和其他厂家订了合同"，这可能是真的，确实跟其他厂家签订了合同，因为年终有一些政策要兑现，要完成销量任务，所以顾客不敢轻易接受新的品牌，而影响现有厂家销售量的达成；但这也可能是一种借口。遇到这种情况，就需要销售人员注意一些策略和方法了：

（1）确实签订了目标合同，有三种处理方式：一种是等到合同到期再说，但在此过程中一直保持联络；二是以算账的方式说服顾客，其实经销公司产品也不会吃亏，甚至赚得更多；三是公司给予相应的补偿。

（2）没有签订合同，只是借口，就要搞清主要顾虑是什么，对症下药。

但不管是哪种情况，都要得体地评价竞争对手，千万不要以为贬低别人就是在抬高自己，结果恐怕会适得其反。

三

销售人员："您说得一点儿不错，H 公司的发展一直比较平稳。而我们公司的产品曾在这个市场上红火过，但不久也消失了，也许您也知道其中一些原因……（联系实际，客观分析和说明原因）。现在我们公司在各方面都做了很大的改善……（改善办法与效果）。您还有什么顾虑和担心的呢？"

评点：向顾客分析和解释当时失败的原因，同时向顾客说明现在的公司与过去相比大不一样了，重新树立顾客的信心，可以激发他的购买欲望。

四

诺基亚高级主管回应说："这是款非常有趣的产品，但它缺乏一些基本功能，例如提供更快捷数据连接的第三代行动通讯（3G），而且苹果的销售目标并不是很高。苹果的加入将进一步推动手机市场，iPhone 的推出充分证明了诺基亚多媒体战略的正确性。这再度证明，我们从一开始就走上了正确的轨道。"

评点：诺基亚的高级主管既承认了对手的优点，也有的放矢地指出了对手的不足，但并不苛刻；在肯定对手的新产品进入市场的正面意义时，也不忘强调一下自己比对手更有先见之明，暗指对手产品虽然夺目，但不过是跟随着自己开创的路线走而已，间接地抬高了自己。

总的来看，诺基亚的高级主管有风度，肯定对手；同时又有深度，自己比对手做得更早，证明自己的先见之明及策略正确；在肯定对手的基础上也抬高了自己。

第四节　道歉的方式和方法

请你点评

一

在了解情况之前，先向顾客表示歉意："很抱歉，让您这么担心！"表明你在乎客户的感受，同时也是一种负责任的表示。

听了客户的情况描述以后，已经大概知道是什么问题了，一步步引导客户解决问题："先生，请您把体温计上水银降不下去的地方，用火烧一烧，但不要把火靠得太近，您先不要把电话挂掉，试试看怎么样？看水银柱会不会连在一起？"这样就很好地解决了问题，消除了客户的不满。

在解决问题之后，仍然对客户表示关心："就请您太太多保重吧！"这会让客户心里觉得热乎乎的。

二

在这个案例中，销售人员对顾客林先生有以下几点处理不当：

首先，态度不够诚恳，没有在乎顾客的感受。

其次，没有替顾客解决问题，把责任完全推给了顾客，并且还通过讲方言策划欺骗顾客。

再次，无心处理顾客的不满，没有与企业站在同一战线上，缺乏顾客至上的精神。因此，销售人员表达出的语言和行为会令顾客失望、令公司失望，最后会令自己失望。

实战训练

一

销售人员耐心听取林先生反映的情况，知道旅行箱的轮子坏了。

销售人员（诚恳）："林先生，非常抱歉！没想到为您的回家旅程增加了这么大的麻烦！"

林先生："事情已经过去了，不提它了。你看能不能帮我换一个箱子？我不想下次再发生类似的事情！"

销售人员："您放心，我们的产品实行'三包'。您把箱子给我，我送去检查一下，看是什么问题，如果轮子坏了，我们帮您更换轮子，如果是箱子本身的质量问题，就换一个新的箱子。"

林先生把箱子递过去，说："什么时候能检查好？"

销售人员："林先生，您先在旁边休息一下，10分钟左右就可以检查完。"

10分钟后，销售人员把箱子拿回来了。

销售人员："林先生，箱子已经检查完了，是轮子的螺丝没拧紧导致螺丝脱落。我们已经帮您更换轮子了。您可以放心使用了。"

林先生："原来如此，早知道这么小的问题，我自己就可以解决了，不必麻烦你们。"

销售人员："顾客就是上帝，为顾客服务是我们的宗旨。我们对这次事件给您带来的麻烦再次表示深深的歉意。如果箱子以后还有什么问题，林先生可以致电我们，也可以直接上门，我们会以最快的速度为您提供服务。"

林先生："好的。你们的服务非常热情、周到，我一定会向我的亲朋好友推荐你们的产品！"

销售人员："谢谢林先生。欢迎再次光临本商场！"

二

顾客打电话给销售人员："你们是怎么搞的？上次我们谈妥的，昨天下午或今天下午送货，可现在已经是下午5点钟了，还不见人影。"

销售人员赶紧道歉："先生，实在对不起……"

顾客还没有等销售人员把话讲完，就大发雷霆："'对不起'值几个钱，这一天的工钱谁付，你们付？对，你们付！"

销售人员语气诚恳地说："先生，我很理解您的心情。这次送货的车子出了点儿意外，让您久等了！"

顾客听了，稍稍缓了语气："那现在怎么办？"

销售人员："您稍等，我们马上雇车子给您送去！"

顾客知道原来事出有因，对销售人员表示谅解："原来这样，我还以为你们是故意怠慢不守约的。我刚才态度不好，你们不要介意。"

销售人员再次致歉并表示愿意作出补偿："这次对您造成困扰，我真的很抱歉！无论怎么说，问题都出在我们这方，我们都应该负责。我们愿意支付你们的误工费，以作补偿。"

因为销售人员及时道歉，方式得体、正确，并采取具体的措施弥补问题，最终取得了顾客的谅解。

三

张先生抱着电暖器，好不容易挤到台前，怒气冲冲地大声嚷着说："服务员，我要退货。"

正在忙着给顾客打包的服务员王小姐听到吼声，抬起头，镇定沉着，语气略带歉意地说："先生，能不能稍等一下，我忙完这个，再帮您处理这个问题，好吗？"

张先生还是怒气难消："你们超市卖的什么货，这么大的一家超市，还说什么国际知名，卖的就是这样的劣质产品！我要退货！"

王小姐："您的心情我理解，如果是伪劣产品，我们是一定会退的，我们公司实行'三包'，您放心！"

张先生看到王小姐语气很中肯，能站在他的立场考虑问题，心里的怒气消了一半，但还是嘟嘟囔囔："快点儿啊，我还要赶回家吃饭！"

王小姐熟练地给物品打着包："快了，不会耽误您很多时间的！"

忙完了，王小姐赶紧过来："先生，让您久等了，实在不好意思！请问这电暖器有什么问题呢？"

张先生不满地说："这电暖器不发热，不能取暖，这还叫啥电暖器啊？"

王小姐接过电暖器，看了看，问："您是怎样使用的呢？"

张先生语气还有点儿冲："不就是按这个开关吗！还能怎样使用？"

王小姐打开电暖器包装盒，插上电源，按下开关，电暖器马上散发出光和热。王小姐："先生，这个电暖器可以发热啊！是不是您家里的电插座接触不良呢？"

张先生恍然大悟，原来真的是电插座的问题，家里的电插座上个星期就坏了，本来说要买电暖器的时候一起买，因为匆忙而忘记买了！张先生摸了摸后脑勺，有点儿不大好意思地说："真的对不起，是我自己'马大哈'，忘记了家里的插座坏了。我刚才语气太冲了，请您不要介意。"

王小姐："先生，不用客气，为顾客提供优质的服务是我们公司全体员工的宗旨！欢迎您再次光临！"

评点：因为王小姐表现出销售人员的耐心，能够站在顾客立场，表明在乎顾客的感受，听了顾客对商品的投诉情况以后，一步步引导客户解决问题，从而表现出为客户解决问题的诚意，让张先生的问题得到完满的解决。

四

一天，一名妇女走进百花商店，来到针织品柜台，向女销售人员问道："小姐，我想买一双手套，请问这里是否有灰色手套呢？"

销售人员以亲切的声音回答："很抱歉，灰色的手套刚刚卖完，其他的颜色还有，比如白色就不错，昨天就卖完了，今天刚又进了货。可不可以用白色的代替呢？"

妇女："但是……"

销售人员："白色手套更醒目，与您的时装搭配更合适。最近相当流行这种白色手套。"

妇女："好吧，我买白色的，只不过白色手套容易脏。"

销售人员："其实什么颜色都容易脏，只是白色显眼一点儿而已。戴手套和穿衣服一样，要注意换洗，衣服要换，手套也要搭配。看，换过就既健康又时尚了。"

那妇女听后马上愉快地多挑了两副手套。

评点：案例中，销售人员既通过商品的销售量和市场的潮流暗示白色比灰色更受欢迎，又从健康与时尚的角度，引导顾客多买两副手套，让顾客感到满意的同时又增加了商品的销量，从而达到双赢的局面。

第五节　让顾客保持对产品的信心

请你点评

一

　　小张的服务意识很好，站在顾客的角度，想顾客之想，做顾客之想做。热水瓶是一个常用的生活用品，简单易用，也卖不了多少钱。一般人都是直接把热水瓶直接给顾客，然后让顾客去交钱。但小张站在了老大爷的角度考虑问题：老大爷是个老人家，热水瓶的使用说明书以及注意事项，不一定看得懂，或者眼睛不好使，看不清楚。所以小张很有耐心地讲解热水瓶的使用方法和注意事项："老大爷，使用热水瓶时，您要注意安全，加热水的时候要特别小心。""倒热水时，要45度角倾斜，不要倾斜得太厉害。"还亲自示范如何使用："老大爷，我给您示范一遍，您看仔细了。"最后还向老大爷提供维修电话号码，保证售后服务："老大爷，以后这东西如出现问题，就叫我去给您修，这是我们公司的电话号码。"

　　因为小张的服务态度让老大爷非常满意，老大爷成了义务宣传员，替公司招揽了一大批固定的客户。小张公司的热水瓶不见得比别的商家的热水瓶质量更好，也不见得比别处的热水瓶更便宜，但是小张的服务态度给了顾客很大的信心，让顾客相信他们的产品物美价廉。

二

　　女房地产经纪人买了伯雷公司的复印机后要求伯雷立下书面字据，要求在她所购买的复印机运转不灵时，他们必须借一台新的复印机供她使用，以免她的企业在业务繁忙的周末因为机器故障而遭受损失。伯雷当时便爽快地答应道："没有问题，只要您需要，您可以在全天二十四小时的任何时候打电话向我们寻求帮助。"

　　伯雷的这种承诺其实要求很高。在全天二十四小时售后服务，这是一种对客户极其负责的态度，也是一种对自己的售后服务的自信。

　　女经纪人的复印机不能正常工作，打电话给伯雷。伯雷态度认真、诚恳，并且表示半小时内赶到，替客户解决问题。这种说到做到、一诺千金、真实履行承诺、对客户高度负责的精神，打动了女经纪人，赢得了客户的心，保持了对产品的信心。

　　评点：伯雷这种售后服务意识非常好，他能站在客户的立场，替客户考虑问题，切切实实地帮助客户解决产品的售后服务问题。他的这种售后承诺为他争取客户、稳定客户、开拓新的客户，起到了非常重要的作用，从而使他的销售业绩更上台阶、走向了事业的顶峰。

实战训练

一

这一天刘先生来到一家他经常去的东北菜馆吃饭。

刘先生一进门，服务人员热情招待说："欢迎先生光临东北菜馆！"

刘先生坐下，菜很快就送上来了。

刘先生向服务员招手："服务员，来一支青岛纯生。"

服务员："好的。先生，您稍等。"

一个服务员拿来一支青岛纯生啤酒，可开了好几次都没有成功。

刘先生有点儿不快："你是新来的吧，以前没有见过你？"

这个服务员点点头，手足无措，羞得满脸通红。

这时旁边另一位服务员见状，马上帮她补位。

这个服务员向刘先生鞠躬致歉："先生，不好意思！咱家妹子刚来，比较紧张，动作不熟练，您别怪她。来，这是您的啤酒，先喝口酒消消暑气。"（语言诚恳，态度亲切，解释自然）

刘先生听了很受用，大度地摆摆手："没事，没事！慢慢来，不急。"

这个服务员叮嘱新来的服务员，态度热情亲切："妹子，别紧张，刘先生是熟客，大好人，好好聊聊。有事情叫我一声就是，我就在隔壁。"

刘先生很好奇："她是你亲姐姐吗？"

服务员说："不是，我前几天刚来，才见过几次面而已，不是很熟，可是在这里大家都是好姐妹。"

刘先生竖起大拇指，赞赏有加："原来如此，真是一个团结和睦的优秀团队，就像一家人！你要在这里好好加油啊，这种工作环境真的难得。"

服务员："谢谢先生提醒，我一定会加油的！"

刘先生："不用客气，我是这里的常客了。"

服务员："先生，您慢用。我去别的桌子送菜了。有什么事情，尽管吩咐。"

刘先生："好咧。你忙吧。"

二

在商场临下班的时候，一名顾客匆匆走进来，对销售人员说要急着买一套儿童服装，准备第二天拿去送人。

销售人员应该热情主动地走上前去，迎接顾客，跟顾客打招呼："欢迎光临选购××商场！"

销售人员："小姐，您看看喜欢哪一套？"

销售人员拿出各种儿童服装供顾客尽情挑选。

这位顾客选了半天，仍然未选到中意的服装。这时店里只剩下这一位顾客，顾客见状也觉得不好意思再选下去了，露出焦急而又难为情的神色，并似有另择店再选的意思。

销售人员要面带微笑地对顾客说："不要着急，慢慢地选嘛。"

顾客："拖累你下班，不好意思。我还是去别的店看看吧。"

销售人员："小姐，您不用担心，我们的下班时间是弹性的，只要有顾客，哪怕凌晨，我们也一样不会下班。"

顾客见销售人员说得很真诚，被打动了，留下来继续挑选。

销售人员耐心地拿出一套又一套童装给顾客挑选，给顾客介绍各种款式、颜色。顾客终于选到了满意的颜色与款式。这时时间已经过去整整一个半小时。

顾客被销售人员的敬业精神深深地感动了："耽误你这么多时间，我从来没有见过像你这么热情又这么有耐心的销售人员。以后我买衣服就找你了，哪里也不去了。还要向我的亲朋好友广而告之。"

销售人员："谢谢小姐您的信任。欢迎下次再光临××商场，我们将提供更热情、周到的服务！"

销售人员的努力没有白费，赢得了顾客的信任和口碑。

三

销售人员在了解到顾客需要购买真皮沙发的时候，应该实事求是，把产品的真实信息告诉给顾客，让顾客来作购买的决定。

销售人员热情有礼地说："欢迎光临××家具商场，我能为您做点儿什么？"

顾客："哦，我想先看看沙发。"

销售人员："好的，这边走，这边全是各式各样的漂亮沙发，由您挑选。"

看了一遍样式后，顾客发现后面有一组沙发看起来优雅大方，于是问销售人员："我可以坐上去试一试吗？"

销售人员："当然，如果您喜欢它的话。"

顾客坐上去后，感觉这组沙发确实不错。于是问了这组沙发的价钱。销售人员说了一个价，顾客对自己找到了这么一张价格如此便宜的真皮沙发表示喜悦和惊讶。

此时，销售人员应直接告知产品情况："这张沙发，凡是与人接触的部分，即坐垫的顶部、靠手以及靠背都是真皮，不过，靠手的底部、沙发的底部与后背部是人造革的。我向您保证，没有人会看出二者的区别，而且，人造革的耐用性与外观造型也不亚于真皮，还比较耐磨，最重要的是它的价格便宜很多。"

四

现在黄先生要把这一套位于木材加工厂附近的有噪音的房子推销出去，张先生是潜在的符合要求的客户。

黄先生和张先生见面后，两个人先简单做了自我介绍。

黄先生说："张先生，这套房子位于火车站附近，交通便利，很方便您出门乘车远行，而且它的价格也算是低价位，您认为怎么样呢？"

张先生回答说："这两个条件我都非常满意，可是我在没有看到房子之前是不能给您什么保证的。"

黄先生说："这个我当然理解，这是人之常情嘛，但是我应该负责任地跟您说清楚关于这套房子的另一个特点。"

张先生着急地打断他："怎么，它是属于那种劣质工程吗？如果真是这样，你可要跟我说实话呀，我可不能为了省几个钱把命搭进去。"

黄先生一听，急忙说："哪里哪里，这怎么会呢，我就算没肝没肺可还有良心啊，我们公司可不做这种坑蒙拐骗的生意。"

张先生又急忙问："那你赶快说呀，别卖关子了，那房子到底有什么毛病？"

黄先生不得不说实话了："您别着急，张先生，我告诉您吧，这房子什么都好，最大的缺点就是它附近有家木材加工厂，可能噪声比较大，会影响您的正常生活，您看……"

张先生听到这里，忍不住打断了黄先生的话，说："就是这个毛病呀，我还以为是什么呢。实不相瞒，黄先生，我前一阵跟我的一个朋友合租一套房子，我们附近正在搞一项大工程，每天每夜那超大号的重型卡车来来往往，就没见它有歇的时候，那噪音可大着呢。"

黄先生一听，很高兴，说："张先生，您看这样好吗？我先带您去看看房子，您也好实地考察考察，万一那噪音您接受不了，那您还是为自己身体着想，别勉强自己。"

张先生回答说："好吧，咱们现在就去看一看。"

到实地一看，张先生再满意不过了，他满脸笑容地说："哎呀，这点儿声音算得了什么呀，你还没有到过我原来住的那个鬼地方呢，卡车从房子旁经过时，连门窗都被震得'轰轰'直响，相比之下，这里安静多啦。"

"如果入住后安装双层的隔音玻璃的话，房子的噪音会大大减少的。那您觉得这房子的质量怎么样呢？"黄先生说。

"我还比较满意，黄先生，说老实话，你这个人还是挺讲职业道德的。我以前总听别人说干房地产推销的那帮人心特别黑，把自己的房子说得天花乱坠，结果呢？有好多都是骗人的，你事先就给我讲了真话，这挺难得的。"

"现在的确有这样不讲道德、素质低下的人，他们这种人损人不利己，要做也就只做得了一次生意，以后谁还敢相信呀。"黄先生说，"只有诚实，关心客户，让客户满意，才能把生意做得越来越好。"

第六节 退换货的处理

请你点评

一

李先生18岁的女儿购买了这家公司的美容霜，使用两天后，脸上开始发痒、红肿，出现了一大遍红色的丘疹。听到李先生的投诉，经理虽然一开始心中已明白可能是小姐的皮肤过敏导致问题发生，但仍耐心听取顾客投诉，并为此而道歉："是吗？竟发生这样的事，实在不好意思，给您府上的千金添麻烦了。现在当务之急是马上送您女儿去医院，其他的事我们回头再说。"并且马上采取措施送医院检查。这样做，一方面表明了负责的态度，另一方面站在顾客的角度，在乎顾客的感受。

检验结果出来，虽然不是产品的质量问题，但经理仍然承担了责任："虽然我们的产品并没有任何有毒成分，但您女儿的不幸，我们是有责任的。因为虽然我们产品的说明书上写着'有皮肤过敏症的人不适合用本产品'，但小姐来购买的时候，销售人员可能忘记问是否皮肤过敏，也没向顾客叮嘱一句注意事项，致使小姐误用这种产品。"顾客听了这样的解释，会觉得商家很真诚，同时也会反省自己的过失。

在承担责任后，经理进一步表示愿意作出补偿："小姐，请放心，我们曾请皮肤科专家认真研究过关于患有过敏症的顾客的护肤品问题，并且还开发了好几种新产品，效果都很好。等过两天您痊愈之后，我派人给您送两瓶用一下，保证不会再出现过敏反应，也算我们对今天这件误会的补偿。先生、小姐，您看如何？"

经理面对顾客的投诉，虽然厂家没有法律责任，但经理仍然首先致歉，在弄清问题所在后，勇于承担道义责任，并且愿意作出适当的补偿。这种退换货处理非常得当，完全站在了消费者的角度考虑问题，尊重消费者的权益与感受，最终自然赢得了消费者的心。

二

在这个案例里面，显示器的裂开，虽然不属于保修的范围之内，销售人员可以委婉地表示拒绝，这是情理之中的。客户也没有强求保修，只是想弄明白为什么会裂开。本来是一个很简单的售后处理，但是销售人员在处理这个问题时态度不够亲切、诚恳，有点冷漠，推卸责任，没有站在消费者的角度考虑问题，将一个售后小问题激化，造成很恶劣的影响。

接到陈先生打来的电话后，销售人员语气不紧不慢："陈先生，有什么可以帮您的？"显示这个销售人员对客户反映的问题漠不关心，给人留下的第一印象就很不好。

在陈先生说自己的显示器边框裂开了以后，销售人员问："您碰过吗？"这种问法，其潜在的含义，就是显示器裂开，责任一定在客户一方，是一种推卸责任的表现，会让客户听着非常不舒服。

陈先生在说明自己没有撞过、摔过电脑，电脑是自己裂开的情况后，销售人员说："不可能。我们的电脑都是经过检测的，不可能。"连说两个不可能，还强调他们的电脑都是经过检测的，这种说法，语气很绝对，没有考虑到其他因素，完全把责任推到客户一方。这样会彻底激发矛盾，引起客户的强烈不满。

紧接着，当客户再次大声强调显示器是自动裂开的时候，销售人员说："那很抱歉，我不能帮您。请问还有什么需要帮助的吗？"表面上看，好像很有礼貌，事实上是在无情地拒绝客户的要求，且致歉言不由衷。至此，客户对销售人员不满的爆发不可避免了。

实战训练

一

刘先生在把牛奶倒入杯中时，居然发现牛奶中有一小块玻璃碎片，他立刻去牛奶公司投诉。

刘先生一到经理室，连自我介绍都省略了，把汪经理伸出的友谊之手也拨向一旁，大骂汪经理："你们牛奶公司，简直是要命公司！你们都掉进钱眼里去了，为了自己多赚钱，多分奖金，把我们千百万消费者的生死置之度外，你们一点儿都不像社会主义的企业，地地道道是资本家的勾当！……"

汪经理面对这么突如其来的指责，毫不动怒，仍旧诚恳地对他说："先生，究竟发生了什么事？请您详细地告诉我，好吗？"

刘先生继续激动地说："你放心，我来这里正是为了告诉你这件事的。"说完，从提袋中拿出一瓶牛奶，重重地往桌子一放，说："你自己看看，你们做了什么样的好事！"

汪经理拿起奶瓶仔细一看，什么都明白了。立刻收敛起微笑，有些激动，说："这是怎么搞的，人吃下这东西是要命的！特别是老人和小孩若吃到肚子里去，后果不堪设想！"

说到这里，汪经理一把拉住刘先生的手，急切地问："请你赶快告诉我，家中是否有人误吞了玻璃片，或被它刺伤口腔。咱们现在马上派车送他们去医院治疗。"说完，抄起电话准备叫车。

这时候刘先生心中怒火已经十去八九了，告诉汪经理并没有人受伤。汪经理这才转忧为喜，掏出手帕，擦擦额头渗出的汗珠说："哎呀！真是谢天谢地。"

接着又对刘先生说："我代表全公司的干部职工向您表示感谢。因为您为我们指出了工作中的一个巨大的事故隐患。我要将此事立刻向全公司通报，采取措施，今后务必杜绝此类事情发生。还有，您的这瓶牛奶，我们要照价赔偿。"

汪经理的这番话，一下子把气氛给缓和了。刘先生接过钱的时候，气已经全消了，而且还有点儿内疚："经理这么好的人，我开始真不该这么骂他。"

接下来，他便开始向汪经理建议，该采取何种措施才能避免此类事故再次发生。

二

案例中的这位销售人员的态度有点儿主观武断，未做过细致的调查，缺乏确凿的证据，便断言是顾客的过错。顾客对这位销售人员的态度绝对是不满的。即使是顾客的过错，也应该引导顾客把事情的真相慢慢道来，让顾客自己明白错在哪里，而不是直接指出。

销售人员心平气和地对顾客说："小姐，您看我们柜台上出售的毛钱都是整整齐齐的。"并注意观察这位顾客的表情变化。

这位顾客看了看货架上的毛钱，立即露出了不安和内疚的表情。接着销售人员又试探地说："是不是您的孩子或自己一时不小心弄乱了呢？"

这时顾客默认而不说话了。这句选择、猜测、不肯定式的提问，既照顾了顾客的面子，也猜中了事情的原因。

随着气氛的缓和，销售人员又对顾客说："您看这样行吗？您把毛线给我们，我们帮你理齐绕好。"带着商量的语气建议，有助于照顾顾客的情绪。

"我没有时间等！"顾客的怒气显然还没有消，因为她要退换的目的未达到。但可以看出，顾客已经部分认同自己存在的过错。

销售人员说："您若没有时间等，您可以先回去，请留下地址，我们绕好后给您送去好吗？"

这样周到的服务，她感到内疚，但她不愿留下地址，所以就留下来等。

销售人员随即把毛钱绕好交给了顾客，并真诚地说："对不起，我刚才态度不好，请原谅。欢迎再次光临本店。"

三

销售人员接到了张先生的投诉电话，要求销售人员全额退款，然后再去另外一家书店再买这套资料。这时候，销售人员应该主动致电张先生："下午好，张先生，我是文化公司的刘景。听说您昨天在我公司购买的那套司法考试资料中的一张光盘根本无法阅读，我感到非常抱歉，这一定让您很苦恼和失望。"

张先生："我在按照使用说明安装光盘的过程中，发现其中一个光盘无法读盘。"

销售人员："张先生，您能告诉我那张光盘是什么样的状况吗？"

张先生："那张光盘盘面很花，我的电脑无法读盘，可缺了这张光盘的资料，我购买的整套司法考试复习资料根本没有用，我要全部退货。"

销售人员具体听清楚顾客情况后，说："我明白您兴冲冲买回的司法考试复习资料无法使用的失望，这真是让人不愉快。如果我们的代理商在一个合适的时间去您那里给您换一张光盘，您认为怎么样？如果行的话，我们现在就安排一个合适的时间，考虑到给您带来的不便，我们还会给您作出适当的赔偿。"

张先生："不行。学习资料无法使用，还要等你们派人过来换，这简直就是浪费我的时间。我还是想退货。"

销售人员："张先生，我完全同意您的观点，新买的东西无法使用确实令人讨厌。同时我想您也知道，如果因为一张光盘坏了，而把整个电脑学习资料退还给我们的话，这更耽误您学习的时间，我觉得这样做是得不偿失的。您认为整个全都换了还是换一张比较好呢？"

顾客为了免除不必要的麻烦，欣然接受了销售人员的解决方法。

四

陈先生购买了一部七彩笔记本电脑。在使用七彩笔记本电脑差不多一年后，发现电脑的显示器的边框裂开了，于是他就尝试打电话给七彩电脑公司，想了解是什么原因，然后看看有没有什么解决方法。这是销售人员接到咨询电话后的对话。

销售人员（亲切）："您好，欢迎致电七彩电脑公司。请问有什么事情可以帮助您的？"

陈先生："是这样，我的笔记本电脑使用快一年了，在没碰没撞的情况下，显示屏的边框裂了，我刚才打电话过来，你们的一个同事说没有办法保修，而且态度不好。你们为什么这样对我？"（客户大声讲）

销售人员："哎呀，陈先生，显示屏的边框裂了？（显得有些惊讶）裂到什么程度了，现在能不能用？"

陈先生："裂得倒不是很大，很小。用还是可以用，只是我得用胶布黏它，以防裂得更大。"（态度有些变化）

销售人员："那还好。不过，这对您来讲确实是件不好的事，我可以理解您现在的心情，换成我，我也会不好受。"（讲起话来有些沉重，但缓和了很多）

陈先生："那你说怎么办？"

销售人员："陈先生，我知道您的电脑在没有外力碰撞的情况下边框裂开。我真的很想帮您。只是在计算机行业中，显示器的类似问题，各个企业都不在保修范围。我想这一点您是理解的，对不对?"

陈先生："其实坦率来讲，我并不是真的想让你们保修，我只是希望你们能给我一个说法。没想到你们第一次态度这么不好。"

销售人员："陈先生，对于您刚才不愉快的遭遇，我感到十分抱歉。只是，请您相信我们，我们是站在客户的立场为客户解决问题的。让我想想在目前的情况下如何处理比较好，对于边框，我倒有个建议。因为边框是塑料的，现在有一些强力胶是可以黏的，所以您可以试试用胶水黏一下，效果要比用胶布好，好不好?"

陈先生："那我回去试试。"

销售人员："那您看还有什么问题? 以后有什么问题，请您随时打电话给我，我会全力为您服务的。谢谢! 再见!"（态度开朗，愉快的微笑）

评点：在这个案例中，销售人员首先以亲切诚恳的态度了解顾客的情况，站在顾客的立场体会顾客产品出现问题时的焦急心情。然后提出责任不在厂方，因为显示器的类似问题都不在保修范围内。最后适当给出建议，解决了顾客的问题。

参考文献

1. 程华汉．店面销售情景训练．北京：北京大学出版社，2005
2. 袁华冰．不会说话就做不好销售．北京：中国纺织出版社，2008
3. 刘涛．门市销售服务技巧．北京：中国纺织出版社，2008
4. 王建四．服装应该这样卖．北京：北京大学出版社，2010
5. 王建四．导购这样说才对．北京：北京大学出版社，2008
6. 马淑贞．推销口才特训．广州：暨南大学出版社，2005
7. 舒冰冰，李向阳．电话营销真功夫．北京：人民邮电出版社，2008
8. 张广源．最成功的推销员的小故事全集．北京：北京出版社，2008
9. 盛安之．销售就要会说4种话．北京：企业管理出版社，2008

后　记

中职学生无论学习什么专业，毕业后大部分都要投身现实的商业社会中谋求一份安身立命的职业，但他们走入就业岗位后就会发现在很多商务交际场合中，不知道该说什么、怎样说，因为在中职的课堂上他们几乎没有碰到过这些商务交际的技巧。用人单位也抱怨中职学生素质低下，连最简单的与客户交谈都不会。

现在不少中职语文教材的每个单元都安排有一次口语交际训练，这充分体现了口语交际教学在整个语文教学中的份量。有这么多的训练，可为什么从实际情况来看，中职学生的口语交际能力并没有提高多少呢？

其原因在于：中职教材中口语交际的内容主要是传授一般口语交际的知识和技能，理论讲解多，而实际的情景案例少，即使有例子，例子本身与学生的生活关系并不密切，更不要说能适应现在的商业社会对中职学生的要求了。即使有这样的训练，由于受课时的限制，课堂上实际的口语训练量也很少，并不能真正提高学生的实际口语表达水平。此外，现在的中职语文考试只进行笔试，所以，学生也知道这些内容不会纳入考试范围，因此对这部分内容也不会太重视。因此，即使在课堂上进行了口语训练，但其实际的效果并不理想。因此，要想切实提高中职学生商务交际的实际能力，首先应从编写一本适应时代潮流的商务交际教材着手。

我们从调查入手，发现只在课堂上教授理论知识，并不能有效提高学生实际的商务交际能力；而陈旧的教学模式，也不可能激起学生的学习兴趣与欲望。为了让学生更容易适应以后就业的趋势，我们的设想是让学生在实际案例中代入角色，体验商务交际的实际情景，学会套用句式解决商务交际的实际问题。

案例教学、情景教学、任务驱动等新理念、新技术，为口语课程改革与创新创设了一个新的平台。我们以商务交际的四个阶段——与陌生人沟通、推销技巧、异议处理、投诉处理为载体，串起多个不同场合的商务交际情景训练。为了适应社会需求，我们尽可能联合在学生实习指导方面有经验的中职学校和专业教师，合作构思、编撰一本适用于中职学生就业需求的《商务交际》教材。

　　由平时较少直接参与实际商务活动的一线教师去编撰一本全新的教程,难度之大可想而知,将商务交际的实践与口语教学融合,体现出独特的职业特点,对于我们来说,是新的挑战。

　　但在接受挑战的过程中,让人感到可喜的是,我们的思路是对的,我们的求变是为了适应社会的需求,真正体现了"以就业为导向,以服务为宗旨,以能力为本位"的指导思想。

　　本教材由广州市荔湾区外语职业高级中学牵头,广州市贸易职业高级中学共同参与合作编撰。我们期待本教材能开花结果,期待有更多的学校和教师与我们继续在专业教材拓展的道路上进一步探索。

　　诚然,这新教材必定因为其"新"而有所不足,也因为编撰团队是新组合而有所不善,教程中出现问题在所难免,但我们会本着严谨科学的态度,虚心听取意见与建议,不断完善之。

编　者
2010 年 9 月